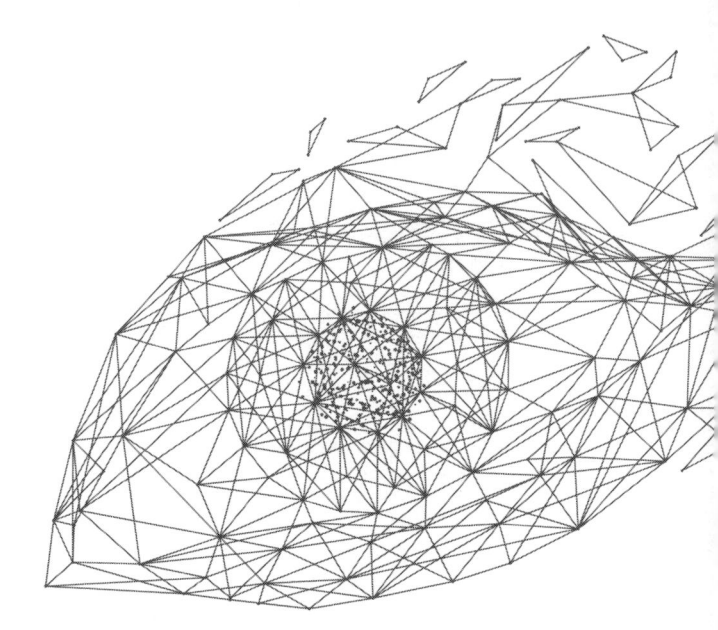

未来好企业
共益实践三部曲

朱睿 李梦军 著

中信出版集团 | 北京

图书在版编目（CIP）数据

未来好企业：共益实践三部曲 / 朱睿，李梦军著. -- 北京：中信出版社，2020.5（2020.11重印）
ISBN 978-7-5217-1568-2

Ⅰ.①未… Ⅱ.①朱… ②李… Ⅲ.①公司—企业管理—研究 Ⅳ.① F276.6

中国版本图书馆 CIP 数据核字 (2020) 第 026889 号

未来好企业：共益实践三部曲

著　　者：朱睿　李梦军
出版发行：中信出版集团股份有限公司
　　　　　（北京市朝阳区惠新东街甲 4 号富盛大厦 2 座　邮编　100029）
承 印 者：三河市科茂嘉荣印务有限公司

开　　本：880mm×1230mm　1/32　　印　张：11.75　　字　数：300 千字
版　　次：2020 年 5 月第 1 版　　　　印　次：2020 年 11 月第 3 次印刷
广告经营许可证：京朝工商广字第 8087 号
书　　号：ISBN 978-7-5217-1568-2
定　　价：58.00 元

版权所有·侵权必究
如有印刷、装订问题，本公司负责调换。
服务热线：400-600-8099
投稿邮箱：author@citicpub.com

推荐序　企业的社会角色

现代企业组织是工业革命的伴生物。在过去 300 年间，随着经济发展和社会变迁，企业组织形态不断演进。19 世纪中叶，英国议会先后通过 1844 年的《合作股份公司法》和 1855 年的《有限责任法》，标志着企业的主流组织形式由代表国家意志的垄断专营殖民地公司和家庭小作坊转向有限责任制的现代企业组织。尼古拉斯·巴特勒将之称为"现代最伟大的单一发明"。

在技术革新和制度革新的双重推动下，19 世纪中后期，企业的规模快速扩大。英国进入鼎盛的维多利亚中期，美国南北战争结束，进入镀金时代，产生了标准石油、美国钢铁等一批企业帝国。企业配置社会资源的能力从未如此之强，一家企业的兴起可以造就一座城市的发展、一个地区的繁华；一家企业的撤退可以导致一座城市的破产、一个地区的没落。出于对这些庞然大物的戒备，美国出台反托拉斯法案；出于对自身责任的检讨，镀金时代也出现了第一批现代意义上的企业慈善家和慈善哲学。时至今日，安德鲁·卡内基撰写的《财富的福音》仍被视为现代慈善哲学的"原始文本"。

如今，企业已经是经济生活的最基本单元，企业的产品和服务已经深入我们日常生活的各个角落。评价一个企业，评价企业与用户、社区的互动关系，也不再依循单纯的成本收益的分析逻辑，而要通盘考虑企业经营活动对社会的全面长期影响。企业如何看待自己，如何看待自己与所处社会环境的关系，成为企业文化和制定长期发展战略的起点和基石。实际上，对企业社会角色的思考贯穿现代企业发展的历史。从现

未来好企业：共益实践三部曲

代企业诞生之初，马歇尔、庇古等人对经济外部性的思考，到战后企业社会责任概念的提出和发展，乃至今日ESG（环境、社会和公司治理三个维度）和共益企业等量化体系的建立和应用，都是这样思考的结果。

在本书中，作者系统梳理了理论界和企业界对企业社会角色认识的演化，并根据自己的理论研究和教学实践，提出对未来好企业的构想。在这一构想中，好企业并不等同于高增长、高利润或者基业长青，而是要全方位思考企业自身应扮演的社会角色，树立"共益的价值观"，将自身业务与社会的痛点结合，并相应构建"制度的保障"，即书中的"企业共益实践三部曲"。以之反观腾讯，在刚刚过去的2019年，腾讯更新了自己的愿景和价值观，由"一切以用户价值为依归"升级为"用户为本，科技向善"，希望以科技的力量改善民生痛点、完善社会治理、协助产业升级。为把这一价值观落到实处，公司内部也在进行架构调整。价值观、业务与社会痛点的结合、制度建设等，腾讯的实践与"三部曲"不谋而合。不仅腾讯如此，书中总结了二十余家公司的共益实践，各有特色，创意十足，新鲜活泼。可见共益实践在潜移默化间已经是企业对于未来发展的共识。

感谢作者的克制，不做预先的价值判断，而是将企业的思考和实践缓缓展开，让价值和观点自然呈现。企业的影响力越大，社会各界对企业的期望也就越高，"三部曲"都是进行曲，未来属于好企业。不再过多剧透，详情请阅此书。祝贺朱睿此一阶段的研究成果，也祝朱睿在未来的工作中为发展具有中国特色的共益企业贡献更多智慧。

陈一丹
腾讯主要创始人
腾讯公益慈善基金会发起人兼荣誉理事长
2019年12月23日

自 序

我 1998 年出国读书、工作，2013 年回国。离开中国 15 年，虽然中间多次返回，但往往驻足时间短暂。2013 年全家搬回来，当真正安顿下来时，却发现生活中存在很多社会问题，比如食品安全，我们花了很长时间研究到哪里可以买到安全、健康的食材，还有空气质量问题、资源浪费问题等。这些都是关系到生活的大事，所以刚开始的时候多少会有些烦恼。慢慢地找到了一些解决方法后，便开始思考我们能为这些问题做些什么。最初做得最多的就是参与一些公益组织的活动，包括捐钱和带着孩子做义工。但很快，我发现这种参与方式效果很有限。我能投入的时间、精力还有财力，都是那么微不足道。于是，重新开始思考，我还能做些什么？怎样才能发挥更大的作用？

当时公益这件事看起来似乎跟我的专业和工作完全不相关。我学的是市场营销和心理学，在长江商学院教书。我们的学生大都是民营企业的一把手。但在长江商学院，一个重要的理念是培养有人文关怀和社会担当的企业家。这一点潜移默化地影响着我的教学理念。我到底该教什么？这是我回国后经常会思考的一个问题。坐在教室里的都是靠自己摸爬滚打取得成功的企业家，他们有着丰富的实践经验，在各自的行业里也都是领军人物。我在两天的课程中应该教给他们什么内容才是最有价值的？后来一个偶然的机会，我了解到教育的本质是引出。教育一词的英文是 educate，源于拉丁文的 educare，本意是引出。这个意外的发现对我触动很大，我原来考虑更多的是如何教给他们内容，现在考虑的则是如何引出每个人心里已经有的东西。这可能

未来好企业：共益实践三部曲

是对某个领域、某个行业的兴趣，可能是某种爱好，但我想也可以是每个人心底本来就有的帮助他人、服务社会、改变世界的担当和责任心。

如果我能通过教学和研究，引出中国这一批批顶级企业家心底的那份担当；如果他们的那份责任心可以在企业的层面成为共益的理念和价值观；如果这些企业的共益理念能够影响所有的员工，进而使得这些企业在追求经济利益的同时，关注社会以及环境影响，甚至在社会痛点处发现更大的商业机会，从而创造更大的经济利益和社会价值……那岂不是商业最好的样子？或许这是我能做的最有效的参与公益的方式。

带着这样的想法，抱着试试看的心态，2016年我在长江商学院EMBA（高级管理人员工商管理硕士）项目中开了一门选修课，叫"公益创新与企业可持续性发展"。当时全年级只有不到40个人选了这门课，但我还是很兴奋。现在回想起当时讲的内容，很多都很初级。即便如此，两天的课程下来，大家都表示思想上有颠覆。有了认同，有了口碑，陆陆续续选择这门课的人也就多了。到2018年的时候，这门课也由选修课变成了必修课，随后在其他项目中陆续开展起来。"无公益，不长江"也成为长江商学院的一张名片。

最开始的课件多以美国的案例为主，但同学们对这些案例的认同感不大，毕竟与它们所处环境离得太远。很多次，同学们告诉我中国有很多正在发生的、令人兴奋的案例，值得研究，值得传播。于是，我和团队开始系统地研究中国的企业，寻找、调研那些义利兼顾的好企业，并在这一系列的调研中总结出"企业共益实践三部曲"的理论框架。这个框架是对现有企业实践的一个提炼总结，未来的好企业一定是能够兼顾公司的经济利益和社会价值的具有共益理念的企业，但是如何做到这一点，如何去实践，我们希望可以通过这本书为其他企

自　序

业提供一个学习的模板，可以借鉴这个思路去促进和提升自己企业的发展。

本书的第一章会对好企业的评判标准进行回顾、分析和总结。紧接着在第二章中，我们会详细介绍"企业共益实践三部曲"这个理论框架。在后面的第三章至第十章中，我们会针对不同的行业，包括互联网行业、建筑业、农牧业、餐饮业等，分别介绍两三家典型的企业，探讨它们践行共益理念的过程。这里的每一家企业都有闪光之处，但也都不是完美无缺的，依旧面临挑战，依旧有困惑。我们希望客观的介绍可以给读者带来更真切的感受和更深入的思考。在最后一章中，我们会探讨如何从好企业到好社会。这里有一个重要的话题是规模化。做好一家企业，能解决的社会问题依然有限。关于如何能让效果规模化，如何能大范围地解决社会问题，我们将从集合影响力以及社会中每个人的自省来进行探讨。

希望本书能够作为引子，给大家提出一个思路，让大家看到一些优秀的中国企业是如何做到兼顾经济利益与社会价值的。希望它能够启发你的思考，激励你带领自己的企业走向更好、更可持续、更令人尊敬的道路。当然，我们也非常希望听到你的经验分享，这或许会成为我们下一本书中的案例，影响更多的人。

最后，写书的过程让我们深感快乐。这中间有无数人的支持和鼓励。感谢长江商学院从院长到项目部门对我的支持，谢谢他们给我开发这个课题的空间。感谢2016年最早一批选我的选修课的同学，是你们的兴趣、包容和肯定，给予了我继续研究这个话题的决心和动力。感谢众多的长江同学和校友，你们在课堂上的分享、课下的交流，给我带来很多思考和提升。感谢书中提到的每一个案例背后的主人公，谢谢你们让我有机会走进你们的企业，深入了解其中的成与败、喜与忧，更重要的是让我看到你们心底那份担当和坚持。谢谢我的研究团队、李欣、郑博文、闫雯、阿丽雅，没有你们，读者不可能看到那么多重要的细节。能和你们一起创作，我非常开心！最后，感谢我们的家人，此处再多的言语都不足为过。

朱睿

目 录

推荐序　企业的社会角色 / I

自　序 / III

第一章　什么是好企业 / 001
什么样的企业是好企业 / 001

社会觉醒 / 004

企业的社会责任 / 009

第二章　企业共益实践三部曲 / 027
超越企业社会责任的新视角——共益理念 / 027

企业如何实践共益理念 / 033

企业共益实践三部曲 / 039

第三章　互联网行业：科技向善 / 050
腾讯：从"连接一切"到"科技向善" / 052

阿里巴巴：公益心态，商业手法 / 076

小结 / 087

第四章　制造业：从"问题的制造者"到"问题的解决者" / 089

德龙钢铁：传统钢铁行业如何实践共益理念 / 093

日本矢崎集团：超越小家的大家族 / 110

小结 / 125

第五章　建筑+：生活的艺术 / 127

乌镇：打造世界级的中国古镇 / 128

众建筑：设计为大众 / 150

RCR 建筑事务所：建筑的诗意 / 153

童趣园：用建筑解决教育不公平 / 157

小结 / 160

第六章　信息与通信技术行业：社会变革的加速器 / 162

华为：构建万物互联的智能世界 / 165

台达：再圆一个环保的梦 / 191

小结 / 205

第七章　金融业：用金融力量解决深层次的社会问题 / 208

中和农信：金融扶贫创新实践 / 211

"蚂蚁森林"：今天你种树了吗？ / 235

禹闳资本：有"洁癖"的耐心资本 / 246

小结 / 258

第八章　农牧业：为农民赋能 / 260

铁骑力士：为了农民的微笑 / 262

通威集团：为共益，而创变 / 279

小结 / 285

第九章　餐饮业：以人为本 / 287

海底捞：双手改变命运 / 290

星巴克：人本精神 / 302

Chobani：不仅仅是酸奶 / 310

春播：打造家庭安全餐桌 / 315

小结 / 318

第十章　社会企业：新兴的共益实践 / 320

第一反应®：打造社会化急救平台 / 323

"黑暗中对话"：视障者的反转力量 / 335

胜利基金会：扶他一把好工作 / 345

小结 / 353

第十一章　从好企业到好社会 / 354

后　记 / 364

第一章　什么是好企业

> 判断一个企业是不是好企业，除了经济维度，还需要有一个社会维度。社会维度是有关企业存亡的一个重要维度，企业是社会和经济的产物，社会或经济可以在一夜之间就使任何企业不复存在。
>
> ——彼得·德鲁克《管理：使命、责任、实务》

什么样的企业是好企业

什么样的企业是好企业？在不同的国家、不同的历史时期，社会对企业有着不同的评价标准。不同的人心中也会有不同的答案。通常人们认为，企业追求盈利是再自然不过的事，表面上看这当然没错，但是试想一下，当代的企业仅仅追求财务目标就可以了吗？

事实上，人们对于好企业的判断通常会有自己的标准。如美国《财富》杂志每年都会根据营业收入、利润额、净资产收益率、利润率等财务信息发布世界500强排行榜。2019年，沃尔玛连续第六年成为全球营业收入最多的公司，它和中石化、荷兰皇家壳牌集团、中石油分列榜单前四位,第五和第六依次是国家电网、沙特阿美;在利润榜排名中,沙特阿美以近1 110亿美元的超高利润登顶,苹果位列第二;在净资产收益率榜上,波音公司居首位,而中国公司中排名前几位的是格力电器、碧桂园、恒大、华为和海螺集团;在利润率排名中,排名首位的是2019年新上榜的美光科技公司,脸书位居第二。中国公司中,中国工商银行利润率最高。

另外,全球顶尖的商业管理杂志《哈佛商业评论》从2010年开始每年都会公布"全球最佳首席执行官"评选榜单。根据这个榜单,2014年亚马逊的首席执行官杰夫·贝佐斯居第一位。但是在2015年的排名中,贝佐斯却排在了第87位,而之前排在第六位的诺和诺德的CEO(首席执行官)索文森却登上了榜首。是什么导致两年间的排名出现如此大的变化呢?

于是我们对此进行了调研,发现原来是《哈佛商业评论》调整了衡量标准。2015年之前,它的评价标准只有财务指标,也就是关注每位首席执行官在任期间公司的财务表现。但从2015年开始加入了非财务性指标ESG,其中,财务排名权重占80%,ESG权重占20%。由于这一指标的变化,亚马逊公司虽然财务排名第一,但ESG排名为第828名,所以整体排名为第87名。而仅仅参照财务回报的话,诺和诺德名列第六,但是该公司在ESG方面表现优异,受益于这一因素,索文森最终摘得桂冠。

进一步的研究显示,《哈佛商业评论》在评选标准方面的改变并非一个特例,我们发现有很多机构在评价公司好与坏的时候,都加入了类似ESG的维度。早在1990年美国KLD公司[健达(Kinder)、莱登伯格(Lydenberg)、多米尼(Domini)这三家公司的合称]就推出了多米尼400社会指数,成为美国第一个以ESG为筛选标准的指数。随后一些国际组织、国家监管机构、股票交易所分别制定了各自的ESG信息披露的原则指引；国际主要评级机构，如 MSCI（摩根士丹利资本国际公司）和富时罗素也开始对企业 ESG 履行情况进行分析和评级；还有一些金融投资机构也发布 ESG 投资指南，在投资过程中进行资产配置。

如今，ESG 在国际上已经成为一种潮流。在中国，我们也目睹了类似趋势的事件。2018 年 6 月 1 日，A 股首批 226 只股票已被正式纳入 MSCI 新兴市场指数；2018 年 9 月 30 日，证监会修订《上市公司治理准则》，确立了 ESG 信息披露基本框架；2019 年 8 月 15 日，中国平安集团首席财务官姚波，在公司 2019 年中期业绩发布会上宣布，中国平安首次把 ESG 标准融入公司管理，搭建了国内首个上市公司 ESG 政策体系。

此外，一些企业家也开始对"企业存在的目标"做出新的诠释。2019 年 5 月 5 日腾讯 CEO 马化腾通过他的朋友圈宣布腾讯最新的愿景与使命是"科技向善"。2019 年 8 月 19 日，美国商业组织"商业圆桌会议"（Business Roundtable）发布了一份由 181 位美国顶级公司 CEO（包括贝佐斯、库克等）共同签署的文件——《公司宗旨宣言书》。该文件旨在重新定义公司运营的宗旨：公司的首要任务是创造一个更美好的社会，而不再是股东利益最大化。2019 年 9 月 10 日，阿里巴巴正式公布"新六脉神剑"理论，对阿里巴巴的使命、愿景、价值观进行了全面升级，提出了"客户第一，员工第二，股东第三"的企业价值观。

上述的变化让我们意识到，人们对于好企业的判断标准是在不断演变的。事实上，想要定义一个"好企业"的难度超乎想象。每一个时期社会总体对企业的期待都会投向一个比较一致的关注点。例如，企业发展早期的时候，大家普遍认为"经济效益最大化"的企业就是好企业，如 20 世纪 50 年代，通用电气营业额占美国 GNP（国民生产总值）的 3%，当时社会上流传着"对通用有益的事情，就一定有益于美国"的观点,[①] 这时候大家的关注点是能否解决就业、能否赚钱,而对于是否存在环境污染、是否关注利益相关方等并不是很在意。

但是,随着时间推移,企业逐渐成为社会发展的中坚力量。企业创造了大量的财富,带动了就业,推动了创造发明,产生了新的技术和新的社会文化。与此同时,企业也带来一系列社会问题,如贫富差距、劳资矛盾、贪欲膨胀、欺诈隐瞒、环境破坏、资源掠夺等。人们逐渐意识到,仅仅追求经济效益的企业,不一定就是好企业。好企业需要顺应时代的潮流,能够承担社会责任,解决社会问题,成为社会所需要的企业。是什么导致了这种变化呢?在这一章,我们将追溯这一变化背后的主要原因。

社会觉醒

从国际组织到各国政府,再到大众消费者等诸多群体,有前沿思想的人强烈地意识到,全球经济发展所带来的社会问题(例如贫富差距加大、环境恶化等)已日趋严重,如果不努力解决,将会带来灾难性的打击。而且这些问题绝不是一国范围内的事情,其中最明显的是环境和传染病无法区分国界,贫穷问题也会超越国界,市场中的恶性竞争亦是如此。狭隘地"损人利己"的行为终将以损人始,以损己终。如何寻找解决方案,企业在这中间应该承担什么样的责任,已经成为全社会所关注的话题。

---

① 财富中文网,参见:http://www.fortunechina.com/magazine/c/2004-06-01/content_952.htm。

1. 国际组织和各国政府的关注

面对日益严重的全球性问题，国际组织提出了"可持续发展"的概念来探讨关于自然、科学技术、经济、社会协调发展的可能性。

"可持续发展"一词由挪威首相布伦特兰夫人于1987年在世界环境与发展委员会的报告《我们共同的未来》中正式提出。其定义为，"既能满足当代人的需要，又不对后代人满足其需要的能力构成危害的发展"。它系统阐述了可持续发展的思想，并深刻指出，在过去，我们主要关心的是经济发展对生态环境带来的影响，而现在我们应该把人们从"单纯考虑环境保护"引导到"在经济增长的同时，如何实现人口、环境、生态和资源与经济的协调可持续发展"上来。1992年6月，联合国在里约热内卢召开环境与发展会议，通过以可持续发展为核心的《里约环境与发展宣言》和《21世纪议程》等文件。这两个文件中，提及了在更广阔的范围内实践可持续发展，此后可持续发展战略逐渐成为各国的国家战略。

20世纪90年代以来，可持续发展逐渐成为世界各国的共识。可持续发展的评价标准——可持续发展指数已经成为一个热点研究领域。其中最有影响力的是GRI[①]报告框架，GRI为企业在全球范围内公布可持续发展报告提供了一个共同的框架，其目标在于完善可持续发展报告的实务，如同企业或机构发布财务报告一样，推动企业或机构定期向各利益相关方公开披露其经济、环境和社会绩效信息，增强报告的可比性和可信度。2008年，美国次贷危机所引发的全球金融寒冬让企业社会责任（CSR）再次成为世界的焦点。在此期间，有关企

---

① GRI即全球报告倡议组织（Global Reporting Initiative），成立于1997年，是由美国的一个非政府组织"对环境负责的经济体联盟"（Coalition for Environmentally Responsible Economies, CERES）和联合国环境规划署（United Nations Environment Programme, UNEP）共同发起的，秘书处设在荷兰的阿姆斯特丹。

业社会责任的学术文章的引用次数达到了顶峰（见图1-1）。在2008年亚太经合组织工商领导人峰会上，企业社会责任首次被纳入会议议程。[①]

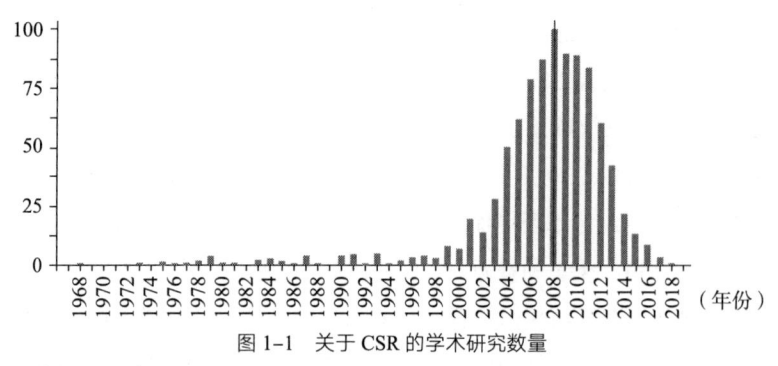

图1-1 关于CSR的学术研究数量

资料来源：引用次数大于50的CSR的学术研究数量发展过程，基于谷歌学术整理。

与此同时，各国政府也是倡导和推动企业履行社会责任的重要力量。政府一般通过立法执法向企业施加压力，倡导或推动企业关注环境和社会问题。中国国家主席习近平曾经指出："只有富有爱心的财富才是真正有意义的财富，只有积极承担社会责任的企业才是最有竞争力和生命力的企业。"[②] 中国已经把企业履行社会责任提升到了国家战略的高度。

在美国及其他一些发达国家，一场深刻的变革也在发生。微软公司联合创始人比尔·盖茨与B Lab（共益实验室）[③]的两位创始人杰伊·吉尔伯特和安德鲁·卡索伊都明确提出，要解决当前全球的社会

[①] 央视网，参见：http://news.cctv.com/world/20081121/100549.shtml。

[②] 人民网，参见：http://opinion.people.com.cn/GB/n1/2017/0724/c10.shtml。

[③] B Lab于2006年在美国创立，是致力于推进全球范围内商业向善的非营利机构，B Lab建立了共益企业认证体系，旨在重新定义商业领域的成功。

和环境问题，光靠政府和公益组织是远远不够的，企业作为世界上最强大的力量之一，责无旁贷。

2. 消费者的变化

1989年互联网的诞生使社会产生了巨大的变化，也改变了商业环境。人们比以往能得到更丰富的信息，能更快速地与他人联络，达成共同行动。同时，随着普遍受教育程度的提高，人们的价值观产生了变化，开始从不同的角度关注社会问题，进而对商业的期待也产生了快速变化。

1996年6月，一位12岁左右的巴基斯坦童工蹲着手工缝制精致的耐克足球的照片，刊登在美国《生活》杂志上，而他每天的工资仅为两美元。这引发了各大学校园的抵制活动以及耐克商店外的示威抗议活动，耐克公司因此遭受了沉重打击，成为"血汗工厂"的代名词。[①] 雇用童工、环境污染、劣质产品、资源浪费等引发的种种事件唤醒了新的消费形式——伦理消费[②]：消费者们不再只关心产品所能带来的个人利益，产品及其企业的价值观以及对社会、环境所带来的影响，也逐渐成为消费者购买决策的重要考量因素。

越来越多的消费者意识到，贸易全球化以来，交易变得更加不公平，出现了富人越富、穷人越穷的现象。国际乐施会曾经对国际贸易中的"作弊性的规则和双重标准"发表过报告，这在欧洲激起了更多"促进公平交易"的消费者运动。"公平交易"的咖啡在过去只是一种专门针对有钱人的小范围消费品，现在却成为在美国和欧洲交易增长

---

① 1998年，耐克公司创始人兼首席执行官菲尔·奈特承认：耐克产品已经成为血汗工厂、强迫加班和滥施淫威的代名词。参见：http://money.163.com/09/0312/15/547 COLF5002524TH.html。
② 吴波，李东进. 伦理消费研究述评与展望［J］. 外国经济与管理，2014（03）.

速度最快的咖啡品种。尼尔森于 2015 年进行的调查显示，消费者正逐渐重视产品的道德程度。全球 66% 的消费者表示愿意为可持续发展的环境友好型产品付出更多的金钱。而在"千禧一代"中，这一比例达到了 72%。[1]

许多行业和企业都不得不密切关注这些变化，因为这可以用来跟踪消费者价值观的变化。在全球化、信息化的背景下，消费者的需求和变化日新月异。他们从关注产品的功能转变到关注产品的生产过程，而且现在越来越多的消费者开始寻找那些具有使命感和价值观的企业，希望这些企业能满足自己对社会、经济和环境等问题的关注和需求。

3. 有信仰的资本

投资者曾经被认为仅看重利润，属于最不容易有变化的人群。如今他们也正在关注自己投资战略中的风险，开始成为一股变革的力量。例如，社会企业、影响力投资等新概念就表达了投资者的这种美好愿望。

首先看社会企业，它的运作方式与一般企业无异，只是其最终目标不是营利，而是必须从事与创业宗旨相同、有益于社会的事业。社会企业服务于弱势群体，其资金来源一部分是捐赠，一部分是营业利润，目标是在解决社会问题的同时逐步实现自身的可持续发展。

其次看影响力投资，其目标是，资本投到哪里，哪里就能最有效地造福社会和环境。为此，除了管理财务风险和经济收益外，还需要管理该企业在社会和环境方面的表现。投资者包括传统的公益基金会、商业企业、金融机构或个人。投资对象跨行业、跨地区，其目标也多

---

[1] Vanna，参见：https://vanna.com/articles/read/csr-benefits-for-all-7011?hl=zh-Hans。

种多样。它主要的服务内容一般是帮助社会上最需要帮助的弱势群体，或者是保护环境。值得一提的是，不少影响力投资基金会明确提出，不会投资有较大负面影响的行业（比如烟草），即使这个行业很赚钱。

OECD（经济合作与发展组织，简称经合组织）2015 年社会影响力投资报告[①]显示，影响力投资正在吸引基金会和主流投资者的兴趣。此外，预计接下来 50 年将有 41 万亿美元的财富会在代际中传承，其中接近六万亿的财富会直接投入社会议题。OECD 得出结论："千禧一代"正在寻求投资机会，并且日渐接任金融界的重要职位，领导者的更替带来的价值观变化在社会中广泛产生，很可能加强影响力投资的需求。

综上所述，随着企业规模的扩大，企业对社会的影响也越来越大。如今政府、消费者、资本市场以及整个社会都已经觉醒，大家都意识到，经济的发展必须兼顾社会和环境效益。这些呼声也无疑给企业提出了挑战。那么作为企业，该如何面对这样的觉醒，如何在追求经济效益的同时，兼顾社会和环境效益？

企业的社会责任

如今全社会都在期待企业承担社会责任，这已经是大势所趋。那么企业又是如何应对的呢？事实上企业从来都不会坐以待毙，从被动到主动，企业践行着多种承担社会责任的方式。

关于企业社会责任的起源可以追溯到 18 世纪第一次工业革命时期。技术革新推动了现代大企业的规模化发展，同时也不可避免地产

---

① 参见：http://www.oecd.org/sti/ind/social-impact-investment。

生了很多社会问题，如环境污染，以及工人工作和生活条件、卫生条件的恶化所导致的传染病流行等问题。到19世纪中期，一批富有慈善精神和社会责任感的企业家，如戴维·戴尔、罗伯特·欧文以及提图斯·索尔特等人开始了一系列具有慈善意义的工业实践。[①] 这些企业家不仅关注改善工人的工作条件，而且还进行了一系列关于精神文化的建设，尽管在当时还没有诞生企业社会责任的具体概念，但人们对于企业社会责任的意识已经产生了。

而现代意义上的企业社会责任概念则是由欧利文·谢尔顿在1923年《管理的哲学》一书中最先提出的。谢尔顿把企业社会责任与公司经营者满足产业内外各种人类需要的责任联系起来，认为企业社会责任有道德因素在里面，企业应该主动履行社会责任。随后，20世纪50年代，霍华德·鲍恩在其出版的《商人的社会责任》一书中提出了现代企业社会责任观念，认为企业追求自身权利的同时必须要尽到责任和义务。随后在广泛兴起的社会运动（包括女权运动、黑人运动、学生运动等）的推动下，欧美企业界对社会议题的关注显著提高。企业社会责任的概念是逐渐建立和发展起来的。鲍恩也因此被后来的学者认定为"企业社会责任之父"。

随着时间的推移，人们对企业履行社会责任的认识逐步深化，提出了各种各样的CSR概念，来自各国不同学科和不同领域的学者、非政府组织、政府机构、企业对此进行了大量的研究和界定。理论界对于企业社会责任的定义至今没有形成一致的意见，但是在现实中，企业社会责任一路发展过来已经有了清晰的发展脉络。马克思主义认为，理论源于对现实的抽象，因此现实是本源的，理论是派生的，伴随着现实的不断发展，理论也必须不断完善。同时，每一个理论，都是在

---

① 吕昇颖.英国工业革命期间模范工厂研究[D].上海：复旦大学，2009：1.

不断探索、不断争论中发展起来的,企业社会责任也不例外。接下来,本节我们将遵循马克思主义关于理论与实践相结合的教诲,从社会视角和企业视角两个维度对企业的社会责任进行分析梳理。

1. 社会视角下的企业社会责任

企业社会责任的概念发展至今,已经有近百年的历史,经历了一个长期多样化的发展过程。一般来讲,企业社会责任概念在欧美国家的演进过程大致可以分为三个阶段:第一个阶段是从20世纪20年代到60年代,属于现代企业社会责任概念的提出阶段,这一时期,企业社会责任问题受到了社会的广泛关注;第二阶段是从20世纪70年代到90年代末,属于企业社会责任概念的界定和认可阶段,这一时期有关企业社会责任的理论发展迅速,构成了一个丰富的研究体系;第三阶段是21世纪以来,企业社会责任概念的全球化发展阶段。

经过这三个阶段的发展,我们可以看到,企业社会责任讨论的内容主要集中在三个方面:企业有没有社会责任、企业有什么社会责任、企业应该对谁负责任。

(1) 企业有没有社会责任

20世纪以来,随着产业革命的发展,企业的活动逐渐暴露出一些有违传统道德理念的现象,例如残酷剥削造成的尖锐的阶级对立、环境污染和社会动荡等。1923年谢尔顿提出企业社会责任的概念之后,作为一种解决企业经济目的与社会矛盾的全新视角,CSR开始被关注。但是这一时期,除个别学者的研究之外,企业社会责任通常被看作仁慈的利他行为,被置身于普通大众的视线之外。这一时期企业社会责任争论的焦点是,企业是否应该承担经济目标以外的其他社会目标。

20世纪30年代到70年代,学术界关于企业是否应该承担社会责任展开了多次讨论。阿道夫·伯利、梅里克·多德和H.曼内等从法学角度对管理者作为受托人所应履行的责任以及现代公司的功能展开了激烈的争论；鲍恩和米尔顿·弗里德曼从经济学的角度分别提出了支持和反对企业社会责任的观点。1970年弗里德曼在《纽约时报》上发表了《企业的社会责任就是增加利润》和《资本主义和自由》这两篇文章，他提出，企业管理者最主要的责任就是对股东负责，不必承担其他社会责任。20世纪70年代之前，弗里德曼关于企业社会责任的观点依然占据统治地位，社会普遍认为在自由市场经济条件下，企业的社会责任就是追求利润最大化。

弗里德曼等人的观点对企业社会责任理念的推进提出了很大的挑战，支持企业社会责任的学者也对此做出了回应。然而，企业到底要不要承担社会责任不能仅仅停留在理论上，还需要从实践中看到问题。真实的情况是，企业在为社会创造巨大利润的同时，确实也带来了很多社会问题，企业也用自己的实际行动表明了态度。1984年彼得·德鲁克从企业实践的角度提出，企业存在于社会，其是否要履行社会责任深受社会对企业定位的影响。企业应该积极消除企业给社会带来的负面影响，并将社会问题转化为商业机会，这开启了人们重新认识企业社会责任的视角。

虽然关于企业有没有社会责任的争论一直在继续，但是如今人们对企业社会责任的认识已经不再停留在粗浅的理解上，而是已经深入到全球经济社会发展的各个领域，受到了国际组织、各国政府以及企业界的高度重视。人们的行动已经表明了他们的态度。

（2）企业有什么社会责任

20世纪70年代之后，企业应当承担社会责任的思想逐渐为社会所接受，研究的重点也已经从社会责任的概念转移到社会责任的内容上面,各种概念和模型相继被提出,其中"三个同心圆""金字塔""三重底线"等理论最具有代表性。

1971年,美国经济发展委员会在《商业企业的社会责任》报告中指出,企业要为美国人民生活质量的提高做出更多的贡献,并提出了"三个同心圆"企业社会责任概念模型。这一模型的内圈包含企业最明确、最基本的经济职能,即产品、工作岗位和经济增长;中间圈则代表企业在履行经济职能时,必须对不断变化的社会问题保持敏锐的意识,如环境保护、员工问题、给顾客提供更加精确的信息等;外圈是企业更广泛地促进社会进步的其他无形责任,例如改善贫穷和城市衰败。美国经济发展委员会提出这一理念正是对当时公众对企业期望变化的回应。因为在20世纪60年代后期到20世纪70年代早期,与环境、劳工安全、消费者以及员工相关的社会运动开始从个别情况过渡到政府制定法规进行监管的层面。

1979年,阿奇·卡罗尔提出,"企业的社会责任是包含在一定时期社会对组织所具有的经济、法律、伦理和自愿性的期望"。1991年,卡罗尔进一步提出了"金字塔"模型,认为企业社会责任是指企业的经济责任、法律责任、伦理责任和自愿责任(慈善责任)之和。他认为企业不应该按顺序而应同时完成这些责任。从管理的角度,卡罗尔将企业社会责任概括为,"对社会负责的企业应该要努力做到创造利润、遵守法律、有道德并且成为一个好的社会公民"。之后很多学者提出的理论和方法,都是基于卡罗尔的理论框架。

这一时期,另一个影响力比较大的概念是1997年英国学者约翰·埃尔金顿在其著作 *Cannibals with Forks: The Triple Bottom Line of 21st Century Business*(《拿叉子的野人:21世纪企业的三重底线》)一书中,提出了"三重底线"的概念,他认为一个企业在长期持续发展中要达到经济底线、社会底线和环境底线三者的统一。三重底线理论是社会对企业的最低要求，满足三重底线是维护企业合法性，确保企业生存和发展的基本前提。三重底线理论后来逐渐成为理解社会责任概念的共同基础。

综合以上三个理论，一般认为企业社会责任除了包含基本的经济维度外，还有社会维度、环境维度、法律维度和自愿性行为维度。

（3）企业应该对谁负责任

关于企业要承担什么样的社会责任，已经有了比较明确的内涵。那么企业应该要对谁负责任？20世纪90年代，企业社会责任理论的一个重要发展，是与利益相关方理论的全面融合。

1963年斯坦福研究所最早提出了"利益相关者"的概念。他们认为，利益相关者是这样一些人，就是没有其支持，组织就不可能生存。1984年，弗里德曼在《战略管理：利益相关者方法》一书中，将利益相关方概念整合成一个连贯的战略管理概念，这一理论才引起了学术界的极大关注。同时弗里德曼利用利益相关者理论回答了企业应该对谁承担社会责任的问题。他把利益相关者定义为，"那些能够影响企业目标实现，或者企业实现目标的过程中被影响的任何群体和个体"，并把利益相关方归纳为六种，即股东、雇员、供应商、消费者、社会和政府。随后利益相关者理论的影响力迅速扩大，并开始影响美英等国的企业治理模式的选择，促进了企业管理方式的转变。

1995年，克拉克森对利益相关者做了进一步分析。他将利益相关者划分为首要利益相关者和次要利益相关者。前者指企业生存和持续运营不可或缺的，如股东、投资机构、员工、供应商、消费者、社区和政府等；后者则指受企业影响的人，如媒体、社会团体等。他还指出如果想要更加有效地分析和评价企业社会绩效，其前提是必须准确区分利益相关者问题与社会问题。

利益相关者理论的引入，使企业社会责任明确了负责的对象。按照该理论，企业不能只追求股东利益最大化，还要协调和平衡这些利益相关方——特别是雇员、供应商、顾客和较大范围的"社区"，甚至在自然环境等被企业经营活动直接或间接影响的客体之间，都要寻求利益上的平衡。

2. 企业视角下的企业社会责任

企业社会责任经历了一系列理论研究，逐渐走向了成熟。那么，从企业的角度，作为实践主体的企业是如何看待社会责任的呢？与社会责任思想的发展相伴，企业界也在探索如何将社会责任融入企业的经营活动中。企业实践社会责任是一个动态发展的过程，从最初一些企业家从个人角度尝试慈善捐款、成立基金会，到他们带领企业主动承担社会责任做了一系列系统性的尝试和探索。

（1）企业家的慈善捐赠

事实上，企业家很早就有公益的意识。任何事物都不是无源之水、无本之木。追根溯源，我们可以发现，企业家的公益意识，很大程度上来自于欧美社会关于公益事业的传统思想。这一方面源于《圣经》中教导的扶弱济贫、奉献的宗教文化，另一方面源于国家对慈善事业明确的法律法规的规定和监管。如早在17世纪中期，英国就颁布了《伊丽莎白法规》，对强制征税的财产种类做了详细的界定，并调节税收制度，对慈善事业进行监管。[1]

美国南北战争之后几十年间，工业化和技术的突飞猛进使巨大的财富聚集在少数人手中，对他们来说如何花钱成为大问题，这是美国

---

[1] 资中筠. 财富的责任与资本主义演变[M]. 上海：三联书店，2015：12.

从 20 世纪初以来独特的现象,也是大规模公益事业丰厚而持久的物质基础。[1] 美国现代慈善业先驱、大慈善家安德鲁·卡内基有句名言:"一个人在巨富中死去是一种耻辱。"[2] 这句话影响着西方人的财富观。当时一些有远见的企业家开始主动融入社会改良的潮流中,他们发扬捐赠的传统,成立基金会,用捐赠的方式参与社会慈善,以更加有组织、有目的、有效的方式自发地解决社会问题。20 世纪初期起带头作用的三家大基金会是塞奇基金会、卡内基基金会和洛克菲勒基金会。

直到今天,慈善捐款也是不少企业家参与公益的重要形式。例如,从 2000 年开始的"与巴菲特共进午餐"的慈善拍卖活动,至今已有 20 个年头,拍卖所得的全部善款会捐给位于旧金山的慈善机构格莱德基金会,用于帮助当地的穷人和无家可归者。2010 年由"股神"沃伦·巴菲特和微软联合创始人比尔·盖茨发起的"捐赠誓言"活动,旨在号召亿万富翁生前或去世后至少用自己一半的财富来做慈善,截至 2019 年 5 月,参加捐赠誓言活动的人数为 204 人(来自 23 个国家和地区),实际上参与的人并不如想象的多,因为不少人认为这种单纯的捐赠并不是最有效的方式,对这种方式持有不同的观点。另据美国《慈善纪事报》公布的 2018 年美国 50 大慈善家榜单,50 大慈善家的捐款总额超过 78 亿美元,捐款最多的是亚马逊首席执行官、世界首富杰夫·贝佐斯[3]。

(2)被动回应社会问题

尽管企业家对于慈善捐款很热衷,但很长一段时间,作为主体的

---

[1] 资中筠.财富的责任与资本主义演变[M].上海:三联书店,2015:26.
[2] 安德鲁·卡内基.财富的福音[J].北美评论,1989(6).
[3] 贝佐斯捐款 20 亿美元。

企业都是在被动地回应社会问题。20世纪50年代，美国已经成为一个实至名归的"富裕社会"，经济繁荣，科技发达，人们的物质欲望不断膨胀，"消费主义"生活方式蔓延。与此同时，由于自然资源的过度开发，工业污染（包括水污染、核污染、化学污染），以及汽车工业的飞速发展所带来的空气及噪声污染等环境问题日益加剧，产品安全问题及消费者利益保护等社会问题凸显。

1962年蕾切尔·卡森在《寂静的春天》一书中，描述了因过度使用化学药品和肥料而导致环境污染、生态破坏，最终给人类带来了不堪重负的灾难。1972年，罗马俱乐部出版的《增长的极限：罗马俱乐部关于人类困境的报告》，以人口、农业生产、自然资源、工业生产、污染五个变量，对1900—1970年的数据进行运算，向世界说明，无节制地消费资源、破坏环境的发展方式是不可持续的，提出了人类社会应该走均衡发展之路的对策。《寂静的春天》和《增长的极限：罗马俱乐部关于人类困境的报告》引发了人类对于环境保护意识的觉醒。随后，各种社会运动风起云涌，形成了劳动、环境、消费者保护等各类组织，他们不断向企业发难，推动了国家政策立法。1972年，美国成立了西方国家第一个环保局，作为专门负责环境保护的国家机构。1960—1977年，美国国会陆续通过了多项重要的环境法规，先后有《联邦水污染控制法》《联邦环境杀虫剂控制法》《清洁空气法》《清洁水法》等。

社会环境的剧烈改变使企业不得不对许多迫在眉睫的社会需求做出回应，进而重新思考自身与社会的关系。这一阶段，企业应对社会责任问题和事件，更多的是做出被动反应，而非前瞻性行为。对于大多数企业而言，履行社会责任只是一种偶然、自发的行为，或者只是在危机情况下做出的应急反应，还没有形成管理社会责任的模式。

(3) 危机管理

20世纪80年代，很多世界知名企业爆出丑闻，引发消费者和社会团体的强烈抵制。例如，雀巢公司被指责向不能正确食用奶粉的人群销售产品，导致第三世界国家的不少婴儿死亡，深陷"抵制雀巢产品"泥潭。美国李维斯公司在亚洲的劳动环境极为恶劣，并且雇用低龄女工，由此引发一场"反血汗工厂运动"。这些教训让企业逐渐意识到，运营过程中如果缺失社会责任会使自己面临巨大的经营风险。

企业需要充分考虑自己在经营活动中是否会对社会和环境产生消极影响，并有效管理这些社会风险，负责任的企业行为将有助于防范这些风险。因此，企业如何识别和回应社会的期望、防范风险、增加公众信任成为这一时期社会责任管理的重点。企业社会责任的管理更加强调前瞻性、主动性和预防性，企业社会责任被视为企业管理自身运营过程中防范风险的有效工具和方式。

随后，多个涉及丑闻的企业和行业均建立了相应的社会风险应对和防范的管理体系。例如，李维斯公司制定了世界上第一份公司生产守则，并建立起相应的社会责任审核体系；埃森哲公司开始实施健康安全管理体系；1979年，三英里岛核事故之后，美国核工业创建了核能运行协会，对这一行业确定了实施标准和监督机制；1984年，印度旁遮普邦毒气事故发生后，美国成立了化工行业责任倡议会。

(4) 企业的社会责任战略

进入21世纪以后，随着经济全球化的发展，社会责任日益成为全球企业共同的义务、追求与挑战。面对这一大环境，企业开始考虑从长远角度出发，用战略眼光看待社会责任问题，形成差异化优势，提升企业核心竞争力。

从20世纪90年代末开始，"企业社会责任战略"、企业公民

（corporate citizenship）等概念得到进一步的发展，许多跨国企业对其全球供应商和承包商开始推行社会责任评估与审核，挑选合作伙伴。2002年1月在纽约举办的世界经济论坛上，由34家全球最大跨国公司签署了联合声明《全球企业公民——对CEO和董事领导的挑战》，强调企业不仅要对所处社区负责任，而且在全球化背景下，必须要承担一种全球性的社会责任。

"企业社会责任战略"理论是指，企业要利用承担社会责任的机会，谋求竞争优势。该理论是企业利益和社会利益日益结合的产物，认为通过承担社会责任，企业可以获得成本的节约和产品差异化竞争优势。就成本优势而言，良好的社会表现有助于企业与利益相关方建立互信关系，从而降低履行契约的成本，由此企业能获得成本优势。而产品差异化竞争优势，则源于越来越多的消费者所看重的社会价值。企业通过展现这些社会价值，可以获得企业形象差异化优势和产品差异化优势。通过积极主动地践行社会责任，企业可以成功地打造差异化的竞争优势，并实现义利并举。目前已经有越来越多的有远见的企业，把社会责任战略管理作为企业管理的核心内容。本书中我们会详细列举一系列这样的企业。

3. 企业社会责任在中国

传统意义上的企业社会责任不是从国外传到中国来的，而是中国企业本身就有的。中国传统道德中包含大量的社会责任理念，例如，中国自古就有行善济贫、做善事的美德，也强调商家的道德修为，提倡商家重视商业道德，不取不义之财，要求商家经营要遵守"诚信为本""买卖公平""童叟无欺""恪守承诺""信誉至上""货真价实""量足守义""财自道生，利缘义取"等理念。

但是现代意义上的企业社会责任的理念却是从西方传来的。从传统的慈善转向现代公益的意识萌发于晚清西方思潮传入之后。[1]晚清洋务运动时期产生了一批实业慈善家,他们提倡赈灾济贫、教育兴国、实业救国,随后慈善运动在民国时期达到前所未有的高潮。新中国成立后,国家建立了一套政府主导的济贫救困体系,国家包揽了一切福利救济活动,并将其纳入政府财政预算中,建立了一套"国家保障型"社会保障制度。

改革开放初期,国有企业作为政府经济计划的主要执行机构,核心任务是提高经济效益,并担负了职工住房、医疗、养老等职能。这种政企不分、政社不分、企社不分的现象被称为"企业办社会"。而民营企业整体处于起步期,以追求经济利润为主,其履行社会责任的能力极度薄弱,所面向的利益相关方也仅仅是对自身的股东承担经济责任以及对政府承诺依法纳税的政府责任。[2]

随着20世纪90年代一些跨国公司(如沃尔玛、麦当劳)进入中国市场,中国企业接入全球供应链。以2001年中国加入世界贸易组织为标志,我国经济社会发展的国际化进入新的阶段。跨国公司在国际社会责任运动的压力下,开始对供应链企业进行验厂和审核,并将社会责任条款纳入采购合同。以SA8000(社会责任标准)为代表的一些标准,对中国企业获得进入国际市场的资格形成巨大的挑战,部分融入全球价值链的中国企业开始被动地实践社会责任。

改革转型和国际化融入使中国经济进入了快速发展轨道。1978—2018年,改革开放40年间,中国经济快速发展,GDP(国内生产总值)从1978年的3 679亿元,增长到2018年的90.03万亿元,中国已经成

---

[1] 资中筠.财富的责任与资本主义演变[M].上海:三联书店,2015:479.
[2] 肖红军,阳镇.中国企业社会责任40年:历史演进、逻辑演化与未来展望[J].经济学家,2018(11):22-31.

为世界第二大经济体,中国经济总量占全球比重从1.8%上升至16%。人均GDP从1978年的381元增加到2018年的6.46万元。在企业发展方面,40年前中国没有一家世界500强企业,而2019年《财富》世界500强榜单中,中国有129家企业上榜,首次超过美国(121家)。这被认为是一个"历史性的变化"。

但同时中国高速发展的经济模式开始受到质疑。特别是在2008年,这一年金融危机蔓延全球,中国经济快速下滑,国内社会、经济领域的大事件频频发生。"汶川地震"引爆了全国人民的公益之心,"三鹿奶粉"等事件引发了社会各界对食品安全、企业不良行为的担忧。随后,2010年富士康连续发生跳楼事件、2011年双汇爆出"瘦肉精"事件使得企业陷入了社会责任缺失的舆论旋涡。

过去,单一的市场化改革取向,使一些企业在发展中忽视了企业行为所造成的社会和环境影响,随着市场化和竞争的加剧,一些企业为了追求利润、控制成本,开始突破社会道德和法律底线,引发了一系列社会问题,如资源浪费、环境污染、安全生产事故、产品质量问题和劳工权益保障问题、收入差距扩大等。中国社会各界开始反思以简单的自然资源投入、廉价的劳动力成本优势为主的粗放型经济发展模式的弊端,希望构建一种可持续的发展模式,以实现经济、社会、环境各方面的平衡。社会各界对企业履行社会责任提出了更高的要求,全社会掀起了关注企业社会责任的浪潮。

(1) 国家层面

20世纪70年代之后,国际社会对环境与可持续发展问题的关注日益高涨,全球召开了两次重要的会议,日内瓦第一次世界气候大会与1992年联合国里约热内卢环境与发展会议,中国均派代表参加,可以说中国政府对企业社会责任、环境保护方面的关注还是很早的。

2000年中国参与签署了《联合国千年宣言》，国家领导人多次强调企业要承担社会责任。2005年企业社会责任被写入《中华人民共和国公司法》。2006年《中共中央关于构建社会主义和谐社会若干重大问题的决定》中，党中央对企业履行社会责任提出了原则性要求。之后随着企业社会责任认识的不断深化，国家层面对企业社会责任的要求更加具体，2007年开始，鼓励企业将公司开展企业社会责任的情况进行信息公开，银监会、证监会鼓励企业撰写社会责任报告。地方政府也出台相应文件，行业也开始制定行业标准。

2008年，国务院国资委发布《关于中央企业履行社会责任的指导意见》，要求央企起带头作用披露社会责任信息，发布企业社会责任报告，把央企推到了履行社会责任排头兵的位置。之后，在《中共中央关于全面推进依法治国若干重大问题的决定》中，首次将企业社会责任上升到国家战略层面，社会责任一体性的立法如《环境保护法》《安全生产法》《食品安全法》完成修订。2015年6月，国家质检总局和国家标准委员会联合发布了社会责任系列国家标准，[①] 并于2016年1月1日正式实施。这是我国社会责任领域第一份国家层面的标准型文件，统一了各类组织对社会责任的认识和理解，改变了目前依据不同标准履行社会责任的混乱局面。[②] 可以看出，中国的企业社会责任发展进程和西方国家不太相同，具有国家政策先行的特点。

（2）消费者层面

1997年3月15日中国消费者协会举办了首个"3·15"消费者权

[①] 社会责任系列国家标准由三个标准组成，分别是《社会责任指南》《社会责任报告编写指南》《社会责任绩效分类指引》。

[②] 郝琴.企业社会责任战略：基于国家标准[M].北京：中国经济出版社，2016：31.

益保护年主题活动,至今20多年每一年主题的变化都体现了消费者认知的变化和对企业社会责任的关注。早期的主题大多以"诚信、维权、提升消费质量"为主。2008年受国内外重大事件影响,反映在消费领域则是大家更关注可持续发展、生态环境等相关主题。2013年之后,随着经济稳步增长,消费结构也发生了变化,这一阶段互联网和社交平台的发展也给消费者提供了了解、爆料、评论企业全方位信息的渠道,消费者更加关注企业践行社会责任的议题,以及企业的全方位信息。

根据中国连锁经营协会2018年3月发布的《中国可持续消费研究项目:消费者认知与行为改变》报告,在调查的10个大城市中,有超过70%的消费者已具备一定程度的可持续消费意识,特别是20~29岁的年轻人表现出较强的意识和意愿,30~49岁的消费群体的可持续消费能力最强。另外有约一半中国消费者愿意为可持续产品支付不超过10%的溢价,其中健康和安全是选择可持续产品的主要驱动力因素。

(3)企业层面

和西方国家一样,企业家捐赠古已有之。改革开放后,诞生了一大批民营企业和民营企业家,他们属于"先富起来"的群体,也有回馈社会的意愿。起初,企业家的捐赠大多流向了官办公益组织,但这种形式容易滋生腐败且公益的效果不理想,后来企业家开始自己创办公益组织或者捐赠给民间公益组织。如2004年,企业家联合起来成立的阿拉善SEE生态协会[①],就属于企业家集体参与解决社会问题的经典案例。

---

① 阿拉善SEE生态协会是中国首家以社会责任(Society)为己任,以企业家(Entrepreneur)为主体,以保护生态(Ecology)为目标的社会团体。

直到今天，慈善捐赠也是中国企业家参与社会公益事业的重要形式。《福布斯》公布的2018中国慈善榜显示，上榜企业家捐赠总额高达153.5亿元，其中恒大集团董事长许家印以42.1亿元排名第一，此外腾讯马化腾、京东刘强东、阿里巴巴马云等国内知名企业领导人均有上榜。中国慈善联合会发布的《2019年度中国慈善捐助报告》显示，2018年中国内地捐赠总额共计1 439.15亿元，较2017年下降4.05%；捐赠总额占同年全国GDP的0.16%。其中，民营企业仍然是捐赠主力，全年捐赠约450.32亿元，占捐赠总量的31.6%；国有企业全年捐赠310.90亿元，占捐赠总量的21.6%。

迫于社会各界的压力，中国企业家也开始尝试承担社会责任。20世纪90年代之后企业竞争激烈，一些企业为了打败竞争对手不择手段，而一些企业认识到和平有序竞争的重要性，并倡导企业自律，提出"规范竞争，从我做起"的自律宣言。特别是在政策监管压力下，越来越多的企业也认识到生态责任的后果，一些企业开始进行绿色生产（即清洁生产、节约生产），并积极参与循环经济建设，在资源投入、企业生产等过程中提高资源利用效率。

随着制度层面要求披露企业社会责任相关数据，以及在2008年国内外重大事件的影响下，企业对社会责任的关注度越来越高，更加注重财务、环境、质量等方面的危机管理。有的企业开始在公司内部设立基金会，有的成立CSR部门，尝试解决更多的社会问题。一些互联网企业开始发挥自身的平台优势，发起众筹捐赠项目，带动了整个社会人人公益的发展。

（4）中国企业社会责任存在的问题

改革开放40多年来，我国不管是企业社会责任的理论研究，还是企业社会责任的管理实践都取得了很大进展，但与发达国家近百年的企业社会责任研究与管理实践相比，仍然存在着明显的差距，亟待更进一步的本土化创新研究。现阶段中国企业在实践过程中存在以下问题。

第一，企业承担社会责任的意识淡薄，对企业社会责任理念及内涵的认知有待进一步深化。由于我国学术研究的时间短并且主要集中在西方企业社会责任思想的初期归纳和借鉴层面，目前并未确立起适合中国国情的企业社会责任内容系统。我国企业对于社会责任的管理与实践的理念认知很大程度上来源于外部的制度压力以及社会公众的期望，如2008年重大事件之后企业被动的回应社会等，更有一些中小企业认为社会责任是政府部门和大企业的事情，这一点从企业公布的社会责任报告数量上也能有所体现。2018年中国发布社会责任报告的企业有2 097家，其中1 779家为上市公司（占比84.8%），未上市企业只有318家。[①] 截至目前，虽然发布社会责任报告的企业在逐年增加，但相比中国庞大的企业基数来讲仍然是杯水车薪。所以，企业对于社会责任的理念和内涵需要进一步深化。

第二，企业缺乏长期发展意识，对经济利益过度关注。企业要想在社会中存在和发展，首先要有经济利益这一点不可否认。但是很多企业却过度关注这一问题，而忽略其作为社会成员的社会责任，例如"黑砖窑""有毒馒头""瘦肉精"等事件的发生，说明我国很多企业还存在着片面追求企业高额利润，而忽视社会责任承担的现象，企业在产品安全生产、员工权益保障、生态环境保护等方面还存在着较为严重的社会问题。此外，很多企业为了追求短期的利益而不考虑长远发展，从而形成企业投机行为。

第三，企业社会责任整体水平仍然不高。《中国上市公司社会责任

---

① 中国社会责任百人论坛发布的《中国企业社会责任报告研究2018》。

能力成熟度报告（2017—2018）》显示，中国资本市场社会责任发展成熟度综合指数得分为 40.18 分，[①] 处于弱能级。此外，《中国企业社会责任研究报告 2018》显示，2018 年中国企业 300 强的企业社会责任发展指数得分为 34.4 分，中国企业社会责任整体水平仍然处于起步阶段。

第四，企业社会责任实践亟待突破。早期推动企业社会责任的直接动因是国际市场的要求和政府政策。企业在被动地回应外部要求的过程中，对于企业社会责任的目的、意义，以及与企业发展之间的联系并没有清晰的认识。也就是说，企业的社会责任实践并没有考虑到要与企业本身的发展目标相匹配、相融合。因此，很多企业虽然设立了社会责任部门，但与业务部门相比很容易被"边缘化"，没有把社会责任融入企业发展战略中。很多企业把承担社会责任理解为迎合发展需要，或者对企业社会责任理解浅薄，对"慈善论""报告论""奉献论"等有一些错误的解读。还有一部分企业对社会责任的理解只是停留在慈善捐助方面。因此，企业如何去实践社会责任需要一定的理论指导。

综上所述，我们可以发现，人们对于好企业的定义是随着时代的变迁而变化的。但从目前以及可以预测的未来来看，可持续发展的好公司一定是义利兼顾的，也就是兼顾企业的社会责任和经济效益。如果能做到这一点，并能让两者有机结合，将对社会以及企业本身产生更大的效益。在下一章中，我们将系统地给大家介绍共益理念，并在共益理念的基础上提出"企业共益实践三部曲"的理论框架。

[①] 肖红军，阳镇.中国企业社会责任 40 年：历史演进、逻辑演化与未来展望[J].经济学家，2018（11）：22-31.

第二章　企业共益实践三部曲

> 管理是一种实践，其本质不在于知，而在于行；其验证不在于逻辑，而在于成果；其唯一权威就是成就。
>
> ——彼得·德鲁克《管理的实践》

超越企业社会责任的新视角 —— 共益理念

通过对企业社会责任的回顾，我们可以发现以往的研究大多数还仅限于企业需要承担社会责任这个比较狭隘的视角。

不管是社会的角度，还是企业的角度，大家往往都有一个共同的误区，就是把商业问题和社会问题作为截然割裂的两个方面。普遍的观点认为，企业的成就往往是以损害社会大众利益为代价的，这是引发社会、环境和经济问题的重要原因之一，所以企业应该承担社会责任。而大部分企业则认为，企业在努力地履行社会责任，但是在社会责任上的巨额成本可能会损害公司的财务效益。

大部分企业迫于外部政策制度以及社会的压力，被动地回应着社会责任问题，而真正把社会责任作为战略、作为企业核心竞争力去实践的企业并不多见。事实上，很多人都对企业社会责任实践活动持怀疑态度，认为企业是"说一套，做一套"，认为那些活动只是为了改变企业形象的作秀，并没有实质意义上的责任行为。这是为什么呢？

1. 企业社会责任的局限性

事实上，企业社会责任的概念本身就有其固有的局限性。在企业的实际运作中，往往把履行社会责任当作企业的一项额外活动。虽然企业将社会责任列为一个议题，但由于组织固有的商业利益优先的原则以及组织内部的组织形态，所以很难将社会责任真正融入企业的运营和管理中，最终社会责任部门在组织内部被边缘化。

针对这种状况，理论界、学术界有不少学者提出"三重底线""三个同心圆""金字塔"等理论，呼吁企业不能只关注经济效益，还要兼顾经济、社会、环境三者的平衡。但是对于绝大部分企业，因为不能把企业社会责任真正放到战略层面去考虑，所以最终的结果仍然是经济效益优先。

那么，企业本身是否有主动实现社会价值的内在动力呢？立足现实的企业和企业运营，我们需要重新思考企业存在的本质，以及企业与社会的关系问题。

2. 企业的可持续发展

过去很长一段时间，企业与社会一直处于相互对立的状态。当企业对社会造成不良影响时，社会就会以社会舆论的方式声讨，政府会以税收、法律法规、惩罚制度等方式监督企业的运行。在此环境下，有的企业以一种抗拒的心态游走在政府监管、社会舆论的边缘。很多时候，大家都认为解决社会问题的主体是各国政府和非政府组织。如何解决这一矛盾呢？企业能否主动识别社会需求，能否主动解决社会问题，关键在于如何理解企业的本质和企业与社会的关系问题。

按照社会经济学的说法，企业不是独立于市场的孤岛，而是存在于社会文化背景之中的，企业与人文、社会、文化交织在一起构成了一个有机的组织系统。因此企业也是社会文化构成的一部分，未来的企业必须要有人文关怀、社会责任担当。德鲁克也持有同样的观点，他认为，"没有一个组织能够独立存在并以自身的存在作为目的。每个组织都是社会的一个器官，而且也是为了社会而存在。作为一个社会组织，企业应该关注其在社会中的角色，关注更大范围内的利益相关方群体"。[1] 企业是社会的一部分，社会给了企业发展的土壤，所以企业要回报社会。社会责任是企业与生俱来的使命，也是其得以长远发展的关键。

实际上，社会大众和企业之间已经达成了一种共识，即企业存在的价值归根结底是对社会有价值，是为社会创造价值，与单纯追求利润目标相比，追求社会价值也是企业应该选择的一种行为方式。[2] 从20世纪90年代后期，国际社会开始关注整个社会的可持续发展，同时很多国际机构开始关注企业的可持续发展。

企业可持续发展是可持续研究领域的重要组成部分，理论界对它的定义并没有达成共识。企业的社会责任与可持续发展密切相关。可持续发展是人类共同的经济、社会和环境目标，反映了更为广泛的社会期望，也是企业在经营过程中应该关注和考虑的内容。

企业作为社会的器官，也是环境污染问题的主体，其可持续发展与整个社会的可持续发展息息相关。企业在生产运营过程中应该考虑对经济、社会和环境的影响，担负起一定的维护和改善生态环境的责

---

[1] 彼得·德鲁克.卓有成效的管理者[M].北京：机械工业出版社，2009.
[2] 李伟阳，肖红军.企业社会责任的逻辑[J].中国工业经济，2011（10）.

任，认真解决与经营有关的社会问题。负责任的企业应该将全社会的可持续发展融入其社会责任的相关决策和活动之中，为可持续发展做出贡献。

3. 共益理念

通过对于企业本质、企业与社会的关系、可持续发展的分析，我们已经有了一些新的视角，发现企业社会责任的概念有其局限性，已不能涵盖和解释企业未来在社会价值创造方面的实践。实际上，对于社会问题、社会价值的研究最早是由国际机构、政府和基金会、NGO（非政府组织）等推动的，它们对于社会问题的关注比普通企业要深入得多。最近，一些以解决社会问题为目标的社会企业开始出现，同时也出现了关注社会问题的影响力投资案例，资中筠从公益的角度称之为"新公益"[①]。对于这些组织的关注，可以为企业在实现社会价值方面提供新的思路。

大量的研究表明，企业在关注和解决社会问题方面的探索，已经大大地超过了"企业社会责任"一词所涵盖的范围，我们认为，未来的好企业应该是经济价值和社会价值双重驱动的企业，而不只是强调经济利益。具体来讲就是，以企业的可持续发展为目标，以实现企业的经济价值和社会价值为驱动力的企业。这些企业对于社会价值的定义范围，包括但不限于企业社会责任，同时着眼于地球和子孙后代乃至与整个社会的可持续发展相关的社会议题。

事实上，这种理念已经悄悄地在渗透。2006年在美国创立的B Lab最早提出了共益企业的概念，它有效融合了目前已有商业组织、非营利组织、社会企业等组织形态的优势，不仅能够避免商业组织因

---

① 资中筠.财富的责任与资本主义演变［M］.上海：三联书店，2015：399.

追求单纯的经济价值创造而造成一系列社会问题，而且可以规避社会企业在社会价值创造中因缺乏稳定的经济血液而过早夭折。共益企业的目标是推动并发展这样一个理念：企业不仅追求成为世界上最赚钱的企业，更要成为对世界最有价值的企业。我们把这一理念称为"共益理念"。

自 2007 年首家美国企业被 B Lab 认证以来，B Lab 所认证的共益企业已经覆盖 50 多个国家和地区、130 多个行业的 2 200 多家企业，其中约 2/3 来自欧美国家。截至 2019 年 4 月，中国有 13 家共益企业已获认证，如第一反应®、BottleDream（瓶行宇宙）、叫板比萨、众建筑、联谛、偶家科技和 SKT 思珂特教育集团等。它们正在全球范围内尝试重新定义商业成功。

关于共益企业理念，国内也有学者对此进行了深入剖析。比如，肖红军和阳镇从使命目的与运行逻辑两个维度对共益企业进行了定义。[1] 在共益企业使命目的方面，他们认为共益企业是包含社会价值和经济价值双重价值使命的组织。在共益企业运行逻辑方面，一方面，其私营部门的运行遵循市场逻辑和效率原则，强调市场对资源配置的决定性作用；另一方面，其公共部门关注的是社会需求与社会问题，遵从的运行逻辑是社会逻辑和伦理原则。与传统组织相比较，共益企业的使命目的与运行逻辑变化使它具有鲜明的新组织特征。著名公益人徐永光也提出，商业与公益通过社会问题联系在一起，正在向中间靠拢，如何以商业的方式解决社会问题，已经是公益组织和商业企业间广泛讨论的话题。[2] 他认为，商业走向美好，要特别关注共益企业，

---

[1] 肖红军, 阳镇. 共益企业：社会责任实践的合意性组织范式 [J]. 中国工业经济, 2018 (07)：180.
[2] 徐永光. 公益向右, 商业向左 [M]. 北京：中信出版社, 2017.

共益企业的模式也许归纳起来就是未来世界上所有企业的追求目标。[1]

事实上,要成为一家真正的共益企业并不容易,共益企业的使命、运行逻辑、运作方式中都存在着许多看起来矛盾、实际上相互关联的元素,如共益企业的经济目标和社会目标、市场逻辑和社会逻辑、竞争与合作都是这样。在实际运作过程中这些都难以实现平衡。

共益企业是一个很有价值的理念,但我们并不认为所有的商业企业最终都能成为共益企业,而是想强调"共益理念"应该是商业企业追求的终极目标,所有企业都可以无限靠近它。只有这样,才不会陷入只追求利润最大化的陷阱,企业才能找到正确的发展方向。因为,共益理念的"共益性"决定了它走的必然是可持续发展的道路。一方面,会将社会要素考量融入经济活动中,通过满足社会消费者的价值追求来促进责任消费,共同实现经济价值与社会价值;另一方面,会更多地考虑不同利益相关方的期望和诉求,推动利益相关方参与合作共同创造价值,形成多方共赢的价值共享机制。

回顾历史,很多优秀的企业都符合"共益理念"的标准,比如20世纪20年代的福特汽车公司就是那个时代共益企业的典范,福特依靠"客户至上,不断创新"的原则,发明了"流水线生产方式"进行大规模生产,从而大幅提高了生产效率,不仅为客户提供了更廉价的汽车,而且同时给员工8小时5美元的高薪,改变了美国工人的工作方式,最终成为最赚钱的企业之一。诺和诺德是一家总部位于丹麦的致力于研发创新的全球生物制药公司,是全球糖尿病药品领域的领先者。诺和诺德在公司价值观中明确提出,公司在做任何决策时都会坚持"三重底线"原则,使利益相关方价值最大化。公司不仅为数以亿

---

[1] 徐永光在界面·财联社主办的第三届界面臻善年会上的发言,2019年1月7日。https://www.jiemian.com/special/940.html。

计的消费者提供了难以替代的产品和服务，推动了技术进步，而且是劳动力市场上的最佳雇主，给投资者的回报也很丰厚。自从道琼斯可持续发展指数发布以来，诺和诺德获得的评分始终在医疗领域名列前茅。归根结底，企业是为客户创造价值的机构，决定企业命运的终究是企业在市场上的竞争力。关注经济、社会、环境维度，为利益相关方创造更多的社会和经济价值的"共益理念"才是未来好企业最重要的核心竞争力。

企业如何实践共益理念

我们知道，共益理念具有实现经济价值和社会价值的双重目标。那么企业在实践中如何在实现经济价值的同时创造社会价值呢？虽然"共益理念"这个概念是最近几年才提出来的，但它背后的含义（也就是社会价值和经济价值双重驱动）其实在以前很多的学者的论述中都已经有所表述，他们从不同的维度，用不同的方法介绍了企业该如何才能做到义利兼顾。关于这个问题的探讨，被誉为"现代管理学之父"的德鲁克、营销学教授科特勒、战略学教授波特等权威学者做了很多出色的研究，他们总结了目前西方国家实践共益理念的最前沿的实践案例与研究成果。而在中国的企业社会责任国家标准制定时，也根据我国的实际情况，为企业的社会责任实践指明了方向。在这里，我们站在巨人的肩膀上简单回顾一下前人的实践研究方案，也为我们提出的"企业共益实践三部曲"做一个理论铺垫，希望对共益理念实践有所帮助。

1. 彼得·德鲁克：消除负面影响或把社会问题看作机会

管理学大师彼得·德鲁克是第一个提出"管理学"概念的人，是一个引领时代的思考者，他在预测商业和经济的变化趋势方面显示出了惊人的天赋。

他认为，管理是一门学科，管理者必须能够兼顾现在和未来。企业经营的目的不在企业本身，而在企业外部。管理要解决的问题有90%是共同的，管理在不同的组织里会有一些差异。因为使命决定愿景，愿景决定公司组织结构。而管理的核心是责任。责任是维系经济和社会发展的根本原则。[1]

德鲁克有着丰富的顾问实践经验，他非常重视企业的社会责任，认为企业中只有管理层能决定社会责任这一目标是什么。针对每一个政策和每一个决定，企业管理者都应该自问：如果每个人都这么做，会对社会大众产生什么影响？如果企业不自动自发地去做，社会将迫使它们采取行动。[2] 随着德鲁克对于企业研究的积累，他将对社会责任和社会影响的研究进一步整理到他的理论框架之中，并要求所有机构的管理层都要对其副产品，即他们的合法活动对人们以及物质环境和社会环境的影响负责。

德鲁克提到，任何一个机构，它对社会所要承担的责任可能来自于两个领域：一个是机构对社会的影响，另一个是社会本身的问题。[3] 对于第一个领域，无论是企业有意造成还是无意造成的，首先，管理者要识别企业对社会的各种影响并对其承担责任。其次，要消除各种影响或者把它转变为对企业有利的机会。对于社会本身存在的问题，

---

[1] 彼得·德鲁克.管理的实践[M].北京：机械工业出版社，2017：推荐序三.
[2] 彼得·德鲁克.管理的实践[M].北京：机械工业出版社，2017：148.
[3] 彼得·德鲁克.管理：使命、责任、实务[M].北京：机械工业出版社，2006：335.

企业可以把社会问题看作企业的机会。在把社会问题转化为企业机会的过程中，最有意义的机会可能不是来自于新技术、新产品和新服务，而在于社会问题的解决，即社会创新。从企业的发展历程来看，社会变革和社会创新与技术创新同等重要。

德鲁克关于企业社会责任的实践方式，更多的是从管理学科出发的，他认为管理层是企业承担社会责任的决策者。管理者必须认识到他们考虑的每项企业决策和行动时可能会对社会产生什么影响，应该让企业的每项行动都能促进公众的福利，增强社会的基本信条，为社会的安定、和谐及强大做出自己的贡献。对于企业社会责任的实践方法，他提出的方法是，企业应该尽可能消除或转化企业活动本身附带产生的负面影响，而不应该盲目地去解决社会本身的问题，要视企业自身的能力限度而定。因为是较早期的企业社会责任理论，德鲁克关注的是比较传统的 CSR 概念。

2. 菲利普·科特勒：选择一个与企业使命相关的社会问题

被誉为"现代营销之父"的菲利普·科特勒，有一句名言，即"优秀的企业满足需求，杰出的企业创造市场"。他认为，市场营销是"创造价值及提高全世界的生活水准"的关键所在，它能在"赢利的同时满足人们的需求"。他表示，"我心中伟大的企业是那些致力于挣钱并解决社会问题的企业"。[1]

在《企业的社会责任》一书中，科特勒提出，目前，企业参与社会活动已经得到了一系列的实际利益，包括销售额和市场份额的增长，品牌定位得到巩固，企业形象和影响力得到提升，吸引激励和保留员工的能力得到提高，运营成本降低，对投资者和财务分析师的吸引力

---

[1] 菲利普·科特勒.企业的社会责任 [M].北京：机械工业出版社，2011：推荐序.

增大,等等。但是现在企业不仅要"做好事",而且应该反思如何把好事"做好"。

20世纪90年代之前,企业在选择支持哪些社会问题时,往往是根据管理层和董事会的偏好和愿望去做决策,倾向于支持与自身经营目标、行业联系不相关的社会问题。但是,1989年的"埃克森·瓦尔迪兹"号漏油事件发生后,当埃克森公司需要环境问题专家给予专业知识的支持和帮助时,管理层却发现"他们与基金会资助的环保权威们没有直接的联系"[1]。这一事件使人们开始反思20世纪70—80年代之前的企业慈善行为。因此,科特勒认为,企业要想把好事做好,首先应该选择一个与企业使命和产品协调一致的社会问题,其次为支持这个问题选择一种活动,最后制订和实施活动的计划并评价成果。他认为针对每一个社会问题,都可以从六类企业社会活动(公益事业宣传、公益事业关联营销、企业的社会营销、企业的慈善活动、社区志愿者活动、对社会负责的商业实践)去实践。

菲利普·科特勒是著名的营销学教授,他所提出的企业社会责任实践方法侧重于企业社会责任营销领域,并对企业如何选择社会活动的商业实践具有指导意义。之后有大量的企业实践和创新围绕此观点展开(如共享价值、节俭型创新、社会企业)。

3. 迈克尔·波特:创造共享价值

迈克尔·波特是商业管理界公认的"竞争战略之父",在企业社会责任问题上,他声称:"相对于重新分配财富,创造财富是消灭贫困与不平等的更有效的良药。"波特认为,没有一个企业有能力解决所有的社会问题,它们必须选取和自己的业务有交叉的社会问题来解

---

[1] 菲利普·科特勒.企业的社会责任[M].北京:机械工业出版社,2011:8.

决。而选取的关键也不是看某项事业是否崇高,而是看能否创造出共享价值——既有益于社会,也有益于企业。

2011年,迈克尔·波特和马克·克雷默提出了"共享价值"的概念。[1] 他们指出,创造共享价值的重点在于识别社会需求,扩展社会与经济进步之间的连接,通过创新扩大经济和社会价值的总量。共享价值在增强企业竞争力的同时,也对其所在社区的经济与社会条件具有推动作用。对于如何创造共享价值,迈克尔·波特和马克·克雷默提出三种途径。[2]

一是重构产品与市场,企业应该关注全球经济中未被满足的社会需求,如医疗保健、改善住房、加强营养、人口老龄化支持、增强金融安全、减少环境破坏等,重新定义产品和市场。以英特尔和IBM(国际商业机器公司)为例,它们都在想方设法帮助公共事业设施利用数字智能以节约电力。二是在价值链中重新定义生产力,一个企业的价值链不可避免地会影响大量的社会问题,同时也会受到社会问题的影响,企业可以通过价值链创新的方式提高生产力。以沃尔玛为例,2009年,虽然货运量提高了,但是沃尔玛通过减少包装和重新设计运输路线而将货车行程缩减一亿英里(约1 609亿米)的做法,最终节省了两亿美元。三是促进当地产业集群的发展,因为没有一家公司是独立存在的,公司的效率和创新都受到其他支持公司以及周围基础设施的影响。当一个公司在其关键位置建立了集群,也就放大了其自身成功与社区之间的连接。

共享价值理念没有把企业的社会责任和企业利益孤立地分开,而

---

[1] Porter M. E, Kramer M. R. *The Big Idea: Creating Shared Value*. Harvard Business Review, 2011, 89, (1/2): 62–77.

[2] 同上。

是将企业与其他利益相关方的利益结合在了一起，并且凭借这种方式试图为企业找到实现新的增长动力的路径和方法。共享价值理论提出了一种新的价值创造的方式，在共享价值的视角下，企业社会责任将不再是一项沉重的负担，企业既可以在实现经济效益的同时落实企业社会责任，也可以借由贯彻社会责任来重新定义自己的产品和市场，并从中创造出新的价值。

4. 国家标准：将社会责任融入整个组织

2015 年，中国正式发布了社会责任国家标准，[1] 其中，《社会责任指南》是最核心的标准，其内容基本沿袭了 ISO 26000（国际标准化组织起草制定的社会责任指南）的理念，并根据我国的实际情况进行了调整。《社会责任指南》中首先明确提出了社会责任的定义，即"组织[2]通过透明和合乎道德的行为为其决策和活动对社会和环境的影响而担当的责任"。同时国家标准认为，承担好社会责任，最重要的是三点：一是弄清自己的责任是什么，二是弄清自己应该对谁负责，三是知道自己应该如何履行社会责任。

关于如何履行社会责任，国家标准强调"将社会责任融入整个组织"。组织要想履行好社会责任，就要把社会责任的理念渗透到组织的文化、制度和体系中，使组织的各项活动都体现社会责任的理念和精神。当然，融入并不是组织重新建立一套体系，而是将其渗透到现有的政策、制度、结构中去。在融入的过程中需要注意两点：一是要有利益相关方的参与；二是通过采用适当的方法，提升组织社会责任活动的可信度和透明度。

---

[1] 郝琴.企业社会责任战略：基于国家标准 [M].北京：中国经济出版社，2016：31.
[2] 国家标准强调责任的主体是组织，而不只是企业，组织的概念大于企业。

企业社会责任国家标准的公布，说明中国在本土化的企业社会责任的理论研究与实践探索方面都取得了很大的进步，但是社会责任指南仅仅是指导性与方向性的标准，对于企业来说没有实质性的约束力，实操性相对较低。

企业共益实践三部曲

通过分析总结企业在社会价值方面的探索，我们发现企业对于社会责任、可持续发展、共益理念的理解和实践是一个动态的发展的过程。企业在经营过程中不断地与社会发生碰撞，同时在不断地修复、完善和重建与社会的关系。不同国家处于不同的历史发展时期，其对于社会价值的理解不一样。同一国家的企业在不同的历史发展阶段、同一企业在不同的企业发展阶段面对的社会期待也不同，需要应对的社会挑战不一样，企业的反应机制也不同。因此企业的社会价值实践是一个多层次、多样化的问题，很难用一种具体的模式来概括。

但是我们也深知，当前，中国企业在实践社会价值方面时间还短，面临种种困境，我们一方面需要引进西方的理论与实践的方法，另一方面也要关注中国独特的社会视角。其中最重要的两个问题，一个是企业或企业家对于共益理念，特别是对社会价值创造方面存在认知上的不足；另一个是企业不知道应该如何去实践。错误的认知和实践方法容易导致企业在社会责任方面的不作为，或者产生误导甚至浪费大量的资源而不自知。

因此，我们从企业可持续发展的角度，分析了国内外大量的理论和优秀企业的共益实践案例，总结出了"企业共益实践三部曲"（见图2-1）。

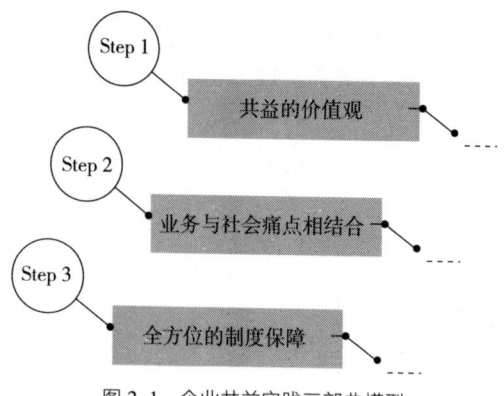

```
Step 1 ──→ 共益的价值观
   Step 2 ──→ 业务与社会痛点相结合
      Step 3 ──→ 全方位的制度保障
```

图 2-1　企业共益实践三部曲模型

1. 企业需要有一个共益的价值观

我们认为企业在社会价值方向的探索，最好的方式就是把它视为企业的使命、愿景和价值观的一部分，同时把这些内容当作企业经营的最基本的要素。一家企业如果想成为共益企业，首先要有一个利他的共益的使命、愿景、价值观，总结出自己企业的核心理念。

吉姆·柯林斯和杰里·波勒斯在《基业长青》一书中提到："在大多数高瞻远瞩的公司的整个历史中，我们发现一种超越经济因素的核心理念，而且，重要的是，他们拥有核心理念的程度远远超过我们研究的对照公司。"[1] 因此，要想成为一家高瞻远瞩的企业，必须要有一个超越利润的长远目标和一个坚定的核心价值观。这跟我们提出的共益价值观在理念上有异曲同工之妙。共益的价值观，就体现了企业着眼于未来，能够兼顾经济效益与社会价值，兼顾利益相关方的长期可持续发展的方向。

在中国，大部分企业的决策权掌握在企业家手中，因此，企业家

---

[1] 吉姆·柯林斯，杰里·波勒斯.基业长青［M］.北京：中信出版社，2009：61.

的格局与价值观对企业价值观的形成至关重要。日本著名企业家,被尊为"经营之圣"的京瓷创始人稻盛和夫曾在《活法》一书中提到:"领导者最重要的资质,从来都不是能力,而是他的思维方式。企业领导者应将经营目的导向'利他'的正念。以'利他'出发的经营观,加上持续关注外部环境变化而做出努力,是我认为经营者维持企业卓越的基本心法。"

企业一般都有自己的愿景、使命和价值观。企业愿景是描绘未来的图景,是对未来5年、10年、20年的阶段性规划,主要回答的是"我想成为什么"的问题。企业使命也可以称为宗旨、目的,它主要回答的是"我是谁,我要做什么"这一根本性的问题。企业使命反映了一个企业之所以存在的理由或价值,是企业的灵魂所在。德鲁克曾说:"定义一个企业不是用它的名称、规章或条例来界定的……而是每个企业的宗旨和使命。"[1] 企业价值观是一个企业的信仰和价值表达,主要回答"我们要提倡什么"的问题。如果说规章制度是企业的法律,那么价值观就是企业的道德标准,是一个企业最重要的和永恒的信条。

我们在研究中发现,很多企业对愿景、使命和价值观并没有清晰的描述,有的只有价值观,没有愿景和使命。从企业对愿景、使命、价值观的描述上看,很多企业对于三者的定义和内涵还没有清晰的认知。同时还发现,优秀的企业一般都有清晰的愿景、使命和价值观。在表2-1中列举了一些企业的愿景、使命和价值观,它们虽然各有侧重、表述各异,但大都有一个共同点,就是基本包含了共益理念中所表达的某些核心要点,如尊重员工、服务顾客、保护利益相关方权益、保护环境、承担社会责任等。可能有的人会说,初创企业本身就面临着生存的威胁,没有必要考虑这些吧!但是研究表明,高瞻远瞩的企

---

[1] 彼得·德鲁克.管理:使命、责任、实务[M].北京:机械工业出版社,2006:82.

业通常并不是在成功之后才拥有崇高的理想和核心的理念,而是在它们还奋力求生时就已如此。[1] 这里想特别说明的是,企业的使命和价值观也不是一成不变的,它有时会随着时间以及企业的不同发展阶段而变化。

表 2-1 部分企业的愿景、使命和价值观

公司	愿景	使命	价值观
阿里巴巴	让客户相会、工作和生活在阿里巴巴。我们不追求大,不追求强;我们追求成为一家活 102 年的好公司。	让天下没有难做的生意	客户第一、员工第二、股东第三 因为信任,所以简单 唯一不变的是变化 今天最好的表现是明天最低的要求 此时此刻,非我莫属 认真生活,快乐工作
腾讯	用户至上、科技向善	通过互联网服务提升人类生活品质	正直、进取、合作、创新
德龙钢铁	打造行业内永久性标杆企业	发展德龙钢铁、振兴民族工业、共创和谐社会	立德立业,为股东、为客户、为社会创造更多价值
矢崎	成为受社会欢迎的存在,实现可持续发展	成为与世界同步的企业,为社会做贡献的企业	通过创新的方式以及不懈的努力提高企业效率,为全世界的顾客提供最大化的价值:把环境和安全作为最优先的企业活动,为实现繁荣社会做出贡献
乌镇旅游	成为中国休闲旅游目的地供应商		以"价值营销"为核心,不断提升企业发展空间;以"品质细节"为要求,不断提高规范管理水平;以"以人为本"为导向,培育企业的核心竞争力;以"体验旅游"为方向,打造中国旅游的第一品牌

---

[1] 吉姆·柯林斯,杰里·波勒斯.基业长青[M].北京:中信出版社,2009:55.

续表

公司	愿景	使命	价值观
华为	把数字世界带入每个人、每个家庭、每个组织,构建万物互联的智能世界	无处不在的连接,无所不及的智能个性化体验数字平台	30年坚持聚焦在主航道,抵制一切诱惑;坚持不走捷径,拒绝机会主义,踏踏实实,长期投入,厚积薄发;坚持以客户为中心,以奋斗者为本,长期艰苦奋斗;坚持自我批判
台达	永续经营	环保节能爱地球	创新、品质、敏捷、团队合作、顾客满意
中和农信	山水间的百姓银行	打通农村金融"最后100米"	诚信守正、公开透明、平等互利、坚守创新
铁骑力士	以人类健康为己任,引领绿色新生活		责任、价值、快乐
海底捞	致力于让更多人在餐桌敞开心扉,吃得开心,打造全球年轻人喜爱并且能够参与的餐桌社交文化	通过精心挑选的产品和创新的服务,创造欢乐大锅时光。向世界各国美食爱好者传递健康火锅饮食文化	一个中心:双手改变命运 两个基本点:以顾客为中心,以"勤奋者"为本

资料来源:根据相关公司官网及公开资料整理。

2. 寻找并发现业务与社会痛点的结合点

该部分是共益企业实践中挑战最大的环节,这会对企业的后续计划和成果产生很大的影响,同时也是目前企业面临的最大挑战。

事实上,当公司决定参与一个社会问题时,首先遇到的问题是:"我们要做什么项目?如何选择项目?"这从来都是很困难的问题,当企业决定要去做一些对社会有利的事情时,必须经历这个过程。然而社会问题多种多样,范围也极广,不同的国家和地区面临的社会问题也不一样。而企业可以投入的资源却是有限的。企业需要衡量资源投入与解决社会问题所需要的资源之间是否匹配。所以，只有经过努力思考和研究之后，才能得出答案，而且正确的答案通常都不是显而易见的。大部分企业都是在实践探索中慢慢地找到正确的方向，然后通过各种修正，最终找到最佳、最有效的实践方法。

从企业参与社会活动的历史来看，在中国，企业家通常会选择捐赠或成立基金会、CSR部门的方式参与社会活动。企业参与的领域往往是取决于企业家的个人偏好和愿望，不会考虑选定的社会问题与自身的业务之间的相关性。当企业解决社会问题时，由于企业对社会问题的专业领域不了解，所以很容易走弯路，造成社会成本的浪费。同时还有可能面临一些资源的制约，比如资金的限制或企业能力的限制。这样的做法往往不能给社会问题提供有效的解决方案，导致企业家对资源利用的效率以及社会成果感到不满，这很有可能会减少企业继续该项目的可持续性动力。

那么我们该如何科学地决策企业要参与的社会问题呢？基于大量案例研究，我们认为，要想更好和更有效地实践共益理念，首先，企业应该有一个清醒的自我认知。从自己的核心业务出发，想清楚自己企业的核心能力是什么，并对自己本身的业务、流程、核心能力进行自检和梳理。

其次，企业要将业务所涉及的方方面面（包括业务、产品、员工、产业链上下游关系等）与社会痛点联系起来，找到两者的连接处。那么社会痛点如何去寻找？每个人对社会痛点都有不同的认知，每个企业也是如此。有的企业关注公司业务运营层面与社会的连接点，如注重保护客户、员工以及供应商等相关利益方的利益，在设计、生产、流通、消费等各产业链环节注重环保，在生产运输过程中会处理好环境污染、排水、废弃物及化学物品等。有的企业或许会根据自己的观察、政府的工作报告或者行业报告等去寻找社会痛点。

虽然各家企业寻找社会痛点的方式不同，但我们发现在国际层面有了更加科学严谨的标准出现，而对这样的标准的了解和应用，或许能够帮助企业更加系统地找到自身业务和痛点的结合点。在这里我们介绍一套国际标准，这也是目前很多企业寻找社会痛点所参照的，它就是联合国 2015 年推出的经济、环境及社会等 17 项可持续发展目标（SDGs，见表 2-2），SDGs 涵盖了更为广泛的社会问题，企业可以结合自身的业务对标这些社会问题进行实践。

表 2-2 联合国 17 项可持续发展目标

1	无贫穷	在全世界消除一切形式的贫困
2	零饥饿	消除饥饿，实现粮食安全，改善营养状况和促进可持续农业
3	良好健康与福祉	确保健康的生活方式，促进各年龄段人群的福祉
4	优质教育	确保包容和公平的优质教育，让全民终身享有学习机会
5	性别平等	性别平等不仅是一项基本人权，而且是和平、繁荣和可持续世界的基石
6	清洁饮水和卫生设施	为所有人提供水和环境卫生并对其进行可持续管理
7	经济适用的清洁能源	确保人人获得负担得起的、可靠和可持续的现代能源
8	体面工作和经济增长	促进持久、包容和可持续的经济增长，促进充分的生产性就业和人人获得体面工作
9	产业、创新和基础设施	基础设施投资对实现可持续发展至关重要
10	减少不平等	减少国家内部和国家之间的不平等
11	可持续城市和社区	建设包容、安全、有抵御灾害能力和可持续的城市和人类居住区
12	负责任的消费和生产	产业、创新和基础设施
13	气候行动	气候变化是跨越国界的全球性挑战
14	水下生物	保护水下生物
15	陆地生物	可持续管理森林，防治荒漠化，制止和扭转土地退化，遏制生物多样性的丧失

续表

16	和平、正义与强大机构	让所有人都能诉诸司法，在各级建立有效、负责和包容的机构
17	促进目标实现的伙伴关系	重振可持续发展全球伙伴关系

资料来源：联合国可持续发展目标官网。

以台达集团为例，该公司是电源管理与散热管理解决方案的全球领先厂商，台达以"环保、节能、爱地球"为经营使命。创始人郑崇华经常思考，"如何将企业经营与实践企业社会责任相结合，打造一个可持续的未来"。[1] 首先，台达集团从自身的核心竞争力出发，在产品、厂区与绿色建筑三个方面着手实践节能减碳活动。其次，台达结合自身环保节能的业务优势，对标联合国发布的关于经济、环境及社会的17项可持续发展目标，并通过企业社会责任网站利益相关方问卷回馈意见，了解主要利益相关方的关注议题及对各议题关注的程度、再结合企业实际运营能力选出了八项社会议题。[2] 八项议题分别是：优质教育、廉价和清洁能源、体面工作和经济增长、工业创新和基础设施、可持续城市和社区、负责任的消费和生产、气候行动、促进目标实现的伙伴关系。

最后，在确定企业想要解决的社会问题之后，在这些连接处，通过创新的解决方案，确定共益战略方向以及具体操作做法。如台达集团对标联合国发展目标找到了八项社会议题，那么它该如何去做呢？在廉价和清洁能源方面，台达从2006—2018年，利用自身环保节能优势，共打造并捐赠27栋绿色建筑，成为绿色建筑的倡导者。其中台达捐赠的绿色校园——高雄那玛夏民权小学被拍摄制作成纪录片，

---

[1] 台达集团《2017年CSR报告》。
[2] 同上。

于35个国家和地区播映,并获得了高雄绿色建筑大奖。在优质教育方面,台达主要从四个方面促进教育及终身学习:推动基础学科教育;开展能源、水资源与绿色建筑等环境教育;协助提高发展中国家教育机会;在企业内部建立人才培育机制,以迈向终身学习。

联合利华也是对标联合国可持续发展目标的企业之一。联合利华是世界上最大的日用消费品制造商之一,它以"让可持续生活成为常态"作为战略目标。早在2010年联合利华就发布了全球可持续发展计划,设定了三大目标:到2020年,帮助超过十亿人改善健康状况与提升幸福感;到2020年,减半产品在整个价值链上的环境印迹;到2020年,改善千百万人的生计。

在改善健康福祉方面,联合利华推出卫宝品牌,在亚洲、非洲和拉丁美洲宣传在关键时刻用肥皂洗手的好处;开发了一系列净水器产品,让更多人得到清洁的饮用水;通过牙膏和牙刷品牌及改善口腔健康项目鼓励儿童及家长按时刷牙;还利用企业的专业优势,通过膳食营养领域的研究和开发,为实现消除饥饿提供助力。在环境印迹的减半方面,联合利华采用可持续方式采购农业原材料,支持气候行动,加强供应链合作,积极践行SDGs中的采用可持续的消费和生产模式、采取紧急行动应对气候变化及其影响、保护陆地生物。在改善民众生计方面,联合利华关注性别平等,致力于改善企业运营场所中女性的机遇,倡导女性安全,发展女性技能,为女性拓展在企业价值链中的职业机遇。

此外,一些科技公司利用自身的技术优势也找到了与社会痛点相结合的创新的解决方案,如百度、今日头条等公司利用自己的人工智能技术帮助寻找走失儿童,苹果利用科技研发能力为残障人群使用苹果手机开发各类辅助功能。再有,铁骑力士呼应国家"百企帮百村"的精准扶贫项目,结合自己在农业养殖领域的核心业务能力,帮助大凉山地区的农民通过养猪脱贫。还有很多案例，我们将在后文中详细讲述。

3. 全方位的制度保障

任何一种战略方案的落地执行都离不开制度保障。实践共益理念必须要靠制度保驾护航，否则就只能停留在口号上，不能落地执行或者是实践效果不理想。因此，制定严格的制度保障和监督、评估体系，在反复试错的过程中修改、沉淀、迭代创新很重要。通过制度保障和公司内部的一系列的评价体系才能确保公司共益战略及解决方案能够高效地实施，最终实现公司的使命、愿景和价值观。

由于每个公司的发展情况不同、侧重点不同，所以公司的制度保障也会不一样。关于制度保障可以从以下几个方面进行构建：公司治理结构（董事会），内部组织结构（执行机构），财务安排（资金），人员配置（人力），具体实施方案，等等。

第一，在公司治理结构方面，需要根据共益理念要求对公司的治理机制进行优化。在价值观上，公司治理的指导方针应该由股东价值主导向经济和社会价值的综合价值主导转变，也可以考虑在董事会中加入具有共益理念的外部董事。在治理机构上，积极推动外部关键利益相关方参与，在决策和活动中充分考虑社会和环境因素及利益相关方期望，尊重利益相关方利益。确保治理结构和决策程序满足企业实现可持续发展的需要，真正实现由纯粹的经济型治理向综合价值型治理转变。

第二，在内部组织结构方面，有的企业设立专门的企业基金会，有的设立可持续发展部门或企业社会责任部门，负责与社会问题对接，但最好是企业领导人直接参与。

第三，在财务安排方面，需要有一定的资金支持，比如腾讯每年把营业收入的2%投入到社会公益问题上，而德龙钢铁针对企业的环保问题提出了"不设限"的财务支持方案。同样，在人员配置上也需要大量的专业人才。

第四，在具体实施方案方面，为了保障公司的理念能够充分渗透到每一位员工，公司应将共益理念融入企业文化中，从向所有新员工介绍企业的社会和环境目标开始，将这些目标纳入员工手册，就企业使命开展全体员工培训。为了让员工与企业价值联系起来，最佳方法之一就是让他们亲身体验公益项目。开展员工和管理层绩效考核时，参照企业的社会和环境目标，将社会环境和环境绩效与年终奖或其他奖励挂钩。

一旦领导层公开做出责任承诺，就需要经常正式地和非正式地在各部门、各层级进行广泛而深入的宣传，让每一位员工理解企业的承诺是什么，明确要求每一位员工贯彻落实企业承诺，并将其拓展至与企业密切相关的价值链成员。

不同的行业有不同的行业特征，企业在长期的发展中也积累了自己的优势和核心能力，我们认为企业在实践共益理念时应该结合行业特性以及自身的业务，找到与社会痛点的结合点。因此，在接下来的章节中，我们会选择不同行业的企业案例，根据企业所在行业的特性、企业业务等，看看一些优秀企业是如何通过"企业共益实践三部曲"模型，来打造兼顾经济利益和社会效益的好企业的。

第三章　互联网行业：科技向善

> 科技，始终来源于人性。每一块石头扔到水里都会产生涟漪，每一项新技术也都会产生人们始料未及的影响。科技是巨大的推动力，但是必须在与人们的需求和人性达到平衡的时候才是如此。
>
> ——约翰·奈斯比特《世界大趋势》

"从前的日色变得慢，车、马、邮件都慢。"木心如是说。时至今日，随着移动互联网的发展，车、马和邮件都成为过去式，取而代之的是随时随地可以移动互联的电子邮件和微信，通信技术的变革使人与人、人与自然、人与社会之间的关系产生了前所未有的变化。

从中国在1987年向世界发出第一封电子邮件，到今天互联网覆盖了社交、娱乐、购物、教育、出行、理财等方方面面，从国民不知互联网为何物到拥有8亿中国网民，仅仅用了30年。中国互联网网络信息中心数据显示，截至2018年底，我国互联网用户规模达8.29亿，全球占比21%，居世界第一位。其中，通过手机接入互联网的比例高达98.6%。

相较于农业、汽车、建筑等传统行业，互联网行业发展速度快，传播范围广，与各行各业联系紧密，影响着每一个人的日常生活以及社会形态。从人们接入互联网的目的来看，网络购物用户规模达6.1亿，使用率为73.6%；手机网络支付用户规模达5.83亿，使用率为71.4%；网络视频、网络音乐和网络游戏用户分别为6.12亿、5.76亿和4.84亿，使用率分别为73.9%、69.5%和58.4%。而短视频用户为6.48亿，使用率为78.2%。此外，在线政务服务、网约车、在线教育、网上外卖、互联网理财等也在高速增长。

如今，人类的生产与生活方式由物理空间转向网络空间，由传统社会向信息化社会进行着一次集体大迁徙。作为一种崭新的、"破坏性"的技术，互联网技术通过与传统行业融合的方式改变着传统企业的运作和管理模式，创造出全新的产业生态和经济模式，涌现出了电子商务、O2O（线上到线下）、生态圈、共享经济等全新的商业模式。随着工业互联网、大数据、云计算的融合，互联网的应用越发广泛，部分互联网公司已经远远超出了一个商业实体的范畴，而逐步发展成为社会、经济的基础设施。

上海社科院发布的数据显示，2018年中国的数字经济（也就是由互联网产业高速发展带来的新经济模式）占GDP的比重为60%，数字经济已成为中国经济增长的核心动力。2019年7月《财富》世界500强中，中国有129家企业上榜，首次超过美国（121家）。其中互联网企业达37家，占比约30%。在全球上市互联网30强榜单（按市值排名）中[1]，中国上榜企业达到10家，分别是腾讯控股、阿里巴巴、百度、网易、美团点评、京东、拼多多、360、携程网以及微博。腾讯控股市值为3 816.43亿美元，继亚马逊（7 344.16亿美元）、谷歌（7 234.65亿

---

[1] 中国信息通信研究院，《2019中国互联网行业发展态势暨景气指数报告》。

美元）之后全球排名第三。其次是阿里巴巴，市值为3 525.34亿美元，全球排名第五。

不可否认，互联网的高速发展催生了技术的创新，提升了效率，推动了经济的增长。但与此同时，我们也看到了技术发展带来或引发的一系列社会问题。滴滴顺风车司机杀人事件、美团外卖员交通安全事件、共享单车过度投放、P2P（点对点网络借款）平台跑路事件、用户隐私泄露、造谣炒作、青少年沉迷网络、脸书用户信息滥用以及互联网公司"996"工作制等，引发了人们对互联网企业社会责任问题的大讨论。

事实上，互联网行业因其公共性，天然具有公益的属性。互联网公司提供的产品和服务大多与人们的日常生活相关，它们输出的不仅仅是产品和服务，还有文化伦理、价值观等思想意识方面的内容。这不禁让我们思考，互联网对社会经济的可持续发展、文化伦理、人们的价值取向究竟意味着什么？互联网行业如何能够在考虑经济效益的同时，兼顾社会和环境效益，实现互联网企业的可持续发展？接下来，我们将聚焦于腾讯、阿里巴巴和一些国际国内互联网企业的相关案例，看看它们是如何探索共益之路的。

▶ 腾讯：从"连接一切"到"科技向善"

现今，微信是中国最大的社交平台，已将地球上将近1/7的人口连接在一起，而微信的所有者——腾讯已经成为一家拥有近四万名员工、服务于超过十亿用户、影响触及各行各业的全球互联网市场巨无霸公司。2018年全年，腾讯营业收入达到3 126.9亿元，同比增长32%；净利润达到774.7亿元，同比增长19%；在《财富》世界500强中排名237位。

截至 2018 年底，微信及 WeChat（微信国际版）的合并月活账户数为 10.98 亿，QQ（即时通信软件）月活账户数为 8.07 亿。

此外，腾讯的公益能力也被业内人士津津乐道。立足于企业自身的基因，腾讯凭借对传统公益慈善的数字化创新，成为"互联网+"公益的"中国样本"。如今腾讯公益平台、"99 公益日"和"筑梦新乡村"品牌已经深入人心，人人公益已成为新常态。截至 2018 年底，腾讯公益已连接数亿爱心用户，为 5 万余个项目筹集超过 50 亿元善款。仅 2018 年腾讯公益平台已带动捐款近 17 亿元。

但是，伴随腾讯的不仅仅是光鲜亮丽的财务报表和公益的光环，与此同时，腾讯也因其过于依赖游戏而饱受舆论诟病。而由《王者荣耀》等游戏引发的社会讨论也将这家公司推上舆论的风口浪尖，使其成为家长们眼中的洪水猛兽。

20 多年一路走来，腾讯经历了从逐利为赢，到开放共生共赢，在探索新商业模式的同时，也在思索如何承担更多的社会责任。事实证明，腾讯在公益领域的创新与善举并没有遮盖住游戏带来的负面效应，掌声与非议并存。面对社会公众的爱恨交加，腾讯该何去何从？如何在业务增长与社会责任间取得平衡，实现可持续发展，成为经济价值社会价值双重驱动的好公司？这便是本案例想与大家讨论的问题，而这一切让我们先从腾讯的企业发展谈起。

1. 从逐利为赢，到共生共赢

> 在创业的那些年，我们从来没有想过未来，都在为明天能否活下去而苦恼不已。
>
> ——马化腾

回顾腾讯最初的创业史就会发现，这家公司并没有一个所谓良好的开局，如同千千万万个创业公司，在寻找风险投资和盈利模式的道路上经历了不少磕磕碰碰、峰回路转的情节。1998年底马化腾和几个志同道合的朋友创立腾讯的时候正是互联网1.0时代，互联网和计算机技术刚刚兴起。从最早模仿以色列的三名年轻人设计的ICQ（即时通信软件）的基础上开发出OICQ（QQ的前身），凭借着技术微创新带来的用户体验的改良迅速壮大，腾讯"快速模仿+微创新赶超"的策略初见端倪。

但是OICQ并未根本解决腾讯的生存问题，反而让腾讯面临着更大的资金压力。即时通信市场刚刚萌芽，盈利模式不清晰，很多投资人不愿意投资腾讯。2000年11月，中国移动正式推出的无线增值业务"移动梦网"计划终于给了腾讯赚第一桶金的机会。模仿日本电报电话公司的模式，中国移动与第三方内容商合作作为手机用户提供游戏、聊天、阅读等服务，由中国移动代为收费，并承诺给予合作商85%的收入分成。网易、搜狐、新浪、腾讯等纷纷加入。凭借"移动梦网"，腾讯迅速扭亏为盈，到2001年底净利润超过1 000万元。腾讯终于摆脱生存的压力，开始思考未来的发展方向。

在SP（Service Provider，服务提供商）业务如日中天的时期，腾讯内部就开始了对业务模式的思考。初期不少内容增值商受暴利吸引，市场上灰色地带层出不穷。"移动梦网"的"沉默"让内容增值商为利益不免做出擦边球行为。

从企业长远发展的角度，马化腾在对SP业务心存警惕的同时开始尝试其他盈利模式。伴随QQ秀（网络个人形象装扮系统）的出现，QQ一跃变身成为用户表达个性化和自我感情的平台，再加上Q币（虚拟货币）支付体系，腾讯首次以用户体验水平为区别度，拉开了与竞争对手的差距。QQ秀可以说是腾讯商业模式的一个伟大创新，开启了新的增值服务模式，而在此之前中国互联网的盈利模式主要是学习美国的广告模式。

腾讯QQ的发展深刻地影响和改变着中国网民的沟通方式和生活习惯，以此为核心，腾讯创造出一系列前景广阔的互联网应用。腾讯公司的战略目标是，为用户提供一站式在线生活服务，马化腾认为，"产品多元化可以留住用户"。以QQ为基础，腾讯的业务不断涉及社交、门户、搜索、电子商务、游戏、娱乐等。每天，有数以亿计的用户通过腾讯的整合平台在线沟通、分享经历、获取资讯、寻求娱乐和网上购物。

腾讯早期的策略是"模仿+优化"，即看到某个行业里做得已经较为成功的产品，在其基础上进行模仿、改造和超越。以"工程师"文化著称的腾讯凭借强大的执行能力和对客户体验的执着追求，后发制人，无一不超越竞争对手，成为行业内的领军者。腾讯牢牢控制着中国互联网行业中的即时通信和互联网社交的利基市场，QQ不断增长的市场占有率和用户数量不仅是腾讯业绩的保障，而且让竞争对手和挑战者无法撼动其市场领导者地位。

与此同时，腾讯的做法也曾饱受业界诟病，认为腾讯缺乏创新且利用大公司优势扼杀小公司创新。"一直在模仿，从来不创新"等针对腾讯的负面言论不断。

2010年，周鸿祎发动了针对腾讯的"3Q大战"，导火索是腾讯的QQ医生——一款在功能和用户体验上几乎和360安全卫士相近的软件。在360看来，QQ医生一旦大规模推广开来，会让360安全卫士受到重创，毕竟在资本、资源、用户关系上360与腾讯相差太多。360认为，只有自卫反击才可能谋求一条生存之路，周鸿祎本人也亲自上阵，称这不只是杀毒软件之间的较量，而是一场"互联网创新力量和垄断力量的斗争"。双方针锋相对几个来回，腾讯遭遇了前所未有的舆论攻击和用户质疑。最终这场"3Q 大战"以工信部介入调停而告终。

这场"3Q 大战"从根本上冲击了腾讯的固有思维，迫使其思考一直以来的模仿和垄断策略。腾讯迫使用户二选一的做法，引起了用户的反感。而于竞争对手而言，腾讯以其对流量的垄断作为壁垒和武器，持续扼杀同行。此时，"暴力抄袭"的指责不绝于耳，反垄断的呼声也越来越高。

从可持续发展的"三重底线"理论来看，企业需要在经济效益、人与环境效益之间取得均衡，才可能实现可持续发展，而并非追求其中某一项的最大化。腾讯也隐隐约约地意识到了这一点。早在"3Q 大战"开始的三年前，腾讯就建立了公益基金和公益平台投身公益事业，2010 年就取得了平台捐赠总额超过 1 亿元的不俗成绩，但却难以形成有效的传播。"3Q 大战"后，腾讯决定放弃"竭泽而渔"的粗放模式，最终转向开放共赢的生态系统，迈出了重要一步。由此，腾讯开始从长远角度深刻反思以往的模式缺陷，思考该如何把握未来的发展战略。

> 过去，我们总在思考什么是对的。但是现在，我们要更多地想一想什么是能被认同的。
>
> ——马化腾

"3Q 大战"是腾讯发展模式的重要转折，饱受争议和质疑的腾讯开始重新审视自身的商业模式。腾讯意识到把产品做到极致、服务好用户并不意味着完结，作为行业巨头，腾讯需要履行更多的社会责任，应当"在文化中更多地植入对公众、对行业、对未来的敬畏"，当下需要以价值观的升级来重构和强化腾讯品牌在用户心中的位置。随后，腾讯战略以开放与分享为前提逐步进行了一系列的调整。主要包括三方面：第一，灵活资本和开放流量，从做生意转变为做生态；第二，业务聚焦微信和 QQ，以通信和社交为核心能力"连接一切"；第三，以腾讯公益基金会为起点，承担更多的社会价值，弘扬腾讯的价值观。

（1）从做生意到做生态

早期腾讯的封闭策略有其存在的必然性，即模仿初具规模的潮流产品，以极低的成本快速实现产品线的丰富和对用户热点需求的全覆盖。但这样的模式显然难以持续，走向开放是市场需求与腾讯商业模式合力的必然结果。首先，社会和业内对腾讯"跟随模仿""微创新赶超"之路的批评与反对声越来越大，"竭泽而渔"对行业有百害而无一利，也有违腾讯的初衷。其次，大量资本的涌入间接拉低了行业的门槛，竞争对手虎视眈眈。单纯做好产品已经不能抵御竞争对手蚕食市场，从"与天下为敌"到"与天下做生意"，构建共赢的开放式平台和形成自循环的生态圈已成为腾讯实现可持续发展的必然选择。

海外市场 iOS（苹果公司的移动操作系统）和 Android（谷歌公司开发的操作系统）生态的竞争已经明确证实了这一点。国内竞争对手阿里巴巴、百度等纷纷走向开放，增强生态系统的竞争力。同时，互联网天然的开放属性，用户需求的多元化、个性化使互联网产品服务的种类需要以指数级的速度增长，单个企业根本无法实现。从满足市场需求的角度来看，做大蛋糕显然更具诱惑力。

从"全面自有"到"培养生态"，腾讯从资本与流量两方面来建立组成生态的内部机制。资本上从以传统自有产品扩张，少量投资（多为全资或控股收购），拥有、控制为主，转变成成立腾讯产业共赢基金，扩张投资的规模和范围，采取"对应用开发者开放，帮开发者赚钱"的共赢策略，进行大量参与式、共生式投资。同时从原先的"模仿 + 优化"

转为"做好基础服务"和"鼓励开发商创新"。在流量端，开始对第三方合作者无偿开放各类原本封闭在内部的资源和能力。马化腾总结道："过去确实有很多不放心、不信任，出于本能很多事情百分之百自己做，包括搜索、电商等。现在我们真的是半条命，我们把另外半条命交给合作伙伴了，这样才会形成一种生态。"

正如马化腾所说："对腾讯来说，从做生意转变到做生态，不是外界强加的要求，而是自身成长的使命。"腾讯所做的一切都和"连接"有关，只有开放连接更多的需求场景，"连接"本身才会变得更有价值；而更大的开放生态，也将引领腾讯获得更强的连接能力。

（2）连接一切

"去中心化"的互联网2.0实现了双向交流，以iPhone（苹果手机）为代表的触屏手机的快速发展则被视为以硬件的进步持续释放即时通信的市场潜力。仅仅是打通即时聊天、社交空间、游戏、新闻等自有模块还远不能实现腾讯的生态计划。生态的形成需要多元化的利益相关者形成复杂的循环体系，因而腾讯进一步提出了"连接一切"的概念，马化腾坦言："只有所有东西连接到一起了，才有想象空间。""连接一切"极大拓展了腾讯的思路，形成了腾讯独有的价值主张，即以互联网平台为基础，将信息技术与各行业跨界融合，不断创造出新产品、新业务与新模式，构建连接一切的新生态。

在这其中，最典型的是由张小龙和他所带领的团队开发的微信。2011年微信推出后，在社交、支付、媒体和生活服务四个方面实现了更便捷的"连接"，几年内就从一款简单的通信类App（应用程序）扩展到几乎连接用户衣、食、住、行各个方面的"现象级"产品服务平台。微信，已经成为中国第一个月活跃超过10亿人的国民应用。微信与其说是腾讯旗下的移动互联网核心产品，不如说其自身已经构成了较完整的生态体系，为越来越广泛的利益相关者提供"连接"价值，社会影响力逐渐辐射开来。在起步阶段，微信作为一款社交工具，实现的是人与人的连接，以发送语音信息、朋友圈为主，为普通消费者提供了便捷的实时通信、社交功能。从2012年下半年开始，微信则进入了更加开放的阶段，开始进行人与生活、商业、产业的连接，具体表现为引入公众号（2012年7月）、微信支付（2013年8月）以及城市服务（2014年11月）等，为消费者、企业和各类机构提供了相应的服务价值。而从2015年开始，随着用户规模、活跃度以及利益相关方的渐成气候，微信进入了生态培养的阶段，例如引入公益募捐、支持原创、连接各类智能硬件等，开始践行更广泛的社会价值、企业与公民义务。①

（3）科技向善

2018年，腾讯酝酿着两个重大"升级"②。一是企业战略的升级，腾讯将自身在数字时代的新角色定义为，各行各业的数字化助手。腾讯成立至今，先后经历了三次重大战略升级和架构调整。2005年升级为BU（business unit）事业部制，使腾讯由一家初创企业转向规模化的生态协同企业，从单一的社交产品变为一站式生活平台；2012年升级为BG（business group）事业群制，确保了腾讯从PC（个人计算机）互联网向移动互联网的升级，并通过科学技术"连接一切"，在为亿万用户提供优质服务的同时建立起开放生态。此次为第三次战略升级，是腾讯由消费互联网向产业互联网升级的前瞻思考和主动进化，也是对自身"连接"使命和价值观的传承。

---

① 中国信息通信研究院，《创新生态共同体助力经济新动能——2017微信经济社会影响力研究》。
② 腾讯《2018年企业社会责任报告》。

二是价值观的升级，腾讯在企业发展的不同阶段一直探索着企业使命和愿景的新维度，2018年马化腾将其定义为"科技向善"。马化腾表示："我们对数字化的动能坚信不疑，也始终保持着对科技伦理的深刻思考。过去一年，我们积极倡导和践行'科技向善'。我们希望，'科技向善'成为腾讯公司愿景和使命的一部分。"

马化腾认为，数字化就是这个时代最大的公益。数字化时代全面到来，在带来生活便利的同时也会制造问题，那么科技企业应如何自处？人类社会又应如何共处？腾讯倡导和践行科技伦理探索，将"科技向善"融入愿景和使命，与各方共议数字时代新规则，共建可持续的智慧社会。

在企业内部鼓励以解决社会问题为导向的科技创新，打造出越来越多的"善品"。比如，腾讯在QQ中开发声纹加好友、表情读取、语音发红包等功能，让视障人士也能享受网络社交的乐趣；"粤省事"小程序采用反光人脸识别功能，帮助语言障碍者顺畅完成身份认证；"较真辟谣神器"小程序帮助人们辨别网络谣言；等等。在外部，腾讯积极探索与各方合作，以社会价值引领科技应用的方向。比如，腾讯携手家长和教师共建"成长守护平台"，帮助青少年建立健康的游戏观；为故宫、敦煌和长城等提供数字化解决方案，传承和发扬中华文化自信；等等。

回顾腾讯20多年的风雨历程，从逐利为赢、模仿与垄断，到陷入困境、反思后变革，再到共生共赢、开放与连接、科技向善，创始人马化腾从为如何活下去苦恼不已到思考什么是社会所认同的，从"与天下为敌"到"与天下做生意"，腾讯价值观的形成并非一蹴而就，而是经历了漫长的摸索和实践过程。从2005年起，腾讯的企业愿景是"成为最受尊敬的互联网企业"，使命是"通过互联网服务提升人类的生活品质"，价值观是"正直、进取、合作、创新"，而"一切以用户价值为依归"则是腾讯的经营理念，也是腾讯人常常挂在嘴边的一句话。2018年，马化腾提出新的愿景和使命为"科技向善"，目前对于"科技向善"的内涵还没有官方解读版本。但是很明显，腾讯的共益理念逐渐清晰，在现今腾讯的战略考量中，如何利用科技的力量构建正确的价值理念，让用户、股东、开发商、供应商等利益相关方共同受益，让所在社区、社会和环境更加美好是其可持续发展的重要课题。共益价值观成为指引腾讯这艘巨轮在茫茫大海中不断前行的灯塔。

2. 寻找企业基因与社会痛点的结合点

2006年，腾讯创始人和管理层在香港召开2005年的年报发布会，马化腾等人意识到企业越大，责任越大，于是推动公司董事会决策，从每年的利润中拿出一定比例来做公益回馈社会，每年不少于2 000万元。2006年9月腾讯正式决定申请设立腾讯公益慈善基金会（简称腾讯基金会），到2007年6月腾讯基金会经民政部批复成立，这也是中国互联网行业第一家由企业设立的公益基金会，也是中国首批企业成立的全国性基金会。

决定拿出利润做公益，并成立了基金会，腾讯开始思考如何运用自身优势推动企业可持续发展和社会创新，并专门成立了工作小组进行一系列调研。他们首先走访了包括IBM、诺基亚、思科、惠普等多家知名跨国公司，发现这些企业往往从自身核心业务出发，利用独特优势和核心资源，运用创新模式解决社会问题，同时带动利益相关方共同参与。同时，工作小组也走访了当时中国公益慈善界的主要基金会，发现普通民众的参与不足成为制约中国公益发展的瓶颈，和欧美发达国家来自普通大众的捐赠接近80%相比，中国普通大众的捐赠一直低于10%，公益慈善的透明度以及参与的便捷度成为影响大众参与的核心原因。

腾讯意识到，如果仅仅依靠每年 2 000 万元的捐赠来解决社会问题，就如同一滴水倒进荒漠，收效甚微。于是，工作小组带着调研的结果和困惑，与腾讯公司的创始人和管理层进行了深度的访谈。经过自下而上和自上而下的反复沟通，腾讯内部达成共识，认为腾讯承担社会责任时，最重要的是利用腾讯的基因"连接一切"与社会痛点结合，推动社会公众广泛的参与。于是腾讯提出了"公益2.0"模式，强调"人人可公益、大众齐参与"的理念，并开发了腾讯公益网络平台。"公益2.0"的概念来自于互联网2.0，互联网2.0的本质就是互动、分享、参与。腾讯倡导"科技向善"，希望用技术让公益和公众互动起来，通过人人参与的模式，使公益成为一种生活方式。

马化腾认为，一个企业的社会责任应该植根于它的基因，企业的使命应该以服务社会为根本出发点。随着对企业自身基因与社会公益相结合的深入理解，2018年腾讯将20年来践行企业社会责任的思考和行动，凝聚成为"一二三四"企业社会责任观，即一个初心、两个驱动、三个角色和四个对象（见图3-1）。[①] 腾讯提出"连接"是腾讯履行企业社会责任的初心——"连接"二字，不仅贯穿于腾讯的各项业务，而且充分体现了腾讯企业社会责任管理的利益相关方参与原则，而腾讯的竞争力主要体现在科技和文化两大领域——在科技、文化两大引擎驱动下，腾讯可以作为连接器、工具箱、生态共建者有效地参与解决社会和环境可持续发展领域的问题，在履行企业社会责任之时同步提升自身竞争力。接下来，我们看看腾讯是如何在科技与文化两大驱动力下，利用连接的基因解决社会问题的。

[①] 腾讯《2018年企业社会责任报告》。

第三章 互联网行业：科技向善

图 3-1 腾讯"一二三四"企业社会责任观

资料来源：腾讯《2018年企业社会责任报告》。

（1）腾讯公益平台——连接善意，人人公益

2019年伊始，腾讯公益发起人陈一丹在新年致辞里说道："改变世界的不仅仅是技术，改变世界的根源在人。最可贵的，永远是我们的心灵，我们的勇气，我们的想象力，以及自尊、同情、同理和利他精神。"

腾讯公益平台（见图3-2）致力于"把公益转变成一种社交方式"，用互联网来连接爱心网友与公益机构。腾讯借助社交平台降低了公益信息的传播成本，运用移动支付极简化捐赠流程和捐赠成本，真正将公益与每一个用户连接，让做公益变得触手可及。让每一个消费者都自发参与公益，让弱势群体的声音被听到，是腾讯公益版图中最重要的部分。

063

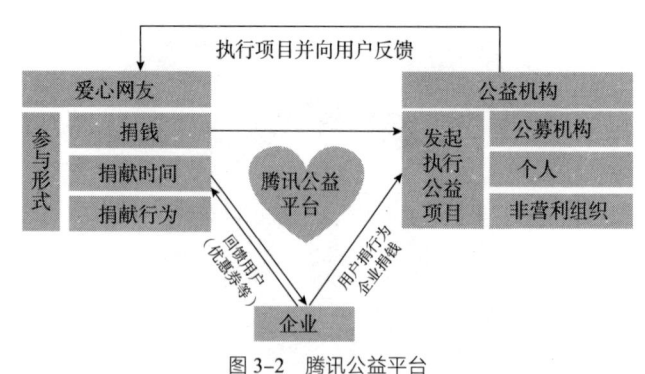

图 3-2 腾讯公益平台

图片来源：腾讯内部资料。

  腾讯官网显示，2013年网络捐款平台捐赠总额超过1亿元；2014年突破2.4亿元；2016年腾讯的"99公益日"，3天募集超过6亿元的捐款额；2018年6 820万个网友捐出17亿元，帮助15 342个项目进行了筹款，2 511家爱心企业和3 335家机构入驻，7.8亿人次通过益行家平台捐出11.7万亿步，有2 000家企业配出资金3.65亿元。截至2018年底，通过腾讯公益平台筹到善款的公益项目数有5万多个，其中扶贫类公益项目占比90%以上。腾讯通过不懈的努力，让"人人公益"的理念深入人心。"移动互联网所带来的指尖公益，不仅意味着从项目推送、捐赠到进展反馈在手机上成为闭环，也意味着我们通过社交网络、朋友圈将朋友与圈子连接，将公益的影响力成倍放大。"马化腾把腾讯在互联网公益上取得的成功，归功于腾讯的"社交关系链和连接能力"。

  2017年"99公益日"的热身项目，《去"小朋友画廊"，用一块钱鼓励他们的天真与天赋》的H5（第五代超文本标记语言）作品，在短短几个小时的时间里刷屏了朋友圈。用户每购买一幅自闭症儿童的画作，就相当于向腾讯公益平台上的"用艺术点亮生命"公益项目进行了一次捐赠。不同于传统的静态、单向的捐赠行为，此次画廊大部分的作品都有作者的语音留言，向大家说明作品的心意并表达感谢。用户通过 H5 可以轻松一键捐款给 WABC 无障碍艺途项目，也可以通过 H5 给画家"小朋友"文字留言以资鼓励和支持，购买后也可以将电子版的画作保存为手机屏保。

在 15 个小时内，"小朋友画廊"就收到 578 万人次的捐款，捐款额累计超过 1 200 万元，项目因捐款总额达到设定上限而自动停止。WABC 创始人苗世明认为，传播即筹款是一个新的发展方向。公益项目的传播和品牌升级需要去深度挖掘自身优势并整合资源，才能更好地把自己的专业优势和公益理念传播给大众。科技向善，技术本身就是最好的公益。腾讯凭借社交网络平台的流量和创新的产品模式，迅速为"用艺术点亮生命"打开了局面，也成为国内互联网公益历史上参与人数最多、影响范围最大的单个公益事件之一。

但剖开光鲜的数据，我们还是可以看到公益的每一步前行都伴随着超出想象的困难。"99 公益日"结束后就有媒体指出腾讯公益平台存在刷单现象，有公益机构和组织借助技术方式或欺骗手段获取捐款。随后腾讯在《腾讯公益平台关于"99 公益日"期间捐赠合规性核查结果的说明》中表示，超过 2.5 万个捐款账号存在异常，涉及的捐赠金额超过 700 万元，获配捐资金额则超 370 万元。但对此异常是否属于刷单，目前技术手段还难以直接下定结论，需要技术团队进一步的审核。互联网技术在激发全社会公益意识觉醒的同时，也会放大现有公益体系中的缺点和瑕疵。

从过去关注谁捐款、捐多少，到现在更注重公益全过程的透明，每个捐款人都要清晰地知道钱捐给了谁、用在哪里、效果如何。面对质疑，腾讯也努力在组织结构、捐款全流程的透明性方面做出改进，引入第三方的财务审计伙伴，建立公益组织的信用评级体系，促进生态的良性竞争与发展。

为了让"人人可公益"变成现实，除了"99公益日"，腾讯也一直在探索"更轻量"的参与方式。[①] 腾讯推出的"益行家"捐步数平台项目将网友捐步数、腾讯搭建平台、企业匹配捐赠资金，打造成了一个完整的生态系统。网友可以用运动的方式在朋友圈中和好友 PK（对决），也可以捐赠步数兑换牛奶和鸡蛋送给山区小朋友。活动上线 1 个月，网友捐赠步数达到 376 亿步，相当于绕地球 563 圈。2014 年，微信发起"为盲胞读书"项目，号召每一个网友捐赠 60 秒的声音，给盲胞制作有声读物；QQ 邮箱发起"暖灯行动"，通过删除旧邮件置换爱心，由腾讯公益捐赠帮助贫困地区的学校改善照明环境；QQ 创立的"全城助力"项目，为所有找不到回家之路的孩子，在黄金 72 小时内，提供精准的全民救援。

除去直接的公益平台与专项活动，腾讯在本身的产品和服务里也开始连接更广义的社会价值。主要体现在用微信和 QQ 两大载体构建与民生公益融合的产品服务。以微信政务服务号为例，目前已有交通、医疗、公安等各级各省各市的政务服务号。例如，武汉交警的服务号可以实现 60 秒内完成罚款收款，而过去这需要几个小时。[②] 此外，腾讯专项投入了防止网络犯罪行动，联合警方共同打击网络诈骗、色情、恶意信息传播等活动。在更加开放互联的腾讯战略里，用户价值并不指代把产品做好而已，而是要考虑到用户所面临的更广义的社会、公益价值。

"过去我们思考的是，一个能带给用户美好体验、实现其自我价值的产品，就是好产品。如今，随着公民意识的普及、社会文明发展阶段的推进，一款好产品所着眼的不再仅是赋予个体和群体价值，更是能否对社会形成正向的推力。"2017 年，马化腾在给腾讯全体员工

[①] 袁志军，张霞. 创连者马化腾[J]. 中国慈善家，2019（2）.
[②] 腾讯《2013—2014 年度企业社会责任报告》.

的一封邮件中写道,"我们今天所讲的公益是思考如何利用自己的核心能力,推动社会往更美好的未来方向演进。"

(2)"为村"——连接失联的乡村

一天傍晚,贵州黎平铜关村65岁的吴培珊老人与远在广东佛山打工的小儿子用视频聊天,还会用发给她的智能手机听侗歌、看侗戏。听力衰退让她听不清楚儿子在那头说什么,但她很满意,笑着说:"能看见儿子就好。"在铜关村像吴培珊这样的空巢老人还有很多,互联网丰富了他们的留守生活。

这就是腾讯"为村"项目的一个缩影。在"互联网+"的改造下,铜关这个大山深处的古村落焕发了活力。中国第一个认证的村级公众服务号"为村贵州黎平铜关村"建立了,村寨通知下发、投票调查、活动召集、公共事务意见交流等工作,均可通过微信展开。基于"微社区"系统建立的"铜关市集",将香禾糯、雀舌茶等特产通过电商方式打造成乡村产业品牌。三年时间,这个深藏黔东南大山之中的侗族村落,人均年收入从不到1 800元提高至4 000元。

国家信息中心"中国数字鸿沟研究"课题组发布的报告指出,中国依然存在明显的数字鸿沟。所谓数字鸿沟,是指不同社会群体,特别是城乡之间在拥有和使用现代信息技术方面存在的差距。作为一家科技和文化企业,腾讯试图填平数字鸿沟,破解信息失联这一造成城乡差距的核心问题,拉近贫困乡村与世界的距离。"互联网+乡村"就是腾讯探索以"连接"为核心的创新公益模式。

2007年,腾讯成立了中国互联网公司的第一个公益基金会。"为村"平台,就是从腾讯公益慈善基金会孵化出来的,这源于2009年发起的"筑梦新乡村"公益项目。从开始"输血式扶贫",到后来"手把手教上网",再到今天的"为村",腾讯一直在帮助村民追赶这个数字化时代,助力乡村振兴。为了实现乡村振兴,腾讯认为最关键的一点是激发乡村的内生动力,这也是"为村"一直以来努力的方向,主要通过营建村民的网上精神家园,打造村庄的互联网名片,来融合乡村社区关系,提高治理水平,以助力乡村建设。

"为村"平台以"为乡村连接情感、连接信息、连接财富"为宗旨,通过以社交用具连接情感,实现乡村治理的"最后一公里",电子商务推进精准扶贫,打造智慧乡村平台(见图3-3)。截至2019年9月29日,"为村"平台已覆盖全国29个省、199个市、674个区(县)、1 945个乡镇中的14 228个村庄(社区),认证村民超过250万人。11 233位村支书和10 670位村主任和居委会主任使用"为村"平台,展开日常党务、村务工作。

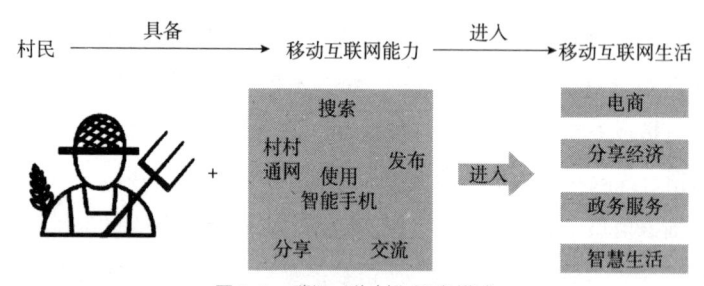

图3-3 腾讯"为村"平台模式

资料来源:腾讯内部资料。

(3)腾讯 × 故宫——连接传统文化与现代演绎

2016年,明朝皇帝朱棣戴着墨镜、唱着rap(饶舌)的H5《穿越故宫来看你》刷爆了朋友圈。当年7月,在"腾讯NEXT IDEA(下一个创意)× 故宫"发布会上,马化腾和故宫博物院院长单霁翔现身,宣布腾讯和故宫建立合作伙伴关系，以故宫博物院经典文物和传统文化为原型，在跨界合作和创新人才培养等方面，探索传统文化在数字时代的活化模式。

此后的 NEXT IDEA 腾讯创新大赛中，相继诞生了"皇帝很忙""门海""Q 版韩熙载"等表情包，不到一个月使用量接近 4 000 万。2018 年 5 月，打造"大故宫"轻应用，游客在到达故宫前，可以提前熟悉故宫开放时间、线路规划等。同年，"古画会唱歌"音乐创新大赛举行，故宫拿出《清明上河图》《洛神赋图》《墨梅图》等 11 幅院藏传世名画，邀请青年选手以音乐演绎古画意境，其中 18 岁少年易烊千玺以一曲《丹青千里》演绎画作《千里江山图》，上线当日视频播放量就超过了 3 400 万，"古画会唱歌"的微博话题阅读量也突破了 1.2 亿。

拥有 600 多年历史的故宫，称得上是顶级 IP（知识产权），特别是由于院长单霁翔提出的"让故宫成为一种生活方式"，使故宫放下身段，越来越接地气。三年间，腾讯与故宫的合作，产生了奇妙的"化学反应"。腾讯充分利用社交、游戏、动漫、音乐、人工智能、云计算等内容形态和技术，助力故宫文化 IP"活"起来、"火"起来，让故宫文化走下神坛，以新形态走进年轻人的数字生活。

通过与故宫博物院的跨界合作，腾讯又一次运用"连接"的基因，用科技和其社交属性推动了传统与现代的连接，实现了古老文明在"千禧一代"的传承、中国文化与世界文明的接轨。在腾讯看来，文化是一个国家、一个民族的灵魂，特别是在经济全球化的背景下，人们对精神文化的需求与日俱增。站在科技与文化融合的交汇路口，腾讯作为一家"科技 + 文化"的企业试图用创新技术为文化产业提供发展动能，这也是"科技向善"在文化思想领域的具体呈现。

虽然与故宫博物院合作的过程不会产生巨大的商业利益，但却与腾讯在新的发展阶段制定的"科技 + 文化"战略相向而行。与故宫的合作，无疑为腾讯对智慧文化的探索写下了生动注解。

（4）游戏走向何方——心游于艺，道不远人

> 多数游戏是无罪的，依托市场营利也无可厚非，但不设限并产生了极端后果，就不能听之任之。这种负面影响如果以各种方式施加于未成年的孩子身上，就该尽早遏制。
>
> ——人民网，"《王者荣耀》，是娱乐大众还是'陷害'人生"

2017年3月，《人民日报》在官方微博发表题为"荆轲是女的？小学生玩《王者荣耀》还能学好历史吗？"的评论文章，质疑《王者荣耀》歪曲历史，对未成年玩家造成负面影响。随后陆续有媒体爆出《王者荣耀》的负面新闻，如未成年人沉迷手游荒废学业、引发家庭矛盾甚至轻生，以及未成年玩家购买游戏道具花费巨大等。随后人民网在7月初，分别以"《王者荣耀》，是娱乐大众还是'陷害'人生""加强'社交游戏'监管刻不容缓""过好'移动生活'倡导健康娱乐"为题发表三篇文章，直指《王者荣耀》游戏情节设计有缺陷、缺乏对未成年的有效保护机制、制度监管有漏洞等几大问题。7月4日当天，腾讯股价一度暴跌5%，市值蒸发逾1 000亿元。

《王者荣耀》这款手游自2015年11月26日上线以来，为腾讯带来了财富上的无上荣耀。2017年第一季度《王者荣耀》的营业收入就高达60亿元，甚至超过94%的A股上市公司。游戏注册用户突破2亿人，日活跃用户超过5 000万人。第三方数据调研机构App Annie的数据分析显示，2017年5月中国公司占据全球手游收入榜前十名中的九席，其中腾讯占据五席。腾讯2017年第二季度财报显示，总营业收入达到566.06亿元，其中网络游戏收入达238.61亿元（增长39%），

腾讯也因此被很多人认为是一家游戏公司。

成也萧何败也萧何,以《王者荣耀》为代表的手游在成为腾讯吸金利器的同时,其主要的消费群体——11~20岁的年轻人也成为它饱受各方诟病的主要原因。在2019年的全国两会上,全国人大代表马化腾连续第三年就青少年成长议题建言献策,并提交了《关于多措并举加强未成年人网络保护的建议》。同期,腾讯开始测试游戏"儿童锁"模式,启动号称史上最严的游戏防沉迷措施,13周岁以下的未成年人在首次登录游戏前被强制要求登记认证,只有在监护人授权完成"解锁"后才能登录,并且仍遵循现行健康系统的游戏时间限制。也就是说,孩子能不能玩游戏,完全由家长说了算。腾讯这一系列举措能否有效解决青少年游戏沉迷问题,尚待时间的检验。

那么,游戏一定就是洪水猛兽吗?未来学家简·麦戈尼格尔在《游戏改变世界》一书中指出,游戏可以弥补现实世界的不足和缺陷,引导人们进入"心流"状态,一定程度的游戏可以帮助人们获得更满意的工作、更有把握的成功、更强的社会联系,而这一切的关键在于获得驾驭游戏的力量。在一份由教育部、中国科协、中国教育技术协会、北京大学的专家学者、校长老师共同参与发布的《中国教育游戏发展报告(2018)》中,我们看到一个趋势,教师群体基本认同游戏在教育中的价值。对于学生而言,正确地玩游戏能够提升他们的学习能力、想象能力,让孩子更早地发现自己的兴趣点,并且集中在良好的思维方式上,通过兴趣激发热爱,形成自我驱动式的学习。

事实上,游戏是一把双刃剑,如何用其利,避其弊,使游戏成为青少年成长的正向力量,成为腾讯和一众互联网游戏公司思考可持续发展的重要议题。2019年3月,腾讯推出首期《社会价值研究》,试图探讨游戏的社会价值,包括探讨如何使儿童和青少年更健康地畅享游戏之美与游戏之乐,以游戏化的思维将传统文化与当代生活连接在一起，通过游戏传递中华文化的魅力和生机等系列话题。

提起敦煌壁画，人们首先会想到佛教经典故事。事实上，仔细研究敦煌壁画就会发现很多富有生活气息的画面，今天的许多竞技项目，早在1 000多年前就被古人当成游戏项目了。2017年，腾讯和敦煌研究院合作，采集敦煌莫高窟壁画上的悉达多太子习武举钟、摔跤、唐代"步打球"等传统游戏，利用现代化的表现方式进行活化，让这些乐趣纷呈的游戏"重见天日"，并与清华大学和哈佛大学签署协议，发动国内外文创领域青年群体参与其中。2018年，腾讯联合《人民日报》客户端推出《子曰诗云》游戏，用户可通过移动有部首偏旁的方块拼汉字，将其完整连成一句古诗，该游戏获得280万人次点击。同年，腾讯承办VEX机器人大赛，将功能游戏作用于科学知识的普及和青少年科学兴趣的培养。2019年春节期间，腾讯推出了首款传统节日定制游戏《佳期：团圆》，以游戏化的思维，尝试赋予"年味"以新的内涵。腾讯希望通过这一系列尝试，提升游戏的社会价值。

3. 通过制度保障实现共益价值

任何一种战略方案的落地执行都离不开制度保障。没有制度保驾护航，战略执行就只能停留在口号上。在腾讯看来，企业社会责任是与企业的发展息息相关、不可分割的。为了实现"用户至上、科技向善"的愿景，在腾讯的共益战略考量中，就需要做到让用户、股东、员工、政府、商业合作伙伴、公益组织及所处社区共同受益，而要做到这一点，就必须制定严格的制度保障，不断沉淀、迭代和发展。

2006年，腾讯推动公司董事会决策，从每年的利润中拿出一定比例来做公益回馈社会，每年不少于2 000万元。这可以视为腾讯为实现公益目标的起点。2007年6月腾讯基金会经民政部批复正式成立。2008年，腾讯发布了首份互联网企业社会责任报告，至今也一直在发布年度企业社会责任报告。

2010年，腾讯正式成立企业社会责任部，负责腾讯企业社会责任战略的实施，并在各部门及区域明确企业社会责任联络员，全方位推动腾讯的企业社会责任工作。

2017年，为在公司内部推动社会责任工作融入运营、落地实施，腾讯设立了"腾讯CSR奖"，分设"腾讯创益奖"和"腾讯责任奖"两个板块。评奖实施以来，先后评选出30个社会责任项目，激励公司内部各业务部门深入推进社会责任项目，以创新能力解决社会问题，获奖项目包括公众熟知的游戏成长守护平台、微信辟谣小程序、粤港澳湾区青年营、区块链公益寻人等。

腾讯将企业社会责任分为四个维度，分别是经营维度、用户维度、社会维度和环境维度。其中经营维度包括诚实经营、依法纳税、关爱员工等；用户维度是指一切以实现用户价值为前提；社会维度包括公益慈善的全平台投入，行业贡献开放合作等；环境维度主要包括可持续投资的策略和生态可持续发展的承诺。

为了确保企业社会责任的执行，腾讯建立了企业社会责任的工作体系，主要包含以下几点。Time（工作周期）：设定两年为一个"腾讯企业社会责任"工作周期，每两年为每一个企业社会责任工作模块设定单独的重点项目推进实施，保持企业社会责任重点领域项目的连贯实施，同时保证资源投入的持续性。D&C（部门与委员会）：腾讯公司内部专职设立了"腾讯企业社会责任部"，作为一个与公司其他业务部门平行的机构，负责垂直统筹规划和安排所有相关企业社会责任工作，同时设立"腾讯企业社会责任委员会"，负责扁平化的跨部门企业社会责任项目实施。Communication（利益方沟通）：由企业社会责任部建立与利益相关方定期沟通的机制，保持密切联系，达成共识。What（做什么内容）：以每两年为一个工作周期，制定周期内的工作重点项目，有效针对社会责任所属的不同模块做出单独的情况评估与预期工作成果输出，以期达到不同模块之间的协同发展。Review（总结提升）：定期回顾与评估所有企业社会责任相关工作的开展绩效，这些评估包括前期规划是否合理，相关利益方的满意度，工作执行中是否有待优化点，项目是否符合预算决算标准等。

毋庸置疑，制度保障对腾讯共益战略的实现至关重要。具体到项目个体，制度也并非一成不变，而是在不断试错中迭代发展。如前文我们提到的"99公益日"项目，虽然使得"人人公益"的理念深入人心，但项目在运营中也被质疑存在刷单以及捐款账号异常等现象。这些项目落地过程中的缺点和瑕疵，需要腾讯不断地去完善制度，在组织结构、捐款全流程的透明性上做出改进，通过引入第三方的财务审计伙伴，建立公益组织的信用评级体系，促进生态的良性竞争与发展。

2019年4月，腾讯公益发布"共创2.0之UP计划"，将自己定位为公益慈善领域的"工具箱、连接器、生态共建者"，并计划提供包含技术支持、广告流量、培训、资金激励、"产品共建"等在内的系列行业服务，旨在"推动整个公益生态的全面能力进阶"。具体来说，该计划包括与公募组织及专家学者等一起建立"99公益日"的规则；提供配捐用来奖励"99公益日"里表现出色的公益组织；承诺开放百亿级的广告资源给公益组织；计划建立Lab（场景实验室），把公益机构、互联网的产品经理以及跨界资源等各方组织到一起，推进"产品共建"等。"希望不管是行业顶尖的国民级慈善组织，还是尚在发力的小而美的草根机构，都能通过该计划收获符合自身成长目标的价值。"腾讯公益基金会副秘书长孙懿说。

每年的制度性捐赠，成立企业基金会，发布企业社会责任报告，成立独立的企业社会责任部门，设立奖项激励机制，建立社会责任工作体系，促进项目制度的迭代发展，腾讯在制度保障方面做了一系列尝试与努力，而制度保障是让战略执行、让情怀落地的重要基石。

4. 腾讯面临的挑战

2018年11月11日，腾讯成立20周年。作为公司庆典活动的一部分，活动前两天，马化腾和员工进行了一次交流。有员工抛出一个问题："抛开收入、市值等不谈，希望腾讯成为一家什么样的公司？""成为最受尊敬的互联网企业，改善人们的生活品质。"马化腾回答，"如果进一步阐述的话，一是和时代、国家的利益更加方向一致；二是和民众生活的方方面面更加融合；三是要能和业界的合作伙伴共同发展。"

2019年5月初的一个凌晨，马化腾在朋友圈宣告：科技向善，是腾讯新的愿景和使命。科技向善最初是由腾讯研究院发起的，2019年3月正式成为马化腾两会提案的主题。在提案里，他呼吁在全社会、全行业积极倡导"科技向善""负责任创新""创新与伦理并重"等理念。11月，腾讯正式升级了公司的愿景和使命，将公司的使命和愿景统一为："用户至上、科技向善。"

腾讯，作为中国互联网行业的领军企业，用其20年的实践诠释了从逐利为赢到共生共赢的价值观转变。回顾腾讯的发展，我们可以看到腾讯在不同的发展阶段会有不同的思考，最终形成了一个共益的理念和价值观，而其在推动经济、社会和环境可持续发展道路上的探索也并非一帆风顺。

从早年拿出利润投入社会公益事业的传统公益模式，到把"连接一切"的企业基因与社会公众公益参与缺失的社会痛点结合，通过建立腾讯公益平台，使公益成为一种生活方式。在国家大力倡导精准扶贫的

075

攻坚时期，腾讯推出了以连接为核心的"为村"创新公益模式，推动消除城乡数字鸿沟，为村民赋能，使乡村焕发活力。与故宫博物院的跨界合作，运用"连接"的基因，将古老与现代连接，让文物开口"说话"，实现古老文明在"千禧一代"的传承，使中国文化与世界文明接轨。

与此同时，腾讯的主营业务，例如游戏，又带来了大规模的负面影响。如何积极面对这些挑战，把握商业利益与社会效益之间的平衡，这不仅是对腾讯，也是对所有互联网企业提出的问题。腾讯作为行业领军企业，承担着不可推卸的责任。面对社会舆论对于《王者荣耀》引发未成年人相关问题的质疑，腾讯试图再次运用"连接"的企业基因，将游戏与文化、学习、创造力、有效社交、解决问题这些青少年成长的正向元素连接起来，使游戏产生正向的社会价值，推动腾讯实现经济、社会和环境可持续发展。但是这条路道阻且长，无疑还需要更多智慧和探索。

▶ 阿里巴巴：公益心态，商业手法

1999 年，阿里巴巴在杭州城郊的一所公寓中诞生，从 18 个人起步，阿里巴巴见证了中国电子商务的发端，推动了电子商务从概念变成商业现实。阿里巴巴自创立之初，就提出了"让天下没有难做的生意"的梦想，致力于打造并逐步完善电子商务基础设施，助力营造"开放、协同、繁荣的电子商务生态系统"，让中小企业、个体创业者，都能够从电子商务的发展中受益。

经过 20 多年的发展，阿里巴巴已经形成了一个围绕电商核心业务及支撑电商体系的金融业务，以及配套的本地生活服务、健康医疗等，囊括游戏、视频、音乐等泛娱乐业务和智能终端业务的完整商业生态圈。这一商业生态圈的核心是数据及流量共享,基础是营销服务及云服务,有效数据的整合抓手是支付宝。阿里巴巴将之称为数字经济体,主要业务包括电子商务服务、蚂蚁金融服务、菜鸟物流服务、大数据云计算服务、广告服务、跨境贸易服务,以及前六个电子商务服务以外的互联网服务等七大板块。2019财年,阿里巴巴营业收入比上一财年增长51%,达到3 768.4亿元,年度总利润934.1亿元,向国家纳税516亿元,创造了4 082万个就业机会,服务于6.54亿个活跃买家。

1. 阿里巴巴的社会责任观

阿里巴巴立志"成为一家持续发展102年的企业"。构建未来的商务生态系统,让客户相会、工作和生活在阿里巴巴,并持续发展至少102年,是阿里巴巴一直以来的愿景。"让天下没有难做的生意"是公司的使命,阿里巴巴认为这一使命具有天然的"服务"和"利他"精神,是阿里巴巴的公益基因。同时,阿里巴巴将自己的价值观定义为敬业、激情、诚实、拥抱变化、团结合作、客户第一。

2007年底,阿里巴巴发布了《共创开放、协同、繁荣的电子商务生态系统暨阿里巴巴集团2007年度社会责任报告》。报告中提到了阿里巴巴的社会责任观。

> 阿里巴巴认为,企业的社会责任应内生于商业模式,并与企业发展战略融为一体。只有使社会责任成为企业内在的核心基因,才能具备恒久性和可持续性。脱离商业模式、发展战略与核心价值体系等企业立身之本,去架构社会责任的做法,将很难获得持续推进的内在动力,很难行之久远。

未来好企业：共益实践三部曲

2008年，中国遭遇了雪灾和地震等巨大自然灾害，全球中小企业和创业者则经历了深刻的金融危机和经济寒冬的冲击。在此情势下，通过一年的积极实践和深入思考，阿里巴巴集团进一步丰富和充实了企业社会责任观的内涵。

阿里巴巴认为，企业社会责任应内生于企业的商业模式，唯有如此才能实现可持续发展。社会责任对企业不是负担；在每一家企业的商业模式中，都可以找到自身与社会责任的结合点；人人都有社会责任，在网络化的便捷环境下，人人也都有能力履行社会责任。①

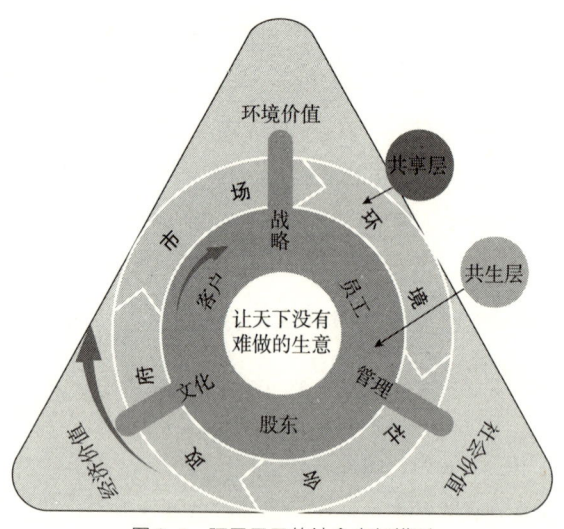

图3-4 阿里巴巴的社会责任模型

资料来源：阿里巴巴集团。

---

① 《阿里巴巴集团2008年度社会责任报告》。

同时，阿里巴巴明确指出，社会责任是阿里巴巴生存的前提，阿里巴巴致力于成为一家真正为社会创造价值的企业。面向未来，阿里巴巴除了自身积极履行更多社会责任，也将与社会各界共同努力，积极探索并使这一商务平台成为一个更加完善的社会责任平台。未来，阿里巴巴集团考核子公司最重要的标准就是社会责任，各种商业模式首先要围绕社会责任来设置。[①]

2. 阿里巴巴公益业务模式

马云认为"公益的心态，商业的手法"是践行社会责任最好的方式，对于阿里巴巴而言，责任源于公益的心态，而商业的手法则是让责任实践创造可持续价值的有效方式。在多年的实践中，阿里巴巴已经将公益元素扎根于生态系统中的各种业务产品中，形成了独特的可持续业务模式。

公司主要聚焦于环境和民生两大领域，将自身业务与社会痛点有机结合，用技术赋能的方式在保证业务可持续发展的同时解决社会问题。以蚂蚁金服为例，建立蚂蚁金服信用和风险预测体系，"芝麻信用"通过云计算、机器学习、大数据等技术客观呈现个人和小微企业的信用状况，同时也能帮助没有银行流水的农民贷款买种子材料，帮助千万个小商户创业成功。根据《蚂蚁金服2017—2018年可持续发展报告》，支付宝和网商银行一起服务了中国1/6的小微企业。同时，357个城市（包含县级市和直辖市）把公共服务装进支付宝App，超过10亿人次使用车主服务等九个类别380项服务，支付宝用技术进一步缩短服务时间，提高了政务服务的效率。阿里集团鼓励各个业务部门在推进业务和开发项目、产品时，融入公益基因，用技术为行业

[①] 马云2007年12月6日接受《国际金融报》采访。

更好地赋能，最终实现"天更蓝、心更暖"两大愿景。图3-5为阿里巴巴公益业务模式。

图3-5 阿里巴巴公益业务模式

资料来源：阿里巴巴官网。

用马云的话说，"我们不是因为赚了钱才想做公益，而是一开始就把公益放在了我们的商业模式里"。事实也确实如此，从2006年的魔豆宝宝小屋，到魔豆妈妈、公益宝贝平台、团圆打拐，以及蚂蚁森林每天几亿人次的参与，还有钉钉绿色办公、脱贫基金，公益已经根植于阿里巴巴的商业模式及企业文化之中。员工、商家、消费者，三者共同构成了阿里巴巴的公益生态体系。根据阿里2019年财报，上一财年，阿里巴巴员工公益时长累计26.9万小时，直接产生公益捐赠超91亿笔，带动了208万商家、4.4亿消费者在阿里巴巴及支付宝平台上做公益。除了直接捐赠之外，用户还可以通过支付宝、闲鱼、饿了么、菜鸟、高德地图等阿里系平台用多种方式参与公益。多年来，阿里巴巴经济体内已经孵化出公益项目上百个，平台上入驻各类公益机构上千家，一套完整的阿里巴巴公益生态已经形成。接下来，我们简单介绍几个阿里主要的公益项目。阿里的公益项目有很多，但都是围绕"天更蓝、心更暖"两大愿景，即环境保护和关注民生两方面搭建的。

（1）天更蓝

阿里巴巴关注环境，起因于2009年阿里巴巴园区搬迁仪式"阿牛过江"接力赛活动，当最后一名阿里员工接棒横渡钱塘江上岸后，身上挂满了江中的垃圾。由此，阿里巴巴第一次清晰直观地感受到人与自然的关系，于是决定保护环境，做地球家园的守护者。

阿里巴巴的绿色行动计划、阿里云绿色账单、钉钉绿色办公、蚂蚁森林种树，以及阿里巴巴倡导的绿色运营、绿色生活方式，就是这类环保公益项目。阿里巴巴认为，环保不仅存在于商业场景中，更应该融入人们的生活。公益的本质是"唤醒"人的善意，因此必须让公众直接参与到环保行动当中。阿里巴巴公益基金会秘书长王瑞合讲道："我们越来越体会到，环境的改变最终还是需要人心的改变、环保意识的提升，自然教育就是唤醒公众环保意识的一条非常有效的途径。"[①]

"蚂蚁森林"就是阿里巴巴唤醒公众参与环保的一个创新项目。支付宝专门为每个用户设立了"碳账户"来记录用户的低碳行为，用户选择步行、地铁出行、在线缴纳水电煤气费、网上处理交通罚单、网上挂号、网上购票等行为时，会减少相应的碳排放量，可以用来在支付宝的蚂蚁森林中养一棵虚拟的树。公益组织、环保企业等蚂蚁生态伙伴们，可以"买走"用户的"树"，同时在现实中的某个地域种

[①]《阿里巴巴2019财年社会责任报告》。

下一棵真实的树。截至 2018 年 5 月底,蚂蚁森林用户超过 3.5 亿人次,累计减排超过 283 万吨,累计种植和养护真树 5 552 万棵,守护了 3.9 万亩保护地。关于蚂蚁森林项目我们还会在金融章节进行详细阐述。

除了唤醒公众参与环保以外,阿里巴巴还利用科技的力量参与环保。2016 年 4 月 20 日,阿里云在云栖大会·深圳峰会上正式启动"公益云"计划,帮助公益组织解决信息化难题,降低技术成本,提升数据处理能力。依托阿里云计算平台的大数据实时处理能力,"蔚蓝地图"将排污企业置于公众监督下,公众不仅可以及时获取所在城市的空气质量信息,查看全国超过 9 000 个废气、废水排放源的实时监测数据,而且还可以进行在线举报。

(2)心更暖

在关注民生方面,阿里巴巴也推出了很多公益项目,如帮助女性创业的魔豆妈妈项目、公益宝贝计划、团圆系统,以及阿里"互联网+脱贫计划"等。

其中魔豆妈妈公益项目可以说是阿里巴巴针对女性残障人士和贫困就业扶助计划的开端。中国残障人士有 8 500 多万人,而能够实现就业的却不到 50%。阿里巴巴运用"互联网+大数据"平台,在全国多个城市寻找困难而坚强的母亲——"魔豆妈妈",通过意识唤醒、技能培训、金融支持、销售帮扶等维度,帮助贫困和残障女性在其电商平台创业。阿里巴巴旗下的淘宝大学也成立了魔豆妈妈电商学院,定制逆境女性的专属学习方案。

"公益宝贝计划"是阿里巴巴平台公益体系的重要组成部分,已经成为阿里巴巴平台商家直接参与公益的一个平台化产品。目的是促进公益行业互联网化进程,帮助更多优秀的公益组织提升网络筹款能力。"公益宝贝计划"发源于 2006 年的爱心宝贝,当时是为不幸罹患绝症、身处困境，但自强不息、感动无数网友的"魔豆宝宝小屋"筹款。阿里巴巴公益会不定期遴选优质公益项目入驻"公益宝贝计划"，搭建商家与公益项目之间的系统化参与路径。商家在阿里巴巴平台上架"宝贝"时，可自愿参与"公益宝贝计划"并设置一定的捐赠金额或捐赠比例，在"宝贝"成交之后，商家将捐赠一定数目的金额给指定的公益项目，用于公益事业。消费者在搜索"宝贝"时，可以选择"公益宝贝"选项进行选购。

2018年，"公益宝贝计划"累计产生爱心善款3.64亿元，参与捐赠的爱心商家超过200万家，带动超过78亿笔消费捐赠，超过4.24亿消费者参与其中——平均捐赠额0.46元/笔。仅2018年"双十一"当天，"公益宝贝平台"就带动了91.8万余商家，超过1.13亿消费者共同创造了3亿笔公益捐赠，这些公益捐赠被用来支持近30个优秀的公益项目，将有超过21.4万人从中受益。"公益宝贝计划"还让越来越多的海外人群受益。2019财年，"公益宝贝计划"带动了超过116个国家和地区的品牌参与捐赠。基于"公益宝贝"的筹款支持，阿里巴巴公益与中国扶贫基金会联合启动的"国际爱心包裹"项目，2018年在缅甸、尼泊尔、柬埔寨、纳米比亚等国家发放5万余个爱心包裹。"公益宝贝计划"打造了消费者、商家、公益组织三者之间的关系，以商业的方式建立了可持续的公益参与模式。

阿里巴巴利用科技的力量开发了很多"有温度的产品"。为了更好地保护孩子健康成长，让更多失孤的家庭重新团聚，阿里巴巴借助云计算、大数据、人工智能等技术优势，与公安部刑事侦查局共同开发上线了公安部儿童失踪信息紧急发布平台"团圆"系统，从2015年11月开始设计至今，阿里共有39名技术员和239名员工志愿者参与；自2016年5月上线至今，"团圆"共发布了3 053名失踪儿童的信息，找回儿童2 980名，48名被拐卖儿童被解救，找回率达到了

97.6%。目前,"团圆"系统4.0已经上线,阿里巴巴旗下的高德地图、手机淘宝、UC浏览器、UC头条以及YunOS操作系统等多个超级App,还有阿里生态新成员饿了么及其300万名骑手也先后接入到"团圆"系统,成为走失儿童的守护人。

2017年12月,阿里巴巴成立脱贫基金,计划5年投入100亿元,从电商扶贫、健康扶贫、教育扶贫、女性扶贫、生态扶贫五个方面重点推进,探索"互联网+脱贫"新模式。脱贫已经成为阿里巴巴集团第四大战略,阿里巴巴将脱贫与自身业务发展目标融合,试图以平台力量撬动更多社会资源,以科技优势提升工作效能。它的目标是助力乡村振兴,帮助更多人共享互联网时代的发展红利。截至2019年1月,全国600多个贫困村通过电商脱贫成为淘宝村,国家级贫困县在阿里平台的销售额超过630亿元;全国有超过425万个建档立卡贫困户获得了健康保险保障,近17万名贫困县的女性获教育生育健康险,同时,近27万名贫困地区青年接受职业培训。在南方出版传媒股份有限公司与广东新周刊杂志社有限公司联合主办的"2018企业社会责任荣誉盛典"上,阿里巴巴脱贫基金获得"年度精准扶贫"奖。

从现实意义而言,阿里巴巴的公益体系充分激活了从淘宝到支付宝的全平台用户,在放大曝光度和参与度的同时,完成了从线上到线下、从电商购物到生活支付、从"全员公益"到"全民公益"的全覆盖,最终形成了一个根植于阿里生态体系的"公益闭环",把商业、公益、消费者三者无缝对接,利用技术创新,通过商业模式,整合社会资源,促进公益事业的可持续发展。

3. 阿里巴巴公益制度保障

任何一种战略方案的落地执行都离不开制度保障。事实上,阿里巴巴创始人马云一直强调"公益心态,商业手法",作为企业创始人积极倡导并践行公益理念,通过自上而下的方式,有效地将公益融入阿里巴巴的一系列制度设计中,使情怀落地,让理念落到实处。为了保障阿里巴巴公益项目的执行,阿里巴巴设计了一系列的制度保障。包括阿里巴巴公益基金会、阿里巴巴公益合伙人制度,以及"人人三小时"公益计划等。

(1)公益基金会

2010年,阿里巴巴正式宣布,每年拿出集团年收入的0.3%作为公益基金,用于对公益组织和公益项目的支持。2011年12月22日,阿里巴巴公益基金会正式成立,原始基金为5 000万元。基金会的使命是打造一个人与自然友善共存的绿色星球,愿景是科技推动地球生态可持续发展,宗旨是营造公益氛围,发展公益事业,促进人与社会、人与自然的可持续发展,重点关注环境治理和自然教育领域。2019财年,基金会累计投入资金2.52亿元,在389个城市开展了水环境保护行动,守护了1 312条河流,各类线上线下自然教育活动触达公众3 500万人次。

(2)公益合伙人制度

阿里巴巴的公益合伙人制度来源于2012年3月马云的一次倡议,他希望通过竞选的方式,由全体阿里人选出十位员工代表,成立阿里巴巴公益基金会公益委员会,代表阿里人决定千万乃至上亿公益资金的使用。公益委员会致力于使公益行动更加专业,让公益基金使用更加高效。2015年3月,第一届公益委员届满卸任,第二届公益委员选举经过为期两个月的海选、投票和PK晋级,最终从154名候选人中决出十位员工,与上一届留任的五位公益合伙人一起,组成新一届阿里巴巴公益委员会。

(3)"人人三小时"公益计划

2015年起,阿里巴巴实施了"人人三小时"公益计划,每个阿里人每年需要完成三小时的公益志愿服务。2017年,阿里巴巴向社会发起"人人三小时,公益亿起来"的倡议,并开放"三小时公益平台",联合知名企业、公益组织及政府机构等一起推动互联网公益的发展。据统计,2018年阿里员工公益时间累计达到26.9万小时。而且层级越高,付出的公益时间越长,据统计,马云个人公益时间累计74.5小时,36位合伙人人均累计完成12.85小时。

4. 阿里巴巴面临的挑战

阿里巴巴在运用科技创新和商业模式解决社会问题的同时,其平台的假货问题也为人诟病。马云也曾承认,假货是"阿里之痛"。假货直接损害消费者的利益,对于阿里巴巴本身也产生了巨大的不良影响和伤害。马云曾在公开场合表示,每卖出一件假货,阿里巴巴就会损失五个客户。2015年卷入假货风波的阿里巴巴,市值曾一度蒸发约220亿美元。为此,阿里巴巴建立了一支2 000人的专业队伍,每年投入超过十亿元,利用先进技术和数据模型对制假售假进行主动防控。也专门设立了首席平台治理官一职,负责平台的治理和打假治劣工作。当假货问题得到有效遏制和解决时,阿里巴巴才能在真正意义上实现与消费者"共益"。

除了消费者之外,阿里巴巴的另一重要利益相关方和生态共建者是平台卖家。近年来,卖家,特别是中小型卖家对阿里巴巴颇有微词。在阿里巴巴财报交出漂亮的成绩单的同时,不少中小卖家却日益陷入亏损困境。阿里巴巴平台收取的包括销售产品佣金、运营、流量购买项目、保证金等费用,使不少中小卖家感到难以承受。特别是"双十一"期间,在一次次刷新销售纪录的背后,往往出现的是大卖家垄断流量，中小卖家陪跑的局面。2014 年，阿里巴巴在纽交所上市敲钟的是 8 位以淘宝店主为主的阿里生态共建者，他们的生活因阿里巴巴而改变，阿里巴巴的成功也离不开他们的参与和创造。如何能从卖家的角度思考，真正持续地将卖家视为成功路上的伙伴，也是阿里巴巴值得思考的挑战。

小结

在互联网行业，还有很多企业在努力践行共益理念。就像腾讯和阿里巴巴一样，它们也是在发展过程中，逐渐形成、完善了自己共益的价值观，同时，结合自身业务的特性与社会痛点，并通过有效的制度保障，力争达到经济利益与社会利益最大化的目标。在这里，我们简单介绍另外几家互联网公司，它们也在利用自身的平台、科技、业务优势，结合自身产品的特点，推出了各种脑洞大开的"公益黑科技"以解决社会问题。

如创立于 1977 年的苹果公司，凭借极其出色的创新能力，其生产的产品赢得了全球亿万"果粉"的心。苹果提出："让每一个人受益的科技，才是真正强大的科技。"非常值得一提的是，苹果产品的辅助功能就是专为残障用户设计的，满足各种不同的残障人群的使用需求。其中，VoiceOver（旁白功能）就是一个很好的例子。打开这个功能，在手机屏幕上的任何操作，都会被朗读出来，这样，视障者就好像拥有了一双明亮的眼睛，能正常使用手机。类似的功能还有很多。2018 年，苹果还专门为残障人士设计了导盲犬、盲人拐杖、助听器和轮椅等 13 个 emoji（表情符号），希望通过这些 emoji 让残障人士更愉悦便利地使用产品。

再比如百度也推出了百度责任创新计划，旨在用技术解决社会问题，利用百度人脸识别等人工智能技术和大数据帮助寻找走失人员，以及协助警察破案等。此外，还有北京字节跳动推出的"头条寻人"公益项目、京东的电商精准扶贫、科大讯飞的 I 陪伴 —— AI（人工智能）教育公益计划、搜狗科技开发的智能语音陪伴计划等。我们可以看到，无论是在互联网公益平台上产生的小额捐赠，还是在手机里为荒漠化地区种下一棵真正的树，抑或是为智障人群解决互联网应用等问题，每一项诞生于互联网上的"公益黑科技"，都让越来越多的人相信，科技正在改变传统公益，互联网技术让参与公益变得触手可及。

通过"互联网＋公益"的诸多案例，我们也发现企业为解决社会问题的需求催生了技术的进步与模式的创新，这些进步又反哺了业务发展，影响着经济、环境和社会的发展。每一家企业在运营中都可以找到业务与社会痛点的结合点，运用自身的优势解决社会、环境和员工等方面的问题。这种社会创新，使企业在履行社会责任的同时，企业实力也得以同步提升。当企业社会责任内生于商业模式，与企业文化完全交融时，企业将收获可持续发展的竞争力。当然，互联网企业，尤其是互联网巨头，在满足社会需求、创造价值的同时也不可避免地制造了一系列负面影响。如何打造一个透明、公正的平台？如何减少网络上瘾给青少年带来的负面影响？如何从本质上平衡经济效益与社会责任？这些问题依旧值得不断思考，持续探索。

第四章 制造业：从"问题的制造者"到"问题的解决者"

新一代的革新者要建立的商业秩序更深刻、更坚实有力、更广阔。企业不通过攫取公众、社区、自然环境和后代的利益来获取利润，而是反过来为他们谋福利。这才是真正的价值创新的本质。

——乌麦尔·哈克《新商业文明》

1975年1月25日，《伦敦新闻画报》刊登了一篇题为"泰晤士河里的三文鱼"的文章，文章配有一张一个绅士模样的人手抓三文鱼的图片，图片下方的一行字格外醒目：1974年11月捕获的一条8磅4.5盎司（约3.76千克）的三文鱼，是140年来泰晤士河里出现的第一条三文鱼。140年来第一次出现三文鱼，这件事对于伦敦人来说颇具新闻价值，并引起了很长一段时间的热议。

三文鱼是出入淡水和咸水两种环境的重要物种，也是反映水质是否优良、生态系统是否健康的标志之一。英国的很多条河曾以三文鱼洄游著称，泰晤士河还曾因三文鱼味道鲜美而被人们夸赞。历史上泰晤士河里三文鱼的绝迹，折射出了近代工业和城市发展带来的环境污染及其对自然和社会的危害问题。[1] 类似的悲惨事件还有很多。如何在工业发展的同时关注社会、环境问题已经成为全球共同面对的难题。

制造业一直是世界各国经济增长、繁荣和创新的引擎，制造业的发展水平在一定程度上代表了一个国家的经济发展水平。特别是经历了2008年全球金融危机之后，实体经济的重要性被重新认知，以制造业为核心的实体经济才是保持国家竞争力和经济健康发展的基础，这已经是世界各国的共识。制造业是一个国家的支柱产业，在国民经济中占有重要地位。一方面，制造业创造了很多经济价值，推动了社会进步，带动了整个经济体的创新发展；另一方面，制造业也是创造直接和间接就业机会，解决就业最多的行业之一。

改革开放40多年来，中国制造业持续快速发展，制造业总体规模大幅提升，综合实力不断增强。中国的制造业不仅对国内经济和社会发展做出了重要贡献，而且是支撑世界经济的重要力量。世界银行公布的数据显示，中国制造业规模在2000年超越德国，成为当时世界上制造业规模第三大的国家。此后2006年超过日本，2010年超过美国，成为世界上制造业规模最大的国家。2017年，我国国内生产总值82.48万亿元，其中制造业增加值达到24.2万亿元，占GDP的比重达到29.34%，占全球制造业产出的26.56%，继续保持世界第一的地位。在500余种主要工业产品中，中国有220多种产量位居世界第一。2019年，中国共有129家企业入选《财富》世界500强，首次超过美国（121家），其中上榜的中国制造企业占总数的1/3，共41家。

---

[1] 梅雪芹.英国环境史上沉重的一页——泰晤士河三文鱼的消失和教训[J].南京大学学报，2013（11）.

第四章　制造业：从"问题的制造者"到"问题的解决者"

如今，中国已经构建了完备的工业体系，拥有联合国产业分类中所列的全部工业门类，是全球工业体系最全的国家之一。完善的工业体系为中国工业企业带来了巨大的经济效益，也为中国解决了大量就业问题。同时，制造业工作岗位的乘数效应还能创造一些间接的就业机会。据估计，美国每诞生一个制造业全职岗位，非制造业领域就会出现 3.4 个同等全职岗位。[①] 在中国，2017 年，制造业从业人数为 1.03 亿人，占全部就业人数的 20%。[②]

但是，制造业在飞速发展的同时，也带来了严重的社会、环境问题。中国制造业规模在 2010 年超越美国之后，成长为世界公认的制造大国。这一荣誉的背后既有资源、能源、土地、劳动力等低成本要素的贡献，也有社会资源和环境做出的重大牺牲。从制造业行业本身的特性来讲，其与社会之间有着密不可分的联系。制造业对社会、环境产生的影响主要体现在两个方面。

一方面，制造业属于要素驱动型产业，需要消耗大量的自然资源进行生产，据统计，目前制造业消耗了全球总用电量的 35%，产生了 20% 的二氧化碳废气，占用了所有主要开采资源的 1/4。[③] 制造业是目前中国资源消耗和污染物排放的主要行业，"高投入、高消耗、高排放和低效益"的发展模式使得自然资源过度开发，工业生产中排放的废水、废气、废料，导致生态失衡，这些都严重影响了人们的生活环境。在利益驱使下以污染和破坏环境为代价来换取企业的短期发展的发展模式备受质疑。制造业企业在追逐经济利益的同时，如何兼顾社会和环境效益，实现经济、社会与环境的全面协调和可持续发展已经成为

---

① 《2018 年"制造业的未来"准备状况报告》。
② 《中国统计年鉴 2018》。
③ 《2018 年"制造业的未来"准备状况报告》。

全球制造业转型的重要课题。

另一方面，制造业涉及的利益相关方较多，因此对于很多人群会产生影响。除了需要对股东负责，制造业往往需要雇用大量的员工，生产出的产品会服务于大量的客户，还有供应商问题，以及与企业所在社区的关系问题等。特别是在一些劳动密集型制造业，企业将追求利润最大化作为唯一目标，为了自身的生存不断压榨员工的劳动力，工人劳动强度大，工作环境恶劣，时常被要求加班加点，或者被拖欠扣押工资。"血汗工厂"和"生产安全事故"等事件时有发生。劳动保护措施不力，严重侵害了员工的权益。从消费者角度看，也不例外。近年来，"地沟油""瘦肉精""三聚氰胺""毒胶囊"等产品质量安全问题，以次充好、制假贩假、隐瞒产品设计缺陷、虚假广告宣传等问题，都严重侵害了消费者的权益。

特别是，随着第四次工业革命的兴起，物联网、人工智能、可穿戴设备、机器人技术和增材制造等迅速涌现的技术正在推动新生产技术和商业模式的发展，而这些技术和商业模式将从根本上改变全球制造业。主要大国根据自己的国情，纷纷提出全新的发展思路。德国"工业4.0"主要聚焦制造业，发挥其全球领先的制造技术优势；美国"工业互联网"基于其强大的信息技术产业优势，致力于将互联网应用延伸至人、数据和机器，打通研发端和服务端，从而提升整个产业生态；而日本则启动"社会5.0"，这一概念是2016年1月日本政府在发布的《第五期科学技术基本计划（2016—2020）》中首次提出的。该计划明确提出将日本打造为世界最适宜创新的国家，由日本引领后工业乃至后信息社会，其内涵远远超出制造业。基于劳动力减少和人口结构变化的短板，试图采用问题导向的做法，将一系列社会问题作为突破口，实现社会和经济同步发展。

而中国，作为世界上最大的碳排放国，已经承诺在未来继续节能

第四章 制造业：从"问题的制造者"到"问题的解决者"

减排，坚持走可持续发展之路。2015年国家推出作为制造强国战略的行动纲领"中国制造2025"战略，[①] 重点关注三个方面：一是制造业的转型升级，关注制造业的创新能力、发展质量、产业结构和高科技领域等；二是信息化与工业化的深度融合，主攻智能制造；三是绿色制造，企业应该在降低能耗、提高资源利用效率、设备改造、循环利用等方面借鉴国际经验，良性发展，感受绿色制造带来的经济效益和创业机会，国家也会加强绿色监管。

可见，在追逐经济利益的同时，兼顾社会效益和环境问题，实现经济、社会与环境的全面协调和可持续发展已是大势所趋。在这种环境下，制造业企业如何从"问题的制造者"转变为"问题的解决者"，如何实践共益理念，都值得期待。接下来，我们列举两个典型的制造业企业的案例：德龙钢铁和日本矢崎集团，它们一个属于钢铁行业，一个属于汽车制造行业，在不同的细分领域通过不同的方式践行着共益理念。

▶ 德龙钢铁：传统钢铁行业如何实践共益理念

说起钢铁厂，人们总会联想到铁花四溅、热浪滚滚、烟气熏人这些形容词。说到4A级景区，人们想到的则是公园、博物馆、风景区等。殊不知有一家钢铁厂却被评为了国家4A级景区，不禁让人好奇这是一家怎样的钢铁厂。

2019年我们有幸走入了这家被评为国家4A级景区的钢铁厂。大巴车从宽阔的道路拐进一条小道，两旁由大树变成农田。绕过农田，

---

① 《国务院发展报告》。

有一片柳树林包围的园子,这便是德龙钢铁厂。据工作人员介绍,环厂种植的 200 米宽的柳树林是专门为环保而栽种的。进入厂区,我们仿佛走进了一家钢铁艺术公园,干净整齐,墙面上处处强调安全环保理念的同时又不失艺术和美感。艺术展区、钢铁博物馆、绿化厂区,到处都展示了员工用业余时间制作的美术作品。特别值得一提的是厂区内有一个"变形金刚"雕塑园,里面都是员工用废料做出的各种"变形金刚"角色,很令人震撼(见图 4-1)。

图 4-1 德龙钢铁博物馆和德龙钢铁侠客园
图片来源:德龙钢铁官网。

近些年人们普遍感受到,雾霾的发生频率在不断增加,特别是 2013 年和 2014 年,雾霾发生的次数之多,持续时间之长,污染程度之重都创下了纪录。事实上,从 2005 年开始,中国就是世界上最大的能源消费国和碳排放国,并且每年的碳排放量随着经济的发展还在逐年增加。2016 年全球二氧化碳排放量 361.83 亿吨(石油、天然气和煤炭等化石燃料的排放量),而中国碳排放量高达 105.06 亿吨,[1] 超过欧美总量之和,中国面临着与西方各国谈判的压力和挑战。工业污

---

[1] 《我国碳交易市场发展趋势及影响》,我的钢铁网,2018 年 3 月 1 日,参见:https://news.mysteel.com/18/0301/15/1BAE18CEA304A2D7.html。

第四章 制造业：从"问题的制造者"到"问题的解决者"

染是大气污染的主力军，其中钢铁行业是典型的高耗能和高排放产业，是我国工业领域的主要污染源。2018年，我国钢铁工业能源消耗占全国能源消耗比重为11%，碳排放量约占全球钢铁工业碳排放量的51%，占中国总碳排放量的15%左右，在国内所有工业行业中位居第二，[①] 仅次于煤炭消费排放行业。

在2015年《联合国气候变化框架公约》第21次缔约方会议巴黎气候大会上，中国承诺2020年单位GDP的二氧化碳排放比2005年下降40%~50%，到2030年减排目标是单位GDP的二氧化碳排放比2005年下降60%~65%。[②] 为了实现一系列的减排承诺，中国所有资源密集型产业都必须做出调整，尤其是对钢铁行业提出了更高的环保要求。从这个意义上讲，钢铁企业在国家宏观政策方面也面临着巨大的压力和挑战。

再从钢铁行业本身来看，它历来是国家的支柱产业，更是一个基础产业，钢铁业的水平往往关系到国家许多产业的发展。从产业价值链的角度看，钢铁属于"中间产品"，上游原料以铁矿石为主，国际铁矿石市场三巨头（巴西淡水河谷公司、澳大利亚必和必拓公司、英国力拓集团）垄断了全球供应总量的70%左右，其市场垄断地位形成了定价方面的话语权，因此钢铁行业在上游的议价能力较低。而在下游，钢铁行业的发展则取决于机械和房地产以及基础设施建设的周期性需求，因此，钢铁行业也面临着在需求不振时对行业周期变化的调整和预测压力。

从行业特点来看，中国钢铁行业的特点是整体产量过剩、技术水

[①] 《中国钢铁行业节能低碳发展报告（2018）》，冶金工业规划研究院，2018年12月21日，参见：http://www.steelplanning.cn/xwzx/yndt/201812/t20181221_80979.html。

[②] 《我国提交应对气候变化国家自主贡献文件》，国家发展和改革委员会，2015年6月30日，参见：http://www.ndrc.gov.cn/xwzx/xwfb/201506/t20150630_710204.html。

平低、产品多以低端附加值产品为主,并且与其他主要钢铁国家相比,我国的钢铁企业数量相对较多,行业集中度很低。从产量上看,1997年起,中国粗钢产量超过当时全球排名第一的日本,并在2003年超过了日本和美国产量之和,2018年全球粗钢产量达到18.086亿吨,中国有9.283亿吨,占全球粗钢产量的51.3%。但是集中度很低,2017年中国钢铁行业CR4(行业前四名份额集中度指标)占21.9%,[1]而同年美国CR4接近80%,韩国CR4占89.2%,日本CR4占81.5%,俄罗斯CR4占78%。[2] 未来,钢铁行业的兼并重组仍将继续,组建大型的钢铁集团,淘汰落后产能,提高技术含量是增强钢铁行业竞争力的必由之路。所以钢铁企业的内部行业竞争压力也很大。

作为碳排放大户,每年冬天雾霾来袭,钢铁企业便被推到舆论的风口浪尖,成为全社会关注的焦点,企业遭遇限产、停产的事情时有发生。[3] 2016年2月,为了进一步化解钢铁行业过剩产能,推动钢铁企业实现脱困发展,国务院发布了《关于钢铁行业化解过剩产能实现脱困发展的意见》,设置了五条红线(环保、耗能、质量、安全、技术),凡是有一项不达标的钢铁企业就必须退出。[4] 与此同时,中国也迎来了史上最大的钢铁厂关停潮,截至2017年上半年,有近200家钢铁厂被关停。[5]

然而,就是在这样一个传统行业,在行业前景不够乐观的情况下,

---

[1] 中国钢铁工业协会。
[2] 兰格钢铁研究中心。
[3] 谢舒,丁立国. 以德之名[J]. 中国慈善家, 2017(9).
[4] 中华人民共和国中央人民政府官网, http://www.gov.cn/zhengce/content/2016-02/04/content_5039353.htm。
[5] 《钢铁企业有人叫"苦"有人思"变"》,搜狐财经,2018年10月9日,参见 http://www.sohu.com/a/258527277_271803。

第四章 制造业：从"问题的制造者"到"问题的解决者"

德龙不仅没有被关停，反而成为钢铁行业的环保标杆。根据德龙内部资料，2018年共接待四万人次参观，国内超过70%的钢铁厂都来参观学习过。[1]

作为"行业搅局者"，德龙钢铁的实践打破了环保公益与企业利润不可兼得的神话，不仅实现了环保目标，而且实现了经济效益，同时还提升了员工的满意度，实现了国家提出的供给侧改革的部分目标。德龙钢铁究竟是怎样炼成的？

1. 以"德"为核心的共益价值观

德龙集团成立于1992年，1998年从钢材贸易转向钢铁实业，2000年4月，并购邢台新牟钢铁公司，盘活这一巨额不良资产，后更名为德龙钢铁实业有限公司。2005年德龙在新加坡联交所上市，经过多年的发展，目前已经成长为一家集钢铁制造、金融投资、贸易物流、再生资源、能源环保五大业务板块于一体的大型综合实业集团。

其中，钢铁板块是德龙的核心业务，主要产品包括热轧卷板、高速线材、轧辊和方坯等。2014年、2017年德龙钢铁被科技部评定为"国家高新技术企业"。2017年、2018年德龙的吨钢利润、销售利润率，连续名列全国行业前茅，并且连续八年入围"中国制造业500强"。2017年、2018年在中国钢铁企业综合竞争力评级中，德龙钢铁属于竞争力特强级别。[2] 德龙钢铁自2012年以来累计投入环保20多亿元，[3] 建成了"能源节约型，资源综合利用型"工厂。2017年德龙被评为国家3A级景区，目前是4A级景区。在德龙厂区随处可见安全为天、

---

[1] 邢台德龙钢铁接待办提供。
[2] 中国冶金研究规划院2017年12月4日北京发布。
[3] 德龙集团内部资料。

环保第一、打造行业内永久性标杆企业等标语。德龙还总结了钢铁厂176个重要污染点，[①]带动河北省以这176个标准去检查别的钢铁厂。截至2018年底，德龙企业资产规模约为160亿元，年销售收入超过300亿元，企业员工约1万人。

德龙的飞速发展与其创始人丁立国不无关系，他喜欢身着中山装，话不多，很沉稳。丁立国在很多场合都提到过，"尊严是争取来的！""大环境大趋势对于公司的影响虽然很重要，但最重要的还是你自己能不能把你该做的事情做好，只有把自己的事情做好了，才有能力应对环境的变化。"这些观点在德龙发展的道路上有清晰的印证。

丁立国遭遇过三次车祸，而且有过差点破产的经历。最后一次车祸发生在2000年，当时他不到30岁，已经在河北民营企业界小有名气。丁立国突遇车祸，颈椎严重受损，险些瘫痪。那段时间他思索了许多问题，对财富的价值、成功的含义有了更深的认识。他说："那个时候我躺在病床上思考，赚钱是不是你的唯一？事业是不是你的唯一？工作是不是你的唯一？大商留名，小商留利，我考虑做事业的同时应该给社会留下些财富以外的东西。"[②]

病愈后，丁立国把公司名字从立国集团改为德龙钢铁实业有限公司。德，是中华文明的标志；龙，是中华民族的象征。立德，成为德龙的核心价值，寓意"以德立身，靠德打天下，对外诚信经营，对内关爱员工，力所能及帮助更多人，让他们活得更自由、更有尊严"。经过27年的发展沉淀，德龙始终坚守着这个价值观，形成了具有德龙自己特色的以"德"为核心的企业理念。德龙的理念强调不单追求企业的发展，更注重培育有崇高理想和良好道德风尚的德龙人，从道

---

① 邢台德龙钢铁访谈资料。
② 《听"钢铁大王"丁立国讲述他的钢铁人生》，澎湃新闻。

德的基本要求和知恩图报出发，确立了德龙"立德立业立回报"的核心价值观。之后又细化为，"成功在客户心中"的经营理念，"德才兼备、品德为先"的用人观，"产品即人品、质量是生命"的质量观，"用至诚至善的服务为客户创造更多价值"的营销观，"尽社会责任、创绿色财富"的环保观，等等。这些文化体系的构建和践行，从根本上可以说是"以人为本"。

正是由于坚守这些价值观，德龙钢铁不仅成为行业环保标杆，同时得到了员工的认可，并与周围社区关系也很和谐。

2. 寻找企业基因与社会痛点的结合点

如前所述，制造业的行业特点，在环境以及人这两个维度上，与社会痛点有明显的交集。因此，我们的研究也将聚焦在德龙钢铁如何在这两方面探索共益理念上。

（1）让钢铁厂成为国家 4A 级景区

丁立国说："德龙的发展离不开外因，内因是我自己的理想、追求。"[1] 德龙也并不是从最初就注重环保的，是后知后觉的。[2] 随着中国钢铁产能在 2003 年突破 2.22 亿吨，政府开始集中出台钢铁产业政策。2007 年，德龙为了响应国家政策，投入 7 700 万新加坡元（约合人民币 4 亿元）实施环保计划，计划主要涉及废水处理、煤气排放回收设施、钢铁污泥回收，其中回收的钢铁污泥可作为生产基地建筑材料再利用。之后国家在 2010 年出台的《钢铁行业生产经营规范条件》对钢铁行

---

[1] 《"钢铁大王"丁立国：市委书记抓环保，钢厂要拆，我真掉泪了》，百家号，参见：https://baijiahao.baidu.com/s?id=1594418995573152588&wfr=spider&for=pc。
[2] 《丁立国：环保治理始终是在路上 只有起始没有终点》，新浪财经，参见 http://finance.sina.com.cn/meeting/2018-06-05/doc-ihcqccin8125537.shtml。

业能源利用和环境保护方面提出了明确规范，政府对钢铁行业的节能减排进行了更加严格密集的宏观调控。

河北邢台的 PM2.5（细颗粒物）含量一直排在全国前列，当地政府减排压力非常大。2013—2015 年这三年是中国钢铁工业最困难的时候，在政府环境治理过程中，最初很多企业有很大的抵触，德龙也不例外。真正的转型发生在 2014 年，那一年邢台市和河北省政府加大了对环境的治理力度，德龙虽然在环保方面小有成就，但由于部分指标不达标依然面临被关停的困境。这一次，他暗下决心，要破釜沉舟，彻底解决环保问题。

当时国内脱硫、脱硝等很多环保技术不成熟，丁立国不得不跑遍全球寻找解决方案。从 2014 年开始德龙把环保提升为战略重点，试图实现绿色转型。"环保不但要达标，还要创新，这是我的人生追求，我要用我的生命见证经典。"这是丁立国做出的承诺。他认为："环保需要企业全员参与，只有不断学习才能去改变自己，然后通过小小的努力来影响别人。我们已经把做环保上升到生存的高度，不做早晚是死，早做晚做都得做，早做争取了民心。"为了做好环保这件事，德龙先后换了三任总经理。①

德龙的环保工作瞄准世界一流水平，按照国家 4A 级景区标准，试图打造世界级洁净钢厂、行业永久性环保标杆企业。德龙的环保提倡循环绿色发展，主要对生产环节中产生的水、气、渣、尘进行有效的处理和循环利用，同时通过发电和节能项目的实施，降低能耗，试图实现经济效益和社会效益的最佳结合。如今，德龙已经形成了独具特色的绿色发展"五化"——标准"4A"化、生产洁净化、制造绿色化、厂区园林化、建筑艺术化。

---

① http://news.jinxun.cc/20180309/0618974_4.html.

标准"4A"化。 德龙的环保工作瞄准世界一流水平,按照国家4A级风景区标准,试图打造世界级洁净钢厂、行业永久性环保标杆企业。

生产洁净化。 首先,采用严标准全方位控制排放。所有工序环保治理均比河北省排放限值低40%左右。通过对烧结、炼铁、炼钢等工序进行脱硫、除尘、全封闭、平坦化等53项升级改造工程,使各工序二氧化硫、氮氧化物和颗粒物的排放量均低于河北省更严格的特别排放限值。其次,对于无组织扬尘排放①进行控制。铁精矿、煤、焦粉等各类原燃、辅料全部封闭存放,上料口全部在封闭料场内。实行地下通廊输送,每年减少扬尘2 500吨左右,这样既改善环境,又减少原料浪费。最后,进行路面扬尘管理。德龙通过购买湿式、干式清扫车、雾炮抑尘车、洒水车等,每天对厂区及周边30公里道路24小时进行不间断清扫、洒水,抑制道路扬尘。建成先进的货运车辆洗车装置,必须对车辆进行冲洗,确保洁净无尘,保持生产现场干净整洁。

制造绿色化。 首先,新能源汽车是车辆的标准。德龙内部倒运车辆、铲车等全部使用LNG(液化天然气)新能源为原料,与燃油车相比节能30%以上,尾气接近"零排放"。此外,德龙还成立了物流公司,采购陕汽德龙LNG新能源车,实现厂外原料运输车辆新能源。其次,污水处理后达到直接饮用水标准。德龙通过采用超滤反渗透技术,实施循环水池和软水系统改造工程。废水经过十道工序处理后,达到国家一级水质标准,可以直接饮用,同时全部工业废水、部分雨

---

① 无组织扬尘排放是指,非密闭式工艺过程中的无组织、间歇式的排放,在生产材料准备、工艺反应、产品精馏、萃取、结晶、干燥、卸料等工艺过程中,污染物通过生产加注、反应、分离、净化等单元操作过程,通过蒸发、闪蒸、吹扫、置换、喷溅、涂布等方式逸散到大气中,属于正常工况下的无组织排放。

水得到回收处理、循环利用，污水实现零排放。与此同时，德龙还大力发展节水技术，吨钢耗新水量下降到 1.7 吨，① 达到国内先进水平。最后，德龙在循环节能、综合利用以及智能制造方面加大力度，建成水渣微粉生产线、三期四期煤气余热自发电、智能化生产能源管控中心、高炉冲渣水余热供暖等项目，公司自发电率达到 60% 以上，2018 年创效 5.87 亿元。②

厂区园林化。德龙钢铁厂区的美化标准是园林化，钢厂占地面积仅 1 800 亩，是世界上吨钢占地面积最小的钢厂之一，土地非常紧张，但公司还是将去产能拆除后的土地用来做绿化，厂区绿化面积达 36% 以上；"见缝插绿"，累计种植各类树木 37 万余株、灌木 42 万余株、草坪 18 万平方米；特别值得一提的是，厂区周围租占 2 000 亩土地，种植可吸收重金属、改善土质的德龙柳 20 余万株，形成 200 米宽的环厂绿化带。

建筑艺术化。德龙钢铁厂区的建筑标准是艺术化。对厂区道路两侧、设备等用格栅遮挡并进行美化；对厂区内所有的管廊支架、围栏等利用废旧钢板封闭并进行美化；对厂区所有的建筑外墙进行美化；对车间内的建筑外墙、明显处的设备等进行美化。包括员工出勤汽车、自行车的摆放都会按照不同的颜色进行分类，以达到美化园区的目的。目前，德龙园区内摆放了"世界地图""千米万朵牡丹图""太行山水""邢台人文""二十四孝""变形金刚""五十六个民族"等系列绘画作品近 4 万平方米。③

---

① 德龙集团内部资料。
② 同上。
③ 同上。

第四章 制造业:从"问题的制造者"到"问题的解决者"

(2) 以人为本

德龙在创业之初就开始关注对员工的关怀,包括为员工上保险,改善员工食堂和宿舍,设置多种类的文化活动丰富员工的生活,注重员工的学习和发展等。根据公司可持续发展报告,德龙每年会为员工进行超过100小时的培训,培训内容是员工工作范围内相关技术。同时,德龙为员工提供了艺术和专业技能的发展平台,提倡"有梦想、搭平台、给机会",例如厂区内和设备上的画均出自员工之手;设置微课堂为员工提供学习平台;并且还为业绩突出且专于工艺流程研究的员工提供创新工作室,可以跨部门合作共同研究解决工艺流程技术问题。此外,德龙还帮助员工申请国家实用新型专利,有三位员工拥有自己的工作室,其中一位员工已拥有四个国家实用新型专利。根据德龙数据,创业工作室平台2015—2017年累计技改技措、修旧利废358项,创造经济效益523万元。

员工纷纷表示,在德龙工作幸福指数高、归属感强。如果员工有想法,德龙会提供充分的平台和认可度,德龙是一个开放和创新的工作环境。一位年轻的骨干员工表示,他毕业后就来到这里,德龙非常鼓励创新,有鼓励员工进行发明改造的发展平台,员工工资普遍高于当地平均水平,在同行业中也是偏高的。

2010年丁立国夫妇发起成立了北京慈弘慈善基金会,慈弘慈善基金会的主要项目有"悦读成长计划"、一对一助学、乡村教师赋能计划等。在青海、四川等九省一直辖市的1400多所学校落实慈弘公益项目,直接受益学生120万人,[①]被评为中国5A级基金会。丁立国带动德龙员工上下积极参与公益事业。德龙在内部设置公益轮岗制度,优秀员工可以申请,员工积极参与度高,去轮岗7天,公司负责所有差旅费。员工

---

① 德龙集团内部资料。

增加社会体验，也提升了精神价值的体现。德龙万名员工积极参与慈弘基金会公益行动，公益文化已经深入员工并成为德龙的企业文化。德龙的公益轮岗制度及公益文化成为中国企业公益基金会的标杆。

在客户服务方面，德龙实施私人定制路线，调整自身的生产工艺方案，满足下游客户对同类产品不同工艺生产的需求，帮助客户解决销售中遇到的问题，优质的产品和优良的服务使公司被评为"全国客户满意企业"。最后，德龙与周围社区的居民也形成了良好的关系。德龙租用厂区周围社区居民的土地，建立200米宽的环厂绿化带，种植了专门吸附重金属的植物，还在厂区周围建造了小广场，周围社区的居民在德龙新年晚会上纷纷上台表演并送上感谢信。

3. 如何做到鱼和熊掌兼得

作为一家钢铁企业，德龙钢铁从2012年至今，累计环保投入20多亿元，按照国家最新排放标准及河北省最严超低排放要求整治，累计实施了110多项环保深度治理项目。[①] 巨大的环保投入往往让人望而却步，然而德龙钢铁却破釜沉舟，把环保元素融入企业长久发展的战略中，通过高标准高要求倒逼企业内部管理改革，从而实现了在吨钢利润行业领先的优良业绩。

德龙钢铁厂区里每天实时显示钢铁烧结、脱硫、脱硝、烟气实时排放数据，数据实时显示了国家标准、河北省排放标准，以及德龙的实施排放数据，而滚动的屏幕下方的标语也引人注目，"尽社会责任，创绿色财富"。以烧结工序为例：颗粒物的国家特别排放限值是40（单位为毫克/立方米，下同），河北省超低排放限值是10，而德龙是5；二氧化硫国家排放限值是180，河北省超低排放限值是35，德龙是5；

---

① 德龙集团内部资料。

氮氧化物国家排放限值是 300，河北省超低排放限值是 50，德龙控制到 45 以下。① 德龙的排放已经达到河北省乃至全国的超低标准。

（1）环保投入与财务状况

在环保投入方面，根据德龙钢铁环保部门负责人提供的数据，2018 年投入 51 个项目（其中 17 个重点项目）共 7.35 亿元，主要的聚焦点是烧结机的改造（5 000 万元），因为烧结是超低排放的关键。近三年德龙的环保投入都是利润的 20%，主要都是对工艺流程和设备的改进。跟同行企业相比，德龙在环保方面的投入 2014 年就超过行业平均水平（近两年钢铁业环保吨钢平均运营费用约为 100 元/吨），2018 年达到 240 元/吨，远高于行业平均值，横向比较的话，德龙在环保方面投入的成本确实很高（见图 4–2）。

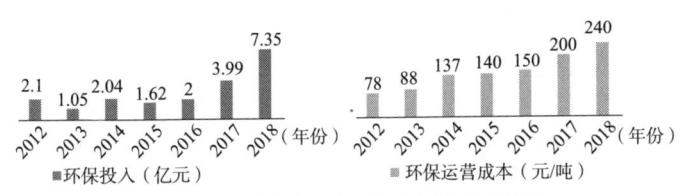

图 4–2 德龙钢铁环保投入与运营成本情况

资料来源：德龙集团内部资料。

另外，我们发现，德龙在 2018 年营业收入为 142.9 亿元，净利润 17 亿元，吨钢利润 748 元，排名河北省民营钢铁企业吨钢利润第一，远高于同行企业吨钢利润（见图 4–3 和表 4–1）。中钢协会统计数据显示，2018 年，钢铁企业吨钢利润仅有 389 元。按照我们在第一章提到的那样，企业对社会、环境进行投入时很大程度上可能会导致经济利

---

① 邢台德龙钢铁访谈资料，2019 年 1 月 17 日数据。

益的损失，而德龙钢铁为何能够做到鱼和熊掌兼得呢？调研中我们发现，虽然德龙的环保成本很高，但是在铁水成本、固定费用和工序成本方面德龙做了很多成本优化。公司提供数据显示，2018年德龙集团铁水平均成本2 150.36元，比河北省钢铁企业平均铁水成本低85.22元，平均吨钢固定费用（三费+折旧+工资）为197元，较钢铁企业平均值734元低537元，集团各工序成本也连续呈下降趋势。[①] 原来，德龙通过去产能、调整产品结构、改进钢铁工艺流程和技术设备，实现成本下降，效率提升。

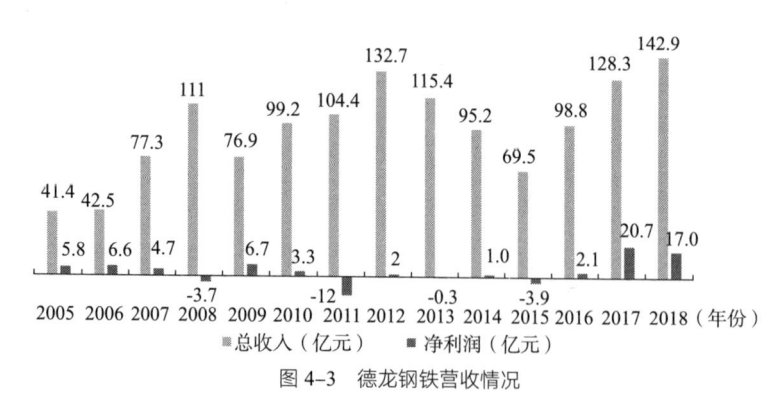

图4-3 德龙钢铁营收情况

资料来源：Wind。

4-1 德龙钢铁利润情况与同行业对比

	净利润	毛利率	净利率
行业平均	11.31亿元	12.71%	4.64%
德龙集团 （2018财年）	17.01亿元	16.43%	11.90%

资料来源：Wind。

---

① 德龙集团内部资料。

（2）精细化和精益化管理

在德龙，环保投入不设限，这使得成本大幅增加，但之所以还能做到吨钢利润位居全国前列，其秘密在于精细化管理，也就是降低运营成本。精细化管理主要体现在制度精细化管理及成本精细化管理上。

在制度精细化管理方面，一是完善环保管理制度。先后制定和完善了环境管理自律体系制度20项，如《环境保护工作管理规定》《环境监测管理规定》《大气污染防治控制程序》《固体废弃物污染防治控制程序》等。二是大力实施精益管理，秉承"探之愈精，造之愈益"和"严、实、快、新"的管理理念，全面推行精益管理，明确了精简流程、消除浪费、持续改进管理三要素，以及特殊贡献、吨钢创效、亮点管理这"三大抓手"。[①] 以邢台德龙为例，每月召开行政例会（科级以上人员都参加）。各部门主管汇报上个月经营情况（特殊贡献、吨钢创效、亮点管理、管理创新），根据这些核算奖金，做到奖罚分明；各部门制定下个月任务（质量与产品）、工作计划和指标，自己做调整。会后各部门向每一位员工传达会议内容。

在成本精益化管理方面，主要通过对工艺流程的精益改良，引进先进技术。德龙通过采用高新技术和先进设备，对生产各环节进行升级改造，节能减排，降低成本，提高效益，实现了减污增收双赢。

首先是降低成本增效益。一方面，德龙采用高新技术和先进设备，对生产各环节进行升级改造，节能减排，降低成本，提高效益。对原料、烧结块配比的调整、铁水成本的降低、废钢细分等工艺进行改进。例如，将废钢兜量加大，提高了吨钢生产效率，2017年，每炉钢生产时间31分钟，2018年增速至25分钟。建成的生产能源管控中心，运用智能管控，年节能折合标煤2.3万吨以上，相当于每年节约资金

---

① 德龙集团内部资料。

1 400万元；通过应用高炉BPRT（能量回收同轴机组）节电技术，进一步减少用电能耗，全年节电近1亿度，每年减少5 500万元损耗；建成的工业污水处理厂，日处理污水1.1万吨，利用节水技术，将吨钢耗水下降到1.7吨，产生的经济效益达1 000万元。另一方面，激励一线员工发现工作运营中的问题，寻找解决方法，并及时奖励。通过产品工程师制，完善专业技术序列通道，还通过课题负责制、职工创新工作室等措施，为技术人员提供平台，提供施展才华的机会，激发创新热情。

其次是变废为宝增效益。大力发展循环经济，变废为宝，转化增值。德龙投资3亿元，自建发电设备，先后建成一、二、三、四期煤气余热发电项目，充分利用公司的高炉煤气和烧结余热进行发电。目前，德龙自发电率达到60%以上，年发电量达6亿度，相当于3.3亿元的经济收入，冬季还可将余热用于供暖，解决市民供暖缺口，赢得社会广泛认同。投资2.1亿元，建成水渣微粉生产线，对高炉炉渣彻底处理，年生产水渣微粉100万吨，创收2.2亿元。[1]

在创新研发方面，德龙不断引进和吸收新技术、新工艺，加大技术创新和自主研发能力，形成了持续创新的管理模式。德龙拥有省级企业技术中心，理化实验室经过国家CNAS（中国合格评定国家认可委员会）认证，2014年被科技部评定为"国家高新技术企业"，2017年第二次获评。德龙集团近几年研发投入超过3亿元，占销售收入3%以上。[2] 公司共获得数十项专利，数项科研成果获科学技术奖，[3] 根据客户需要，开发适销对路的新产品，并且不断提高产品的品质，提高

---

[1] 德龙集团内部资料。
[2] 邢台德龙访谈资料。
[3] 德龙集团内部资料。

产品的附加值，品种钢比例达90%以上，创效大幅提高。产品结构从最初焊管用材转向马口铁用钢；建材用钢转向焊材及高碳盘条。

4. 德龙面临的挑战

德龙一直秉承着"立德、立业、立回报"的企业宗旨，坚守"德"的精神。2016—2017年吨钢利润、销售利润率，连续名列河北省第一，德龙不仅业务能力稳定，在环保方面也成为钢铁行业的标杆。2018年德龙进行战略调整，公司将继续围绕钢铁业务，打通产业链，在工艺、地域分布上多元化经营，并进行境内外布局，"长流程+短流程"并驾齐驱作为基本战略，打造行业最具竞争力的样板式工厂。但是，面对瞬息万变的市场环境，德龙钢铁也面临着众多挑战和机遇。

首先，是人才引进以及新员工的忠诚度。钢铁工厂员工的平均年龄在30几岁，随着企业的不断扩大，老员工如何能一直保持忠诚度。而更多的"千禧一代"加入工作岗位，传统的制造业是否能吸引他们，他们是否对德龙文化有认同感？这是德龙面临的一大挑战。其次，是技术的支持。德龙成立智能制造部门，在采购、生产、物流方面均有自己的云技术支持，对于传统制造业来说，能否吸引专业的技术人才，能否跟上高新技术的迭代至关重要。最后，是对环保标准的坚持。随着钢铁行业集中度的调整，德龙也做出了几个变革，在未来的战略并购中，厂区所在的省区不同，能否坚持统一的严格环保标准？德龙能否保持行业永久性的环保标杆地位，值得期待。

德龙钢铁虽然做得好，但毕竟是一家规模不大的钢铁厂。社会问题的解决最终需要靠规模化。丁立国在这方面也早有布局。2019年1月，德龙正式参与渤钢集团重组，为规模化发展开辟道路。从2017年接触，到德龙参与重组历时468天。经评估，渤钢集团总资产1 300亿元，总负债3 000亿元，涉及天津市的107家金融机构，业界将此并购称为"蛇吞象"。可以想象，这个过程困难重重。首先遇到的就是企业与职工的关系问题。比如，2019年2月，德龙提议把渤钢集团重组后的新公司——新天钢车间从"四班两运转"改成"四班三运转"，以符合《劳动法》规定的八小时工作制，减轻工人的劳动强度。但员工的反应却很强烈。为此，丁立国专程赶到公司，站在员工的立场对员工进行安抚，并将新天钢职工的收入普遍提高了15%，设立了一些阶段性的奖励指标。此外，德龙如何理顺企业和地方的关系，如何处理好跟周边居民的关系也是一大挑战。未来，德龙如何在并购厂区让员工认可、传承德龙文化，如何解决新天钢的环保问题，这些对于德龙的管理都是不小的挑战。

▶ 日本矢崎集团：超越小家的大家族

在上述案例里，我们看到德龙作为一家传统钢铁企业，通过将自身的业务与环保相结合取得了很大的成就。接下来我们给大家介绍一家日本企业——矢崎集团。或许你并不知道矢崎集团，但它很可能就出现在你的日常生活中。这是一家主营汽车线束的世界500强家族企业，它的产品用于丰田、本田、奔驰、福特、通用、奔驰、宝马、特斯拉等汽车品牌，在全球拥有30%左右的市场。

之所以关注矢崎，缘于长江商学院的一名校友古龙龙，他是矢崎集团中国上海代表处副首席代表，2018年夏天我们有幸带领学生去日本矢崎参观访谈，矢崎集团坐落在日本静冈县富士山脚下，整个厂区仿佛置身于一个独立的绿色城堡之中，绿树成荫，除了被绿色植被覆盖的办公楼外，厂区内有幼儿园、养老院，还有供员工学习的阶梯图书馆，并且所有的建筑都为了不妨碍周边居民眺望富士山做了高度或方向上的调整。在这里，我们切身体会到了什么是日式创新，什么是企业家精神，更重要的是感受到了日本企业在方方面面践行着本书所提倡的共益理念。

1. 从一起撤资事件谈起

2017年8月25日，萨摩亚博物馆迎来了一场特殊的仪式，这是矢崎集团宣布关闭萨摩亚工厂的告别仪式。会上萨摩亚总理致辞，感谢矢崎集团为萨摩亚经济做出的巨大贡献，并欢迎矢崎集团再来萨摩亚。员工们也依依不舍，含泪相拥告别，场面让人非常感动。会后管理者发现，1 000多人的会场竟然没有留下一点垃圾，不禁赞叹矢崎文化已经深入人心。

萨摩亚是南太平洋波利尼西亚的一个小岛国，毗邻斐济、汤加、澳大利亚、新西兰等国。矢崎于1991年开始在萨摩亚开展业务，当地人口为16.7万人。在矢崎萨摩亚工厂运营的26年间，矢崎累计为4万人创造了就业机会，为萨摩亚的长期经济稳定做出了贡献。但是2016年，由于经营环境变化，矢崎集团的客户（汽车厂商）决定关闭其在澳大利亚的整车工厂，而矢崎的萨摩亚工厂恰巧就是其线束供应商，客户的撤资令矢崎不得不做出了关闭萨摩亚工厂的决定。

作为一家全球企业，矢崎认为，无论何时何地，都应该坚持企业的宗旨，那就是做"与世界同步的企业，为社会贡献的企业"。为了报答萨摩亚政府以及员工的信赖，矢崎集团并没有马上关闭工厂，而是通过与当地政府、员工的反复对话，开展了一系列的救助活动。首先，作为短期目标，矢崎从2017年1月到8月，对员工进行了免费培训支持他们再就业；其次，作为长期目标，矢崎找到了让萨摩亚能够可持续发展的支援办法。矢崎拿出10亿日元设立了分别用于支持和培养萨摩亚工厂职工子女的"教育奖学金"以及支持年轻人就业的"创业基金"。

我们可以看到对于矢崎集团，这并不是一个简单的撤资替代方案。跨国企业撤资事件很多，能够和平处理撤资问题，并且得到当地政府及员工的高度评价，并不容易。无论撤资的原因是什么，大多数被剥离的子公司都会陷入财务困境。在面临商业利益与社会影响的取舍中，大部分企业会优先考虑商业利益。像矢崎集团这样，不顾自己财务上的损失，即使撤资也要优先考虑当地区域经济发展的可持续性、考虑员工未来就业问题、考虑其他利益相关者的企业并不多见。

事实上，矢崎集团不仅在公司理念上，在企业经营过程中也一直坚持着以环境保护、区域社会、客户、供应商、员工等相关利益者利益优先的 CSR 原则，并持续探索着如何建立公司业务与社会问题之间的关联性。

2. 共益理念：我为人人，人人为我

日本矢崎集团成立于 1941 年，是一家 100% 家族控股的非上市企业，到 2019 年已有 78 年的历史。公司主要有三大业务：汽车线束业务、生活环境设备和新事业。主要产品包括汽车用电线组件、各种仪表和仪器等汽车领域产品，以及空调、太阳能热水器等生活环境系统产品，其中汽车用电线组件是矢崎集团的主营业务，占整体业务收入的 86.6%。[1] 据统计，2018 年矢崎汽车线束产品占日本市场份额约 50%，占世界市场份额 29.81%，居全球同行业之首。[2] 矢崎集团在全世界 46 个国家和地区设有 596 个工厂或分支机构，全球员工人数 30.61 万人

---

[1] 矢崎集团 2012 年数据。
[2]《2018 年全球汽车线束行业发展现状与前景分析》，前瞻产业研究院。

（其中日本国内 2.05 万人、海外 28.6 万人）。①2017 年，矢崎集团资本总额为 3.5 兆亿日元（约 2 200 亿元人民币），全球销售额为 1.8 兆日元（约 1 080 亿元人民币），其中 65% 的营收来自海外市场。

创始人矢崎贞美最初开创汽车线束事业，凭借其垂直整合的价值链，使矢崎成为日本国内线束市场第一名。1962 年，矢崎在泰国成立了第一个海外生产据点，开始进行全球化拓展，被媒体称为"日本企业全球化的排头兵"。1963 年，矢崎开始生产燃气仪表。1971 年，矢崎开始销售太阳能热水器，实行多元化生产。1974 年，第二代社长矢崎裕彦临危受命，引领矢崎成为全球汽车线束领域的领军者。2002 年，矢崎裕彦辞去总裁职务，他的弟弟矢崎信二担任公司总裁。目前，矢崎集团主要高管包括：董事长矢崎裕彦、总裁矢崎信二，以及矢崎集团的董事——第四代家庭成员矢崎陆、矢崎航和矢崎亮辅。矢崎集团业务发展稳定，成立至今只有在大的宏观经济危机或波动时，如 1975 年（石油危机）、1994 年（日本泡沫经济解体）、1999 年和 2000 年（东南亚金融危机）、2009 年（金融危机），出现了业绩下滑，大部分时间保持了持续增长的局面。

矢崎集团从 2002 年开始，每年发布 CSR 报告，②将企业的社会责任融入日常的经营管理当中，并在很多领域有了突破性的进展。2007 年，矢崎集团荣获 FBN（家族企业协会）颁发的"2007 年全球家族企业奖"，这是日本企业首次获得。该奖项在全球家族企业中最具声望，被认为是家族企业最大的荣誉之一。奖项从家族企业治理、家族价值观、良好的业绩以及社会事业的可持续性四个维度对公司进行评价，主要表彰结合了传统和创新，并展示出明确社会责任的企业。

---

① 矢崎集团官网，数据截至 2018 年 6 月 20 日。
② 2002 年发布《环境报告书》，2003 年发布《社会环境报告书》，2017 年开始发布《CSR 报告》。

在矢崎家族四代人的不断努力下，公司取得了优秀的成绩，并一直致力于企业社会责任的发展。矢崎集团自创立以来，就提出了做"与世界同步的企业，为社会贡献的企业"的宗旨，尽管社会发生了很多变化，但矢崎集团始终坚持这一使命，以确保企业社会责任是矢崎所有管理决策的一部分。在我们的访谈中，第四代领导人矢崎航屡次强调，他一直在思考的问题就是，在这个快速变化的时代，什么是矢崎集团应该放弃的，什么是应该留下的？他们应该如何给合作者和社会提供更大的价值？

针对这个问题，现任总裁矢崎信二认为，矢崎集团应该坚持自成立以来的企业理念，成为一个受到社会信任和尊重的公司。在一个可以预期会发生重大变化的时代，矢崎不应该忽略它的根，那些根应该是矢崎集团的企业愿景，它们应该成为矢崎集团的价值观和哲学的源泉。基于这个观念，新总裁发布了矢崎集团应该坚守的价值观和基本管理政策，同时对矢崎集团的企业文化也进行了总结和升华。他们将矢崎精神总结为"先见性""不屈的斗志""奉献精神"，"我为人人，人人为我"成为矢崎文化的核心。"我们的企业不仅仅为矢崎家族创造价值，我们还要为全球的 29 万名员工，以及 29 万名员工背后的近百万员工家属服务。"从矢崎集团的价值观中我们看到矢崎集团所坚守的正是我们所提倡的"共益理念"。

矢崎集团的 2018 年《CSR 报告》中这样写道："矢崎集团得到了许多国家和地区的人们的支持，我们已在 46 个国家的 596 个地区开展业务。展望未来，为了让矢崎集团保持与社区同步的可持续发展，全球化思考和因地制宜的行动非常重要。换句话说，在拥有全球视野的同时，了解各个国家和地区的文化、历史、风俗习惯和价值观是至关重要的。每个国家和地区所面临的社会问题不一定相同。因此，我们不仅要看问题本身，而且要更好地了解各个国家和地区问题的背景，

第四章 制造业：从"问题的制造者"到"问题的解决者"

以此作为我们进一步推动 CSR 活动的起点。如果我们能够通过这样的行动为全世界的伙伴、朋友和家人带来幸福和快乐，那将是最大的快乐。"矢崎集团宗旨如图 4-4 所示。

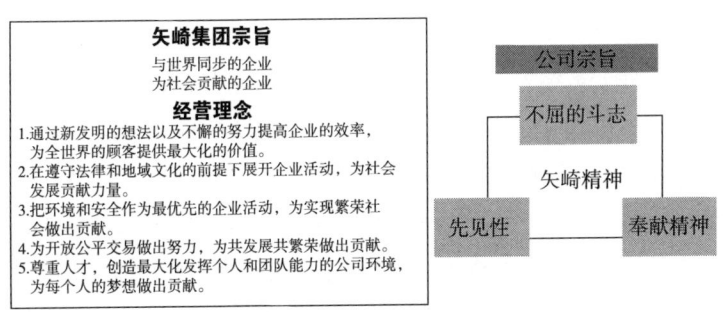

```
矢崎集团宗旨
与世界同步的企业
为社会贡献的企业

经营理念
1.通过新发明的想法以及不懈的努力提高企业的效率，
  为全世界的顾客提供最大化的价值。
2.在遵守法律和地域文化的前提下开展企业活动，为社会
  发展贡献力量。
3.把环境和安全作为最优先的企业活动，为实现繁荣社
  会做出贡献。
4.为开放公平交易做出努力，为共发展共繁荣做出贡献。
5.尊重人才，创造最大化发挥个人和团队能力的公司环境，
  为每个人的梦想做出贡献。
```

```
公司宗旨
  |
不屈的斗志
  |
矢崎精神
 /    \
先见性  奉献精神
```

图 4-4 矢崎集团宗旨

资料来源：矢崎集团官网，矢崎集团《2006 年环境与社会报告》。

3. 社会效益应优先于经济利益

> 当企业遇到问题时不是先从利润的角度考虑，而是优先考虑我们所做的事情能否为社会做贡献，这是考虑问题的出发点。因为做事情之前要先考虑到人的因素、考虑社会环境的因素。这一点无论什么时代都必须坚持，我们做什么，怎么去做是随着社会需求而变化的，但是不忘初心是最重要的。
> ——矢崎信二

（1）关注环境

与很多企业不得不应对社会、政府的政策要求不同，矢崎集团认为，为社会做贡献应该优先于商业利润，因为矢崎的理念是做"与世界同步的企业，为社会贡献的企业"。基于这一理念，矢崎在成立初

115

期便拥有"环保基因",也就是说在社会提出企业需要解决环境问题之前,矢崎已经从为社会做贡献、节约资源的角度去做了。例如,公司先从环境可持续方面入手,早在1957年引入日本第一个旋转熔炼炉,并在其产品中提取铜材料回收,之后收集用过的铜、铝和纸作为矢崎产品的原材料。

2002年,矢崎集团将环境作为企业经营战略的最关键要素,开始实施"环境经营",即以社会和企业的可持续发展为目标,将环境保护活动作为企业经营活动和运营管理的重要方面,立足于世界,减少企业经营活动中对自然环境造成的负荷,并积极披露社会环境相关数据。在具体做法上,矢崎通过把控产品生命周期的各个部分对环境的影响,从防止全球变暖、化学品管理、资源的回收利用、环保设计四个方面入手,在产业链的各个环节进行控制。

矢崎集团汪重循环经济的概念,这里主要介绍一下矢崎集团的回收再利用业务,矢崎集团的第一任总裁就曾说过:"产生的废物根本不是浪费,而是一种宝贵的资源。"之后矢崎集团一直将"Mottainai"[①]的精神传承到矢崎集团的生产和商业活动中,从1957年开始回收铜,1964年回收铝和废纸用于生产产品,之后到开发使用太阳能和废弃热能的产品,实施零排放生产倡议,以及成立各种回收企业,开办玻璃回收、食品回收的专业部门。矢崎希望通过资源回收实现一个从生产到回收的循环型社会。[②] 企业的环境与再利用业务主要包括,可重复使用的碳粉盒业务,玻璃回收业务,纸张回收业务,以及食品回收业务等。

---

① Mottainai 译为可惜。是指对因低估价值而浪费的东西感到遗憾。
② 矢崎集团《2005年社会与环境报告》。

第四章 制造业：从"问题的制造者"到"问题的解决者"

表 4-2 矢崎集团回收再利用业务

可重复使用的碳粉盒业务	首先从客户处收集用过的墨粉盒。然后将它们拆卸和清洁。之后重新组装墨粉盒，注入墨粉。最后返回给客户
玻璃回收业务	废玻璃再循环成轻质多孔材料，用于花园砾石、水产养殖等
纸张回收业务	利用原创技术制造废纸粉、蒸汽泡沫，制造纸泡沫缓冲材料和冷藏包装等
食品回收业务	矢崎将来自当地食品加工商和其他食物垃圾的豆腐渣回收成有机肥。矢崎和当地农民合作生产蔬菜和大米，充分利用有机肥料

资料来源：矢崎集团内部资料。

（2）关注人

矢崎集团认为，环境问题不仅包括人与自然和谐共生的自然环境，还包括广义的社会环境，如便于工作的职场环境、和谐的人际关系、幸福的生活和健全的社会等，只有这样才能实现"可持续发展的社会"[①]。在与利益相关方的关系上，矢崎主要关注客户、合作伙伴、员工和当地社区。《矢崎集团 CSR 报告》中提到，公司经营活动的主要目标是追求利润，这种利润反过来支持员工的生活，并可以回馈到社会和利益相关者。但矢崎集团并不认为创造利润就是一切，公司在企业活动中经历的过程也很重要，如果无法参与对社会有积极贡献的活动，那么企业就无法履行社会责任。同时，针对不同利益相关者矢崎集团提出了不同的承诺。

- 对客户的责任：为其提供安全、稳定的高品质和高性能产品。
- 对供应商的责任：建立公平公正的供应商关系。
- 对员工的责任：尊重员工，为其营造舒适的工作环境。

---

① 矢崎集团《2004 年社会与环境报告》。

·对当地社区的责任:寻求与当地社区和谐的关系。

①员工关怀和社区关系

矢崎集团从很早就开始关注员工,第一代总裁在任时就把员工当作家族成员看待,为员工设立了食堂、宿舍,甚至还为员工制作工服,为他们的子女开办了幼儿园。矢崎集团的一个经营原则是"公司之所以存在,是因为它的员工"。他们认为,人力资源是公司最重要的资产,没有良好的人力资源,公司业绩就不可能持续增长。[①]在培养员工的理念中,公司不仅要为员工着想,而且要为他们的家人进行全面的人力资源开发。

公司提倡工作与生活的平衡,公司针对不同性别、年龄和不同背景的员工进行调查,并讨论出保证工作与生活平衡的改进方案。公司建立了产假和育儿假的专门信息系统,还对儿童保育和护理给予支持。同时,公司还在生产部门开展工作场所风险评估和健康诊断审核,为员工进行心理健康方面的测试,以保证创建一个舒适的工作场所。

在员工的招聘方面,矢崎集团先后推行"返聘计划""员工多元化""残疾人计划"。公司在 1990 年引入 Anchor[②] 系统,促进超过法定退休年龄的人继续就业。之后,在 2003 年矢崎集团招聘了第一批外籍员工,从 2005 年开始还招聘了残疾人员工。公司提供一系列措施保障更多元化的就业机会。

在员工发展方面,为了培养将企业价值观与全球商业意识相结合的员工,矢崎集团在 2003 年重组了人力资源部门,致力于培养践行企业理念的全球人才。与此同时,矢崎集团先后在日本和海外展

---

① 矢崎集团《2006 年社会与环境报告》。
② Anchor 指最强壮、最可靠的跑步者。

开了一系列的学习项目，如 1982 年丰田技术学院的海外学习项目，1989—2005 年与美国麻省理工学院合作开设的海外学习课程，2002 年在中国推出 MBA（工商管理硕士）课程，2008 年为高层管理人员和员工之间的直接对话提供机会，等等。

另外，矢崎集团还积极寻求与当地社区和谐的关系。主要推进以下几个方面的活动。首先，对全球科技领域提供支持。公司在 1982 年建立矢崎纪念科学技术基金会，该基金为研究和国际交流提供援助，并支持开发利用可再生能源，对在新材料和信息领域做出巨大贡献的研究项目提供支持。其次，为了与当地社区建立和谐互利的关系，矢崎集团积极参与社区组织的环保公益活动。例如，要求员工定期参与当地社区的清理活动，在从萨摩亚撤出之前对当地员工进行技能培训。同时，公司还支持当地文化教育活动，为当地学校捐赠文具、书籍还有一些乐器，并组织员工的子女参观工厂的一系列活动。最后，还参与社区对自然环境保护的活动，2005 年矢崎集团与高知县梼原町政府合作启动了森林资源管理与再利用项目，该项目致力于管理森林资源，并促进森林资源的多用途利用，例如，建立回归自然的森林景区，开展针对儿童的绿色教育，组织森林志愿者参与活动，对废弃木材再利用等。矢崎集团还对应对重大环境危害给予支持，例如在地区发生洪灾、地震时，矢崎集团会帮助地方政府检查设备和修理设备等。

②解决员工再就业问题

矢崎集团一直以来认为，保护员工不被裁员是企业的最大使命。在这里，我们简单介绍一下日本制造业及汽车行业的背景。1985 年广场协定之后，日元兑美元汇率大幅提升，再加上日本国内劳动力成本不断上升，从 20 世纪 80 年代开始日本汽车产业大规模全球化。而矢崎从事的线束行业是一个劳动密集型产业，很早就开始了全球化，1986 年矢崎集团的海外员工数量达到 10 989 人，首次超过了日本国内员工数量。特别是日本泡沫经济破灭之后，日本经济陷入了停滞。而日本汽车制造业向海外市场的大量转移则导致了日本制造业的国内空洞化问题，工厂关闭、员工裁员时有发生。

为了确保国内员工不会因工厂关闭而失业，矢崎集团利用自己多年积累的技术、经验在很多新领域进行了拓展，试图通过开展新事业创造更多的共享价值。新事业以"孩子的未来、就业、连接区域社会"为主要概念，以对环境污染少、能为区域社会做贡献为基本准则，致力于有社会意义的能够让员工安心工作的职场设计。

第一，农业业务。为了给员工提供有意义且稳定的就业机会，减少对环境的影响并且使当地收益增加，矢崎集团在1996年成立了农业部门，随后将农业事业不断完善，现已经形成了矢崎集团独特的"六次产业型农业业务"（见图4-5）。

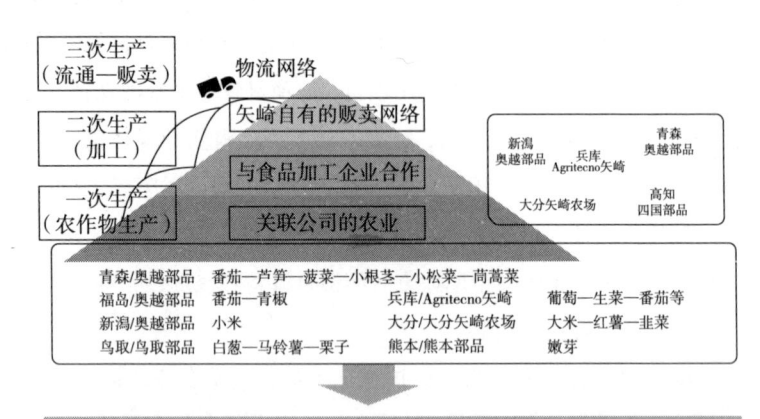

图4-5 矢崎六次产业型农业业务的展开

注：六次产业型农业，是指在农作物的生产（一次生产）、加工（二次生产）、流通—贩卖（三次生产）方面开展业务的经营手法。产品—流通—加工—贩卖各个环节都是直营，可以预见削减中间环节所节省的成本。

资料来源：矢崎集团内部资料。

第四章 制造业：从"问题的制造者"到"问题的解决者"

2010年日本颁布了《六次产业化—地产地消法》[1]，全面推进"六次产业"发展战略，旨在提高农民收入、提高农业产品竞争力和增强农村经济活力。而矢崎集团在整合分散在日本各地据点的业务时，开始关注当地农业的发展。与传统农业相比最大的区别是，矢崎不是简单地种植，而是结合日本农业的特点以及当地的区域特征，开发省时省力、节能高效的农业机械，或者利用自有技术制作肥料、培育新品种，通过科学的种植后让产品与食品加工企业合作进行二次加工，最后通过自有的销售网络进行售卖。这样就形成了完整的产业链条，矢崎集团可以直接对产品的生产、质量、销量进行把控，还可以通过市场的接受程度、顾客的反馈等进行分析，以便进一步提供高品质产品满足客户需求。这样的产业模式使产品获得了更多的增值空间，初步解决了农业和农村的可持续发展问题。

第二，养老看护业务。矢崎养老护理业务最早开始于2000年。Minami Shikoku（南四国）是矢崎集团旗下一家生产线束的公司，而当时公司雇员中近80%为女员工，公司愿意在正常的工作时间提供获得护理工作执照的培训和指导，并对此进行了员工意愿调查，调查结果是几乎所有雇员（共320人）[2]都表示希望获得许可证。所以在2000年该公司就推出了一项家访护理业务，该业务迅速得到了热捧，之后业务不断扩展，在2005年成立包括日托护理、家庭卫浴服务的老年人养老院。当时公司只生产线束时员工的缺勤率为15%，而那些转型到护理行业的员工缺勤率降至0%，[3]对于这些员工来说，在照顾老人时所收获的赞赏使她们感到自己的工作很有意义，因此增加了她们工作的积极性。

---

[1] 《日本发展"六次产业"的主要做法与启示》，国务院发展研究中心，2015年4月8日，参见：http://www.drc.gov.cn/n/20150408/1-224-2886868.htm。

[2] 矢崎集团《2004年社会与环境报告》。

[3] 同上。

2006年，矢崎集团的首个养老看护中心开业，护理业务推行到整个公司。

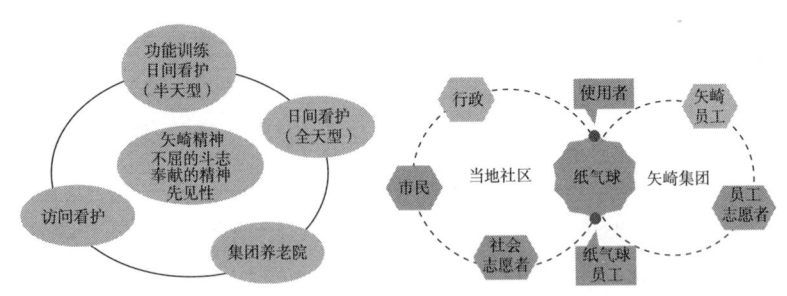

图 4-6　矢崎集团的养老看护业务

资料来源：矢崎集团内部资料。

随着日本需要看护的老年人越来越多，护理业务逐渐成为矢崎集团 CSR 事业的重要一环，矢崎希望通过展开看护事业，为社会及地区做贡献，截至目前已经与八家（七家合作、一家矢崎直营事务所）企业开展看护事业。企业既解决了公司员工的雇用问题，也可以为地区做贡献。企业的养老业务主要包括半天型日间看护、全天型日间看护、访问看护和集团养老院。

4. 完善的企业管理制度

为了促进整个集团的环境保护活动顺利开展，矢崎集团根据"与世界同步的企业，为社会贡献的公司"的企业理念以及经营方针于 1997 年制定了《矢崎地球环境宪章》，明确提出了环境保护方针和行动指南。

同时，矢崎集团还建立了完善的全球环境管理体系，以确保环保措施的落地。矢崎集团在 1971 年成立环境事务部之后，不断完善环保部门，2001 年成立了以总裁为委员长的矢崎环境委员会，下面设置了产品环境委员会和工厂环境委员会，2002年建立了覆盖整个集团的环境管理系统，2003年又增加销售环境委员会和管理委员会，同时设立了由产品环境委员会、工厂环境委员会、销售环境委员会和Y-CITY环境委员会四个委员长组成的环境信息委员会，负责各部门的环保工作。各部门环境委员每年会从防治全球化变暖、化学品管理、资源的回收利用、环保设计等四个方面设定具体目标，组织员工执行，最后由环境委员会领导下的环境室负责各委员会的事务工作，把控监督各部门的执行情况及效果。

为了增强每个员工的环保意识，矢崎集团根据企业内训体系实施全公司通用培训和环境专业培训，前者是以提高员工的环保意识和管理能力为目标，分级别（新入职员工、员工、管理层等）或者面向海外派驻人员实施的培训；后者是针对化学品管理者、环境法规管理者，以及环保培训师或ISO14001内部监察员培养等的专业培训。经过多年的发展，企业逐步完善了内控体系，成立了合规委员会，加强了企业的风险管理体系。

5. 矢崎集团面临的挑战

面对瞬息变化的全球环境，矢崎集团也面临着众多的机遇和挑战。矢崎集团整体业务构成中，汽车相关业务占比过高可能会给公司带来很大的风险。在我们的访谈中，矢崎汽车业务占比近90%，作为第二大业务的生活设备业务占比约9%，新事业占1%左右。

事实上，集团已经意识到这一问题，并在2012年做出了50年来最大的组织架构调整。根据2012年矢崎集团CSR报告资料，当时公司面临"六大困境"[①]：强势日元、高昂的公司税、自由贸易协定的延迟、

---

① 矢崎集团《2012年社会与环境报告》。

限制制造业临时工人的使用、环境法规以及日本大地震后的能源短缺。同时矢崎集团面临着日本和美国处以的"反垄断"高额罚款（日本罚款 96 亿日元、美国罚款 4.7 亿美元）。急剧变化的商业环境，使矢崎集团意识到从高层到员工都必须严格遵守法律法规，企业急需加强风险管理意识，改变收益结构。

首先，2012 年为了寻求不同业务的最优化管理，矢崎集团调整组织结构，将生活环境业务从汽车业务中剥离出来，成立了矢崎能源系统公司。汽车业务，主要寻求多品种少量生产，关注品质、成本、交付等的柔性生产管理体制的构建，以及提高对客户的提案能力，促进研发等，为企业的可持续发展构建强大的核心竞争力。矢崎能源系统公司，致力于一般电缆、燃气设备、计装机器、太阳能设备等生活环境业务研发、生产和销售的一体化管理和既有产品的全球化拓展，以及新能源业务模式的开拓等。

其次，矢崎集团一直推崇"不裁员"（这也是日本企业共同的特征），公司认为，保护员工不被裁员是企业的重大使命之一，为了确保矢崎国内员工不会因工厂关闭而失业，矢崎开展了新事业。同时，随着全球环境的变化，信息技术的不断发展，人们的思维模式也产生了很大的变化。不裁员可能会导致公司缺乏足够的创新能力，或者部分员工陷于安逸的状态阻碍创新。内部激励机制如果缺失，很可能会阻碍员工发挥创新能力。

最后，矢崎集团发展至今很快会面临继承人交接问题，矢崎集团能否顺利交接，第四代继承人能否在父辈的基础上进行成果开拓，令人关注。目前，矢崎集团也在积极探索新技术带来的机遇，例如，2017 年，矢崎集团面向泰国开发了物流系统整体解决方案。2018 年 5 月，矢崎集团还与日本互联网公司、泰国可视化行车服务公司成立合资公司，为消费者提供货物运输的共享服务。矢崎集团试图借助互联

第四章 制造业：从"问题的制造者"到"问题的解决者"

网、物联网、人工智能等新技术实现从产品到服务的转型。这种创新业务模式的尝试能否带领矢崎集团走向新的篇章？

小结

　　制造业是工业化进程中发展最早的行业之一。通常来讲，制造业对人工需求量大，涉及的利益相关方较多。同时，制造业的飞速发展常常会伴随着能源、原材料的巨大消耗与浪费。在制造业发展的早期，企业基于自身发展的理性考量和政府政策制度方面的管制，一般会在恪守制度规范的前提下，以"不违规"为基准寻求企业经济效益最大化的行动策略。这意味着制造业企业在关注环境和社会利益方面，有一定的自由度，存在着对多种行动策略的选择。

　　但是这种做法往往会伴随着潜在的各种危机。以环保政策为例，自2017年开始，政府通过制定严格的法律法规规范企业行为，使得为谋取私利破坏生态环境的企业不再有任何自由选择的余地。而前面我们所讲的德龙案例，恰恰就是企业通过自主执行相较于国家标准、省标准更为严格的环保标准，从而倒逼企业进行内部管理体系改革，最终成为行业标杆的典型案例。而一些没有提前准备的企业在面临政府的环保管制时，则面临着被关门的危机。由此可见，企业的自由与危机是相伴相生的，只注重短期的经济效益的行为势必会对企业的可持续发展带来挑战。

　　通过研究德龙钢铁在环保方面，以及矢崎集团对于员工、所在社区的关怀等根植于企业文化内部的共益实践，我们发现企业创始人的使命感和价值观对于企业使命、价值观、企业文化的建设起着至关重要的作用，而企业文化在企业运营层面的落地执行则需要有一套完善

125

的制度保障，从而带动企业内部员工共同参与。

　　从长远来看，在整个社会技术、制度环境发生大变革，变化成为常态的背景下，企业除了为员工创造平等、宽松、健康的工作环境，履行对股东的资金安全和收益的责任，保持与商业伙伴长期稳定的合作关系的责任，加强与社区良性互动等对利益相关方的关注之外，还要遵守各项法律法规，节能减排，进行绿色制造，最终实现共同发展的责任。可以说，关注环境、提高利益相关者的满意度并达到经济与社会、环境利益的平衡状态，是目前转型升级下制造业企业实现可持续发展的行动标准。我们相信未来这样的共益企业会越来越多。

第五章　建筑+：生活的艺术

　　建筑师的知识要广博，要有哲学家的头脑、社会学家的眼光、工程师的精确与实践、心理学家的敏感、文学家的洞察力……最本质的应当是一个有文化修养的综合艺术家。

——梁思成《大拙至美》

　　2 000年前，古罗马的著名建筑学家维特鲁威指出，建筑是一门"自由艺术"，建筑的三要素是适用、坚固、美观。2 000年后，这句话看来依然隽永。

　　中国著名建筑学家梁思成十分重视社会、文化对建筑学的影响。纵观历史长河里得以流传下来的建筑，尽管派系、风格不同，但有一点却是相同的：这些建筑无一不是兼顾工作和生活上的舒适，具备经久耐用的品质、视觉上的美观和强调对人的深刻关怀。

　　随着工业化的进程加速，城镇化进程推动了建筑业的发展，建筑业已经成为国民经济的支柱产业之一。建筑的范畴早已从房屋扩大到人类整个的"体形环境"，已经成为人类政治、经济、文化、生活的舞台。众所周知，建筑业是一个高耗能、高排放的行业。城市规模的扩大、建筑的过度集中和无序化建设，使建筑与自然环境、与历史文化、与人的和谐问题日益凸显。

据统计，人的一生中有 70% 以上的时间是在室内度过的，建筑是承载人类活动时间最长的载体，也是人类文明发展和文化传承的载体。我们认为，无论是单个的建筑，还是复杂的社区乃至城市的设计，都应当是共益的。建筑的设计要考虑到与人、自然、环境的和谐共生，使居住期间的人不仅得到建筑的使用价值，还能感受到安全、舒适和快乐。这里我们提倡"建筑+"的理念，建筑不仅仅是一个单独的实体，而应与环境相适应，作为载体传承文化、关注环保、关注建筑与人的和谐。

以下我们跟大家分享的就是具有这种理念的几个建筑行业案例：乌镇、众建筑、RCR（建筑事务所）和童趣园。它们虽然各有特点，但都是通过创新的方式践行共益理念的案例。

▶ 乌镇：打造世界级的中国古镇

> 焦裕禄的一句话让我印象特别深刻：不嚼别人的馍。
>
> —— 陈向宏

提到乌镇，要从三个人讲起……

陈向宏，被称作乌镇的"总设计师"，却经常自嘲为"包工头"，员工们更喜欢称他为"陈主任"。他出生于乌镇，父辈也是乌镇人，生于斯，长于斯，对乌镇有深厚浓烈的情感。1999 年，乌镇的一场大火，将陈向宏拉回了故里。时任桐乡市政府办公室主任的陈向宏被派到乌镇去安置灾民，工作结束后，他被正式调任到乌镇，负责乌镇的古镇保护和旅游开发。从 1999 年成立乌镇旅游公司开始，他逐步将默默无闻、濒临消亡的江南小镇打造成世界著名的江南古镇典范。在乌镇模式成功之后，陈向宏一路疾行，打造古北水镇、乌江村等新项目，建成一个又一个的里程碑。

陈瑜，乌镇旅游股份有限公司副总裁、文化乌镇股份有限公司总经理。她从服务员做起，一步一步脚印，到如今负责乌镇的整个运营，经历和见证了乌镇 20 年的发展。至今，我依然清晰地记得第一次她带我去乌镇时，当时我要入住酒店，转过身看到她弯下身去，很自然地捡起地下的垃圾。后来我提起这件事，她表现得非常坦然，告诉我这是习惯，所有的乌镇管理层看到地上有垃圾都会主动捡起来。

木心，本名孙璞，中国当代作家、画家。1994 年，木心回到乌镇，失望伤感之余写下《乌镇》一文："在习惯的概念中，'故乡'，就是'最熟识的地方'，而目前我只知地名，对的，方言，没变，此外，一无是处……永别了，我不会再来。"2006 年陈向宏将木心请回乌镇，当年木心 79 岁。2011 年木心在乌镇去世。2015 年，木心美术馆在乌镇设立。

木心晚年回归乌镇的这段佳话广为流传。为什么木心在外漂泊半生之后，选择回到了他曾经提到就叹息的故乡乌镇？从 1994 年诀别到 2006 年回归，这期间乌镇的哪些改变打动了木心？

1. 乌镇——来过便不曾离开

乌镇，曾名乌墩、青墩，具有 6 000 余年悠久历史，位于浙江省嘉兴市桐乡，国家 5A 级景区，江南六大古镇之一。2012 年接待游客首次超越 600 万人次，2017 年全年接待游客首次突破 1 000 万人次。[①]

[①] 《中青旅控股股份有限公司 2017 年年报》。

整体来说，乌镇的发展经历了三个阶段："乌镇1.0"，标志是从东栅起步的观光一日游；"乌镇2.0"，是从西栅建成后逐步开始向休闲度假中心的转型；"乌镇3.0"则是以乌镇国际戏剧节为契机的文化小镇升级。

(1)"乌镇1.0"：**修东栅，开发观光一日游**

　　1999年乌镇开始开发时正值古镇旅游热潮兴起，周庄、西塘、南浔等古镇至少已经积累了5~10年的发展基础，乌镇却面临文物古迹匮乏（仅茅盾故居）、旅游业态空白的困境。也正是因为乌镇触目所及"就是一片新房子、一片老房子、一片破房子"，迫使陈向宏和他的团队打破传统水乡风貌同质化、静态古迹展示、线路走马观花的千镇一面旧模式，定下了以商业化为导向，围绕客户体验展开古镇开发与文物保护的策略。这也是后来被业内奉为圭臬的"乌镇模式"的雏形。乌镇模式在我们看来，主要有几个特点：整体规划（包括整体产权开发、复合多元运营、度假商务并重、资产全面增值）；以旧修旧，修旧如故；标准、专业化运营管理等。

　　首先，整体规划古镇布局。大范围改造老建筑和基础设施，搬迁了七家企业，拆除了与古镇风貌不符的建筑，重新整理疏通了河道，并在当时开创性地在景区用管线地埋取代空中杂乱无章的电线、修建了大型停车场、游客中心等。

　　其次，在文物保护与开发中提出"以旧修旧"和"修旧如故"的理念，在修复老建筑时坚持用旧料恢复故居的模样。坚持保护江南水乡的风貌，保留古镇建筑的历史文化底蕴。

　　最后，打造动态古镇互动体验。引入和复原多个呈现古镇历史文化风貌的体验馆（酒作坊、布作坊、民俗馆等），打造东栅特色的"一日游"互动体验。陈向宏坚持不在东栅兴建大型酒店，也不搞夜游项目，目的是尽量降低对当地居民生活的影响，保护原汁原味的江南古镇风貌。此外，还制定"一店一品"、景区所有商品平价销售等策略，传统观念中景点票难买、饭难吃、乱收费现象在乌镇几乎绝迹。

2000年修整后，东栅在江南古镇中后来居上，市场反应热烈，2004年还清贷款并实现税后利润3 550万元。但很快东栅的"卖点"就开始被对手模仿，乌镇的差异化被不断削弱。而且受乌镇旅游公司初始资金、开发经验和景区面积等的限制，东栅模式虽有所创新，但整体思路仍较简单，存在一些问题。例如景区营收来源单一，主要依赖门票收入；游客多以一日游为主，游客黏性太低；产权关系复杂导致管理无法深入且后续可扩展的空间有限等。

在东栅建成后的第三个年头，陈向宏和他的团队就开始了西栅的规划和施工。在竞争对手模仿、吃透东栅的"卖点"前，他就将目光投向了更大的西栅，也由此开启了乌镇的第一次转型。

（2）"乌镇2.0"：建西栅，打造休闲度假中心

2003年乌镇通过融资启动西栅项目，定位于打造"观光+休闲度假"景区。与东栅的有限整修不同，西栅是陈向宏在图纸上重新构建的江南古镇，工程保护量是东栅的三倍多，施工量更是远超东栅（见图5-1）。在东栅开发与文物保护经验基础上推进的西栅项目是真正意义上的"乌镇模式"。

首先，全局规划，整体施工。与东栅相同，西栅秉持"历史街区再利用"和"修旧如故"原则，同时拆除不协调的旧建筑，所有船只、景区设施旧如传统。管线地埋，在地下铺设包括直饮水、消防、雨水等在内的21种管道，架设宽带Wi-Fi（无线网）。根本性解决传统古镇基础设施薄弱的弊端。

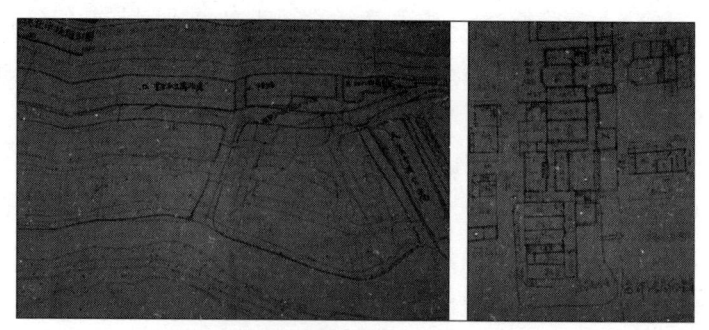

图 5-1 西栅整体规划图与民宿设计草图
资料来源：乌镇内部资料。

其次，与东栅有居民不同，西栅具有产权优势。陈向宏耗资十亿元购买商铺和居民房屋产权，将居民统一搬迁。依休闲度假需求优化景区各功能区布局，整个景区动静分离，酒店、民宿、餐饮、民俗商店等功能布局更加合理，适应不同游客的观光、休闲度假、商务会议等需求。

最后，统一经营，标准化管理。这里正是陈向宏"强悍"管理模式的最集中体现。拥有产权的西栅在运营模式上不同于传统景区，制定极具差异化的"一店一品"策略，每家店铺只平价销售一种乌镇特色商品。建立统一、标准化的住宿管理标准，乌镇的度假酒店由酒店中心自营，民宿由房东提供亲情化的服务，但执行公司统一的管理标准。公司统一规定民宿、餐馆的特色菜单与价格，平价销售。为提高商铺的服务质量，对商铺承租人严格审核（条件为承租人为夫妻，优先考虑本地居民），针对菜品和服务制定明确、细致的质量和价格标准，并在运营中持续考核。对细节的管理从陈向宏的一条微博中就能看出，"景区巡视下来，发现细节问题不少：伞铺外面陈设的花伞污秽长久未清洗，露天影场供游客观看的长凳不知几时竟缩减到仅剩四只了，67号民宿河廊餐桌下石板油渍重重"。在景区管理上，运营西栅的公司甚至采取给商铺承租人发工资补贴亏损的方式也要确保"一店一品"和平价政策的执行。对细节的追求已经成为乌镇"强悍"管理模式的重要组成部分,正是对服务细节的关注和对规章制度的扎实执行,打造了"乌镇"品牌极致客户体验的业内口碑。因而西栅颠覆传统的社区结构,让游客成为古镇的"镇民",而居民则成为"外来者",运营景区的民宿、餐厅和商铺。

此外乌镇率先开展"智能小镇"建设,实现景区及镇区的主要街道 Wi-Fi 无缝接入,构建数字化乌镇管理系统,开通网络购票渠道,推广微信公众号和移动支付等。

"东栅+西栅"实现了乌镇内的差异化定位、复合多元运营和度假商务并重的目标。东栅以当地居民生活及观光游览为主,西栅则以诗意水乡的古镇休闲度假为主,兼顾商务会议。乌镇不仅在江南水乡的定位中实现差异化,而且在景区内追求为游客带来差异化的体验,满足一日游、休闲度假、商务会议等不同需求。

(3)"乌镇 3.0":办戏剧节,转型文化小镇

2013 年乌镇举办了首届戏剧节,首次将戏剧表演与古镇风貌融合,精心选择的表演场所(如剧院、露天剧场、街边、商铺等)与多样化的戏剧表演形式,让游客在欣赏戏剧的同时感受乌镇的文化底蕴。戏剧节的大获成功使乌镇的影响力延伸至文化、娱乐市场,戏剧成为乌镇的新名片。同年,包括中国微博大会、G30 财长会议等在内的众多颇具影响力的国际、国内会议在乌镇举办。2014 年世界互联网大会在乌镇举办,更是确定乌镇为永久性会址,江南古镇与科技乌镇融合在一起。随后"乌镇香市""花鼓戏""乌镇三白酒""乌镇三珍斋卤味"等入选浙江省第四批非物质文化遗产名录,乌镇逐步加速"文化旅游"的第三次品牌转型。乌镇投入巨资开始建设大剧院、会议中心、特色

民宿等项目,提升承接大型文化项目和世界性会议的实力。由此不难看出,文化小镇是陈向宏对乌镇未来思考的答案,给古镇赋予新的文化内涵,用生长的文化创意带动古镇的创新和成长。

乌镇在文化领域的投入获得了市场的积极反馈。根据乌镇戏剧节票务中心数据,2016年第四届乌镇戏剧节开始售票后7分钟,《大鸡》所有场次售罄;8分钟内销售额即超过百万元;10分钟售票5 191张,60分钟内售票13 256张。首日共售票17 902张,超出2013年首日12 000张的近50%。《大鸡》《水中之书》《戈多医生或者六个人寻找第十八只骆驼》《赌徒》《卡里古拉》《堂吉诃德》所有场次售罄。随着知名度的提高,特邀世界级的剧目也变得越来越容易,从最初的6部,到2019年第七届乌镇戏剧节的28部,演出场次从19场到141场,古镇嘉年华也从500多场达到近2 000场。

众多学者都开始讨论为何戏剧节唯独在乌镇落地扎根,影响力逐年扩大,而国内其他戏剧节多为声势浩大的开始,却悄无声息的结束?为何与古镇形象完全不相关的国际互联网大会也永久选址在乌镇,但却并没给游客以庞杂纷乱的印象,反而让乌镇的水乡氛围多出一分现代的科技和时尚感?

传统观念中,戏剧更多是以精英艺术的姿态出现在普通人生活中的,"陌生""距离感"是大多数人看到"戏剧"的第一反应。人们需要戏剧,但戏剧的门槛束缚了自身的发展,让戏剧回归本身、回归人性成为越来越多业内人士的共识。被称为当代西方"最伟大的戏剧导演"的彼得·布鲁克(乌镇戏剧节荣誉主席)在《敞开的门》中说道:"戏剧是一种人类根本性的需要,而剧场以及戏剧的形式、风格等只是些暂时的盒子,完全可以被取代。"陈向宏正是秉承了这一理念,打碎了这些"盒子",将整个乌镇作为舞台,让戏剧扎根在街头、店铺,借不同的表演场地和表现形式拉近观众与戏剧的距离,让观众喜欢上戏剧。换句话说，戏剧节从另一个维度上，为游客在乌镇打造了一种生活方式。在"小镇对话"环节中，有两位女士说她们已经连续来过七次了。从第一次偶然的相遇，到一见钟情，再到之后每年的如期而至，这不正是生活方式的演绎吗？

而对于国际互联网大会永久选址在乌镇，陈向宏的说法则更为简单明了："没有乌镇十几年的旅游发展及传统生活下现代化配套设施的完备，这样一个国际化的国家级会议不可能把乌镇作为永久会议地的。"当年陈向宏为差异化游客体验而采取的以旧修旧、管线地埋、更新民宿配套设施等一系列的小改进，终于为乌镇带来了"质变"的效果。

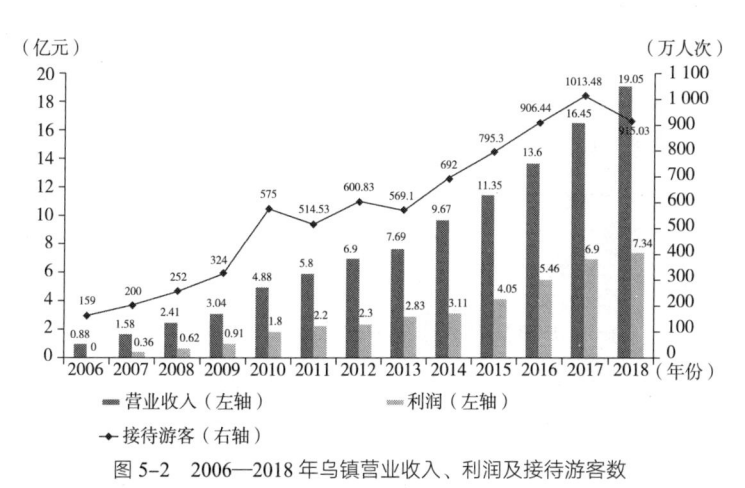

图 5-2　2006—2018 年乌镇营业收入、利润及接待游客数
资料来源：《中青旅控股股份有限公司年报》。

在文化行业内，戏剧节已经成为乌镇的新名片，未来乌镇可能更进一步推动国际双年展，打造真正多样化的文化生态体系。旅游市场自不必说，2017 年乌镇全年累计接待游客 1 013.48 万人次，营业收入

16.45 亿元。[1]2018 年乌镇景区实现营收 19.05 亿元，净利润达到 7.34 亿元。[2] 如今，节假日期间的人头攒动已成为乌镇的常态，国内也有多个 5A 级景区希望与乌镇合作，引入"乌镇模式"来提升景区服务质量和游客体验。

2. 乌镇模式的共益价值

从修东栅，开发观光一日游的"乌镇 1.0"，到建西栅，打造休闲度假中心的"乌镇 2.0"，再到办戏剧书、转型文化小镇的"乌镇 3.0"，贯穿其间、一脉相承的是乌镇在设计打造过程中体现出的共益精神。

（1）让文化、环境受益：修旧如故，文化传承

梁思成在《大拙至美》一书中写道：我是认为把一座古文物建筑修的焕然一新，犹如把一些周鼎汉镜用擦铜油擦得油光闪亮一样，将严重损害到它的历史、艺术价值。在重修具有历史、艺术价值的文物建筑中，一般应以"整旧如旧"为原则，使之恢复"健康"，而不在面貌上"还童""年轻"。

乌镇在文物保护与开发中提出"以旧修旧"和"修旧如故"（见图 5-3），在修复老建筑时坚持用旧料恢复故居的模样。坚持保护江南水乡的风貌，保留古镇建筑的历史文化底蕴。而这一过程也并非一帆风顺，以旧修旧的理念遭到部分文物保护专家的反对，甚至有专家建议把乌镇从世界文化遗产的预备清单中删掉。随着时间的检验，"以旧修旧"模式的效果和意义日益凸显，被联合国教科文组织的特评专家阿兰·马兰诺斯誉为古镇保护的"乌镇模式"。这一理念使乌镇和

---

[1] 《中青旅控股股份有限公司 2017 年年报》。
[2] 《中青旅控股股份有限公司 2018 年年报》。

第五章 建筑＋：生活的艺术

江南众多古镇形成了明显的差异化，对乌镇当地的风貌、历史保护和传承也产生了不可忽视的"共益"价值。

图 5-3 以旧修旧，修旧如故

资料来源：乌镇官网。

一个市镇是一个有机的组织体，有经络、脉搏、肌理，只有当有机体中每个部分都健康时，整个有机体才能实现良性运作和循环。乌镇的设计采用了整体规划原则，搬迁和拆除了与古镇风貌不符的建筑和企业，疏通了河道，开创性地在景区用管线地埋取代空中杂乱无章的电线，在地下铺设包括直饮水、消防、雨水等在内的 21 种管道，修建了大型停车场、游客中心，架设了宽带、Wi-Fi，运用前瞻性的视野解决了传统古镇基础设施薄弱的问题。

同时，乌镇通过戏剧节、木心美术馆（见图 5-4）等文创产业和产品为乌镇注入了当代文化和美学的基因。戏剧节将戏剧表演与古镇风貌融合，将剧院、露天剧场、街边、商铺与多样化的戏剧表演形式结合，让戏剧从阳春白雪走进每一个人的生活中；木心美术馆也成为乌镇的地标性建筑，推动了乌镇的文艺复兴，而作为世界互联网大会的永久性会址又为乌镇文化与科技、历史与现代的融合添上了浓墨重彩的一笔。

图 5-4 木心美术馆

资料来源：木心美术馆官网。

（2）让当地居民受益：采菊东篱，安居乐业

据陈向宏所言，在西栅从事民宿、旅游经营的人员，无论是公司员工，还是租房经营户，数千人之中 80% 以上是讲乌镇话的本地人，从事外围酒店民宿餐馆的乌镇及周边人士超过 1.7 万人。

国内很多旅游景区，一旦旅游开发，当地居民从商户处获得租金，而商户在承受着房租的压力时便出现了宰客现象。而对于乌镇而言，提供各类服务的大部分人就是乌镇当地居民，他们作为服务提供者接受标准化管理和严格考核，因此乌镇的服务品质能够做到可控制、可管理。而当地居民也能够在故乡安居乐业，迎来送往来自全国乃至世界各地的客人，用高品质的劳动换取美好生活。

（3）让游客受益：打造美好体验

乌镇采用了独特的"一店一品"策略，每家店铺只平价销售一种乌镇特色商品。对商铺承租人提出了承租人为夫妻，优先考虑本地居民的审核条件，针对菜品和服务制定明确、细致的质量和价格标准，并在运营中持续考核。在民宿管理上制定了严格完善的制度，注重游客体验的每一个细节，例如一条街里面只有一家卖萝卜丝饼，每个店铺每晚翻台率不得超过两次，擦拭不同地方的抹布颜色不同等，力求使游客拥有美好的体验。

基于此，乌镇提出了"来过便未曾离开"的宣传口号。正是以人为本，游客共益的理念，使得游客对于乌镇旅游的规范、细节的用心之处纷纷称道，口口相传。

3. 后乌镇时代

其实早些年陈向宏在一次采访中就说道："2004 年乌镇是一个观光小镇，现在是一个度假小镇，21 世纪可能又是一个转折点，我们走到文化小镇。我觉得文化小镇已跳出旅游的概念，某种程度上它既跟旅游有关联，但又跟旅游是分开的，它是个更庞大的计划。"而陈向宏口中的"更庞大的计划"也逐渐在"后乌镇时代"慢慢浮现。

回顾乌镇的历史，你会发现乌镇每一步都恰到好处地先于市场一步。这从乌镇系景区的发展轨迹中不难看出，在业内还在惊叹东栅速度的 2003 年，陈向宏已将目光投向西栅，西栅建成不久的 2010 年他又启动了古北水镇项目。

同时陈向宏并没有放松对乌镇旅游业态的创新。出于对传统农家乐模式的反思和受 Club Med（地中海俱乐部）模式启发，乌镇正在乌村打造"一价全包"类型的纯度假旅游产品。尝试将传统乌镇"门票+住宿+餐饮"的收入模式提升到全新层次，并以此来区分一日游和休闲度假游客。对此陈向宏说道："乌村是我们的转型，可能又是第一个吃螃蟹了。"

陈向宏总是在思考"乌镇的未来在哪里"，试图将乌镇这种理念，形成一个系列，形成一种新的商业模式，可以在不同的地方"拷贝"。而"拷贝"的前提正是十几年极致游客体验积累的"乌镇品牌"。其内涵不仅局限于乌镇景区的硬件规划、建设的模式和经验，更关键的是陈向宏团队通过不断试错探索出的休闲度假景区的运营和升级转型经验，还包括跟随乌镇一起成长的运营管理团队。"乌镇"品牌正在超越现实中的水乡古镇成为陈向宏手中最宝贵，也是最具升值潜力的资产。

早在西栅建设时期就心怀"旅游资源创新"的陈向宏对"乌镇模式"的未来有着自己的想法。面对一方面市场对乌镇类景区的需求旺盛，另一方面古镇承载能力有限的现状，陈向宏将目光投向打造中国连锁景区和中国景区的连锁管理，成为中国旅游目的地的供应商。通过输出乌镇最具优势的软实力，拓展"乌镇"品牌的版图。这也是陈向宏口中那个"更庞大的计划"。

2010年西栅建设刚结束，陈向宏就马不停蹄地带领团队赶赴北京京郊，在古北口一个叫作司马台村的山沟里扎下了根。当游客们惊叹于乌镇东栅的复古与西栅古典与现代的完美结合，业内正式以"乌镇模式"命名在乌镇发生的神奇效应时，陈向宏已经开始着手"复制"乌镇。随后的数年间，古北水镇、濮院、广东开平等项目的相继开展，使得复制"乌镇模式"从概念步入到实质阶段。

（1）古北水镇

　　古北口位处北京与河北交界，以雄险著称，古人以"地扼襟喉通朔漠，天留锁钥枕雄关"来形容它的地势险峻与军事重要性。坐落于此的司马台长城则以"险、密、奇、巧、全"著称，是少有的保留明代原貌的长城，更被英国路透社评为"全球十大最不容错过的风景"榜首。被称作"北方乌镇"的古北水镇就位于司马台长城脚下，坐拥鸳鸯湖水库，是集观光旅游、休闲度假、商务会展、创意文化等业态为一体的"亲水山坡型"古镇，具有"长城+水镇"的双品牌优势。与乌镇婉约的江南人家形象不同，古北水镇塑造的是北方豪迈大气的古镇气势。

　　古北水镇由中青旅（投资占比 30.97%）、IDG 资本（技术创业投资基金）（43.55%）、北京京能集团（10%）和乌镇旅游股份有限公司（15.48%）等共同投资，预计总投资超 42 亿元（二期增资 13 亿元），计划用 8~10 年时间回收全部投资。度假区内拥有 43 万平方米精美的明清及民国风格的山地合院建筑，包含十个精品酒店、四个主题酒店、27 家民宿客栈、十多个文化展示体验区及完善的配套服务实施。

　　乌镇品牌正是看准了北方优质度假景区的资源稀缺，开始了从江南到古北的扩张之路。古北水镇是"乌镇模式"在北方的试水，乌镇的品牌效应也顺理成章成为古北水镇发展初期最好的背书。2010 年开工建设，2014 年元旦投入试运营（10 月正式运营），短短四年时间一座水镇就从长城脚下拔地而起。古北水镇首年游客数量即达到 97.6 万人次（第一至第三季度试运营接待 77.63 万人次，营收 1.5 亿元，第四季度正式运营接待 20 万人次），2015—2018 年古北水镇全年接待游客总人数（同比增长%）分别为：147 万人（50.85%）、243.92 万人（65.68%）、275.36 万人（12.89%）、256.49 万人（下降 6.85%）。[①] 站

[①]《中青旅控股股份有限公司 2015—2018 年年报》。

在乌镇肩膀上的后起之秀仅用了不到三年的时间就赶超了前辈七年的发展水平（乌镇2007年接待游客200万人次），古北水镇正在成为北京乃至华北地区的休闲度假目的地的新标杆。

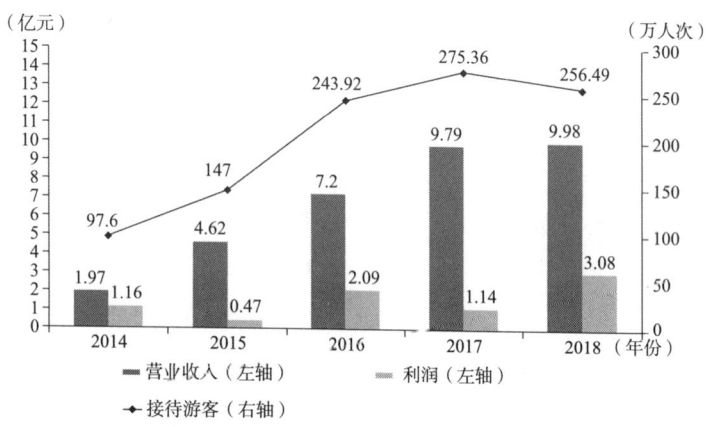

图 5-5 2014—2018年古北水镇营业收入、利润及游客人数
资料来源：中青旅控股股份有限公司年报。

从市场大环境来说，北京周边缺乏优秀的休闲度假目的地，河北仅有五家5A级景区，并且早已人满为患；北京本地旅游的故宫、颐和园、圆明园、八达岭等线路也多以一日游为主，并且缺乏对本地及周边游客的吸引力；再加上休闲度假景区投入大，回收期长，管理困难，运营风险大，京津地区的休闲度假景区严重短缺。

从地理位置来看，古北口距首都国际机场约一小时车程，距北京市区约一个半小时车程，距密云和承德更近，约45分钟车程，位置上满足度假休闲景区的要求（中心城市周边两小时交通圈内）。不会因太近而成为一日游景区，也不会太远而增加游客旅途的劳累。

在媒体和业界都在关注古北水镇如何"复制"乌镇的时候，陈向宏正在"闭关"，在图纸上一笔一笔亲手绘制着古北水镇（参见

图 5-6）。其实在设计古北水镇前，陈向宏历时近五个月走访了北京周边多个古村落，考察山地三合院的建筑风格，体会当地的风土人情，最终定下了以司马台长城为灵魂，以京津地区民国商铺的建筑风貌为基础，兼顾古建筑亲水性和商业性，所有建筑都能与古长城文化融合的设计主基调。

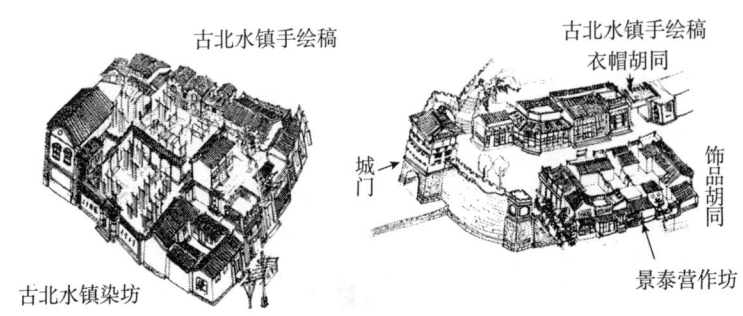

图 5-6 古北水镇设计草图

资料来源：古北水镇内部资料。

（2）可复制的"乌镇模式"

既然是从乌镇"复制"而来，古北水镇必然具备了与乌镇相似的"基因"；受地理环境、市场竞争环境、游客习惯和偏好等因素影响，古北水镇因地制宜地进行了"北方化"调整。从"复制"角度来说，古北水镇与乌镇在整体规划及产权回购、修旧如故、管线地埋、统一经营和标准化管理等原则方面采取了相同的策略。

①让当地居民受益

整体规划及产权回购。古北水镇花费巨资买断原村庄中所有商铺和民居产权，纳入水镇整体规划，交由运营公司统一管理。对当地居民的搬迁和安置，采取三层保障策略：首先，与密云区政府合作，由政府统一修建安置房，用回购的方式（补偿款 2 000 元每平方米，远高于回购房价格）解决居民回迁问题。仅两年就建成总建筑面积94 315平方米的新村，回迁1 136人，住房499套。其次，承诺古北水镇开发后设立专有民俗区，村民享有优先租赁权，并且村民可在回迁房中开设民宿。最后，与政府合作统一规划、建设回迁新村的交通、供水、排水、通信等基础设施，提高当地居民的生活质量。司马台村也因此从京郊的旧乡村而一跃位列国家农业部《2015中国最美休闲村庄》名单。

②让文化、环境受益

修旧如故，整修如故。对古北口留存的文物和古建筑采用旧料修缮，力求还原真实北方要塞古镇的风貌。古镇新修的古道、民宿与修复的博物馆同样采取"回收旧料＋古建筑修缮手法"的方式。其中仅在京郊及山西等地收购旧四合院就耗资超7 000万元，古北水镇主步行道旧石材的收购花费也超过8 000万元，并从当地村民手中回收旧的司马台长城城砖，用于部分长城的修复。

在打造"有文化"的度假休闲小镇的道路上，古北水镇秉承了乌镇一贯的风格。不给水镇贴标签，致力于打造开放的文化平台。正如乌镇戏剧节和互联网大会等一系列文化和商业活动使得乌镇从众多的江南水乡中脱颖而出，古北水镇同样借助《酒神》长城剧场、司马台长城运动文化系列（长城马拉松、长城音乐会等）、引入综艺类真人秀等项目，向着华北"休闲度假新标杆"的目标快速前进。

③让游客受益

管线地埋，完善基础设施。雨果曾说"下水道是城市的良心"，古北水镇花费超过12亿元用于景区的基础设施和生态环境建设。疏通整修河道、加固山体、修建专用通道，人车分流，建设长度超过两千米（高2.2米，宽2米）的综合三级管廊，将供水、热力、排污等管道地埋，保留古镇地面风貌的同时加强了对环境的保护。如此规模的地下管廊，大部分的北京城区尚未达到，景区中只有故宫具备。此外专门修建了污水处理厂、自来水厂、直饮水厂、发电站等基础设施，直饮水质量超过欧洲标准，全镇实现高速 Wi-Fi 覆盖。值得注意的是，古北水镇是吸取了乌镇经验教训基础的全新设计。正如陈向宏所说，在古北水镇的设计中，吸取了水街（乌镇主街道）的教训，除街边建筑的功能布局会根据客流量进行优化设计，方便游客参观游览外，还根据北方环境特点在望京街（古北水镇主街道）选择移植高大的冠状乔木，如国槐、枣树、山楂树等来替代水街的低矮植被。

④制度保障

统一经营和标准化管理。根据北方游客偏好制定了差异化的"一店一品"策略，标准化住宿管理。在陈向宏最后设计的望京街上，计划的商铺包括女子温泉酒店、咖啡馆、照相馆、主题餐厅、面包房、绸缎庄等，但现在能看到多个店铺仍然空闲。对此陈向宏认为古北水镇的发展不要着急，要慢慢来，看看哪些是真正适合的再引进来。而对已经确定功能和主题的商铺，在找到合适的经营者前也本着宁缺毋滥的打算绝不仓促投入运营。

对于住宿的管理，古北水镇在秉承乌镇模式的基础上又有了进一步的发展。古北水镇的住宿依其特点划分为四类——精品酒店、主题酒店、客栈和民宿以满足不同游客的需求，前三者由公司统一运营，而民宿的住宿由公司负责，餐饮则交给房东。统一民宿、餐馆的特色菜单与价格，平价销售。古北水镇与乌镇招募民宿房东的条件近乎苛刻，为的是实现陈向宏"民宿房东的主体应该是家庭，寓规范于亲情随意的服务之中"的要求。因而除硬性条件——45 岁以下的夫妻，喜欢古北水镇，愿在长城脚下居住，热爱餐饮料理，拥有拿手特色菜，从事过服务行业（餐饮、客房、厨房）等之外，还要求房东性格开朗，有创新精神，乐于与人分享等。陈向宏坚持只有具备亲和力、创造力和能够乐观积极生活的房东，才能够给入住的游客提供亲切随意的家庭氛围。

（3）乌镇与古北水镇的差异化与挑战

简单"复制"无法实现从乌镇到古北水镇的跨越，在具备相似基因的同时，因地制宜才是成功复制"乌镇模式"的关键。

首先，地理位置决定了古北水镇的风貌与乌镇明显不同。从设计之初，古北就定位为融合长城文化的北方水镇，在京津民国风貌的基础上进行亲水性和商业化调整。整体既要符合北方审美，又要能突出乌镇品牌中对"水"的运用。相比乌镇一年四季如春，古北虽面临冬季淡季的问题，但却也同样具备了开展各项冬季活动的无限可能，如冬季长城赏雪、冬季庙会、冬季冰雕节、冬季民俗热炕节、温泉度假等旅游活动。古北水镇保留了大量古北口当地的传统民俗文化，如年画坊、小人书馆、皮影馆、剪纸馆、镖局、杨无敌祠、八旗会馆、私塾等。酿酒坊也从经营乌镇的江南米酒变成了当地的司马小烧。在复制"乌镇模式"的基础上，根据古北水镇当地的文化传统、历史风貌考虑具体的产品设计，每款产品的核心，产品线的分布，不同产品的占比（重要性），显得尤为重要。

其次，古北水镇面对的游客群体的消费习惯与乌镇不同。从市场竞争来看，乌镇周边有周庄、西塘等众多同类型的水镇，一直面临着激烈的竞争。而古北水镇是京郊唯一具备"水镇"和"长城"等要素的休闲度假中心，建成后用不到三年时间就已成为华北地区的旅游新地标。从消费习惯角度而言，1999年乌镇建设时正值江南度假休闲旅游兴起。而古北水镇主要面对的消费者市场，受限于早前景区资源和类型的限制（多为一日游景区类型，如故宫、颐和园、八达岭长城等），还未养成度假休闲旅游的消费习惯。因而定位休闲度假中心的古北水镇不得不潜心培育市场，加速游客旅游消费习惯的转变，提升旅游产品的体验和品质。而这一过程也需要付出培育时间长、初期营收低和营销费用高的代价，各投资方也面临投资回收期拉长所带来的风险。

图 5-7　古北水镇冬季全景及新年庙会
资料来源：古北水镇官网。

最后，古北水镇的高层管理人员均来自乌镇。从现实情况来看，南北地区的差异同样存在于管理团队中。人文差异，特别是高层管理团队与基层员工、管理团队与游客理念的差异是古北水镇首要解决的问题。古北水镇如何吸取乌镇团队的管理经验和难以言传的管理Know-How（技术诀窍），解决管理团队水土不服的问题，将乌镇的经验本地化为古北水镇的管理经验，这些也都考量着领导层的智慧。

4. 乌镇模式的未来挑战

继乌镇和古北水镇之后，陈向宏把目光转向了下一个村落，位于贵州省遵义市播州区尚嵇镇一个偏僻的山村"乌江村"。在这里，他想做一个与之前完全不同的项目，用商业模式帮助乡村解决贫困问题，也为更多面临类似处境的贫困乡村找到新的解决方案。

(1)乌江村

2015 年 1 月,习近平总书记在云南考察时提出:"新农村建设一定要走符合农村实际的路子,遵循乡村自身发展规律,充分体现农村特点,注意乡土味道,保留乡村风貌,留得住青山绿水,记得住乡愁。"[①] 党的十九大把乡村振兴战略作为国家战略提到党和政府工作的重要议事日程上来,并对具体的振兴乡村行动明确了目标任务,其中专门提出推动乡村旅游可持续发展。

陈向宏和他的团队希望通过可持续的旅游商业模式改善乡村贫困和空心化等一系列问题。2016 年起,陈向宏带团队多次考察,决定按照"旅游扶贫,活化古村"的总体思路打造乌江古村落保护与旅游扶贫的公益项目。谈到对乌江村项目的期望,陈向宏如是说:"好多人还是不理解为什么我会挑乌江村这么一个地方,而我想得很明白,对于乌江村,我不是要做得游客量多大、多出名、商业价值多高,我觉得这些都是次要的,只要在这个项目总体平衡的条件下让那里的老百姓能感受到未来的希望,通过旅游开始新的生活,这就是一个最大的效果。"

(2)《乌江公约》与"共生"发展

在乌江村,所有的制度出台都是和当地村民共同讨论出来的,也尝试用旅游的方式成立旅游合作社,参加了合作社就要遵守大家共同的约定。其中最能体现项目理念的是《乌江公约》,一共七条,包括选择开发模式、运营管理模式、项目利益分配和规范政府、项目管理者、村民行为等关于乌江村持续发展最基本的指导思想和原则,包括未来的主体是谁?利益分配格局是什么?合作社的组织架构是什么?

---

① http://theory.people.com.cn/n/2015/1021/c40531-27723311.html。

陈向宏坦言，他曾经担任过 12 年的乡镇党委书记，对镇村一级管理、老百姓感受有自己的体会，希望这个纲领性的文件能够帮助界定政府、公司、村经济合作社、村民、乡镇等方方面面的关系。

在乌江村项目中，有一个关键词"共生"，这实际上和本书的"共益"理念不谋而合。共生的核心是和谐跟平衡，要考虑各种利益相关方。例如农民拆迁之后的安置，要挑最好的位置，提供旅游产业链的各种工作岗位，使当地村民黄发垂髫，各得其所；也能够为外出打工人员返乡创造就业、生产的机会；游客亦能够在新时代的桃花源和谐共存，怡然自乐。乌江村项目运营后预计将带动核心区域人均可支配收入增加 14 849 元。

（3）未来挑战

通过对乌镇模式以及由乌镇模式复制出来的古北水镇、乌江村的介绍，我们可以看到乌镇模式通过整体产权开发、复合多元运营、统一经营标准化管理等商业化运作，兼顾了历史与现代的文化共益、居民共益、游客共益。在某种意义上来说，乌镇和古北水镇这两个案例是比较成功的，但同时乌镇模式也面临一些难题。

乌镇模式的整体产权开发本身需要和当地政府合作，并不是完全意义上的市场经济的产物。以古北水镇为例，如果不是采取变相的房地产退出模式去回填水镇自身的运营，很可能无法覆盖其投资运营的财务成本。另外，从 2018 年和 2019 年上半年数据来看，乌镇和古北水镇接待游客数量都呈现出下滑趋势。2019 年上半年，乌镇景区累计接待游客人数 445.98 万人次，同比基本持平；乌镇公司实现营业收入 8.55 亿元，同比增长 2.60%；实现净利润 4.72 亿元，与上年同期基本持平。受竞争压力加剧及交通瓶颈因素影响，古北水镇 2019 年上半年共接待游客 100.68 万人次，同比下降 8.81%；实现营业收入 4.20 亿元，同比下降 8.04%。比较突出的问题是，古北水镇存在微生态商业失衡的状况，很难引起消费者的消费欲望，这会严重影响客户黏性，导致客户很难透过"住下来、玩起来、买起来"的方式为项目贡献强劲的足以覆盖各项成本的现金流。乌镇也存在同样的问题，在消费升级的时代，商业微生态定位太低，影响消费强度，往往会导致淡、旺季差别明显。此外，对于管理，执行团队要求高，这使得培养相应的人才成为挑战。最后，如何在复制了乌镇模式的古北水镇以及其他项目中打造出好的内容，恐怕是最难也最核心的挑战。未来，我们将持续关注乌镇模式的运营和可持续发展，希望乌江村项目能够创造扶贫领域的"乌镇模式"，为更多贫困乡村探索一条共益、可持续的发展道路。

下面要介绍的三个建筑业的案例，你或许并没有听说过。但每一个都很有特色，并通过创新的方式诠释着共益理念。

▶ 众建筑：设计为大众

四合院是北京传统的建筑形式。由于城市扩张、拆迁和人口增长，如今北京大栅栏一带的四合院基本上成为大杂院，多户人家共同居住在一个院子里，嘈杂密集，公共设施缺乏，院落的空间几乎被居民加盖的各种临时建筑占满。

2011 年，北京市政府对大栅栏的煤市街西侧地区进行改造，在尽量保护原来的胡同格局基础上，吸引一批设计师、艺术家和店主参与改造。这为众建筑——一家具有创新精神的建筑设计工作室带来了机遇。如何在保留胡同原有肌理的前提下，提高居民的居住环境和生活质量是众建筑首先需要考虑的问题。

众建筑所做的是，首先把工作室设在胡同里，从而能够身临其境地体验胡同居民的日常生活，在感同身受的同时了解胡同居民真正的需求。通过在胡同中的生活体验，他们发现大杂院里很多房子存在漏水、漏风、公共基础设施差、缺乏室内卫生间等一系列问题。同时，大杂院里居住的人家很多，意见协调困难，很难完成整体的改造。与此同时，居民们仍然保留着胡同社区古典的生活方式和邻里关系。于是，众建筑的设计师们从需求出发，运用建筑设计的力量进行创新，一方面提升居民的生活质量，另一方面保留胡同的历史和人文精神。

1. 四合院里的"内盒院"

众建筑针对胡同四合院设计的产品叫作"内盒院"（见图 5-8），在保留老房子主体结构的基础上，快速地置入一个预制的能满足现代生活标准的全新的模块系统。这个复合板系统采用的是一种非常好的保温材料，而且非常轻。用一个简单的六角扳手，就可以把这个房屋快速地组装完成。整个板材系统在工厂里面做完之后，拆解成一个个平板。胡同里面很狭窄，这样的平板方便运输到胡同里面，管线也可以预先在板材里面去做预埋。这个系统非常节能，造价可能只有重建的一半左右，而且只需要一两天就可以搭建完成。而搭建只需要用到一个工具，大部分人都可以完成这个工作。

内盒院很好地解决了基础设施薄弱的问题，无论是密封、采光、通风还是卫生条件、安全性和舒适程度，都符合现代建筑及其基础设施的技术标准；除了增加美感和居住舒适度，内盒院也不会对社区的物理与文化空间造成任何改变。

在众建筑发起人之一何哲看来，建筑完全可以变成一个产品，像宜家的家具一样，不仅可以实现平板运输，也可以实现 DIY（手工制作），居民自己去安装。他们设想在未来，用户可以实现在网上根据需求定制材料，收到之后自己去做组装。

图 5-8　内盒院

资料来源：众建筑官网。

2. 从"插件家"到"插件塔"再到"插件城"

住房是包括中国、美国在内全球很多国家共同面临的一个社会问题。近年来，美国和加拿大的一些地区在推行一项叫 ADU（附属居住单位）的政策，允许在家的后院去做一些加建，但是有一个要求，盖完之后前三年必须租给别人去住。通过这个方法，让土地的使用效率变得更高，一定程度上解决城市化进程中的住房问题。在这个政策的激励下，众建筑设计了由"内盒院"衍生出的"插件家"（见图 5-9），这是众建筑为旧城区改造提供的方案，也是可独立搭建的预制化房屋产品。他们在哈佛大学校园里用半天时间搭建了"插件家"，供学生在不同的活动中投入使用。几天之后，把它拆掉运到了波士顿市政厅前面的广场重新组装，作为 ADU 政策的一个解决方案的创新展示。而后，在此基础上又设计搭建了"插件塔"，可以临时快速地创造一个空间，同时不影响底层土地的使用，在完成需要之后，又可以被快速地拆除，转移到别的地方。

第五章 建筑+：生活的艺术

图 5-9 插件家

资料来源：众建筑官网。

众建筑由何哲、沈海恩和臧峰于 2010 年在北京创立，团队成员来自海内外，包括建筑师、工程师、产品设计师和规划师。众建筑始终强调社会设计的理念，建筑师在面对社会问题的时候，通过建筑设计积极地去解决和应对。众建筑以"设计为大众"为原则，希望运用建筑的力量解决在城市化进程中日益凸显的人居问题，从而实现人、环境、社会的共益和可持续发展。众建筑凭借共益的理念，成为亚洲首家获得 B Corp 认证的建筑设计机构。

谈及未来，众建筑的发起人何哲希望在"插件塔"的基础上再往前推进一步，设计搭建"插件城"，从而应对人口增长所带来的种种社会问题。"插件城"这样一个乌托邦似的建筑理想未来能否成真不得而知，而其中所蕴含的共益理念和人文精神相信值得我们思考和借鉴。

▶ RCR 建筑事务所：建筑的诗意

"30 年如一日，拉斐尔·阿兰达、卡莫·皮格姆和拉蒙·比拉尔塔三位建筑师紧密协作，以一种对建筑严谨审慎而细致入微的方式耕耘至今，共同荣获 2017 年普利兹克建筑奖。他们的作品充满敬仰与诗意，不仅满足着人们对建筑的传统需求，以期协调自然与空间之美、兼顾功能与工艺。但真正令其脱颖而出的，是他们创造兼具本土精神与国际特色的建筑和场所的这种能力。"这是被誉为"建筑界的诺贝尔奖"——普利兹克奖委员会对 2016 年获奖者 RCR 建筑事务所三位建筑师的评语。

2016 年底，各大媒体纷纷猜测该奖项会花落谁家，但是谁都没有想到，大奖最终被授予三个连手机都不使用、在西班牙一个三万人的小城蜗居了近 30 年的建筑师。30 年来，三个人共同运营着 RCR，阿兰达是设计的核心，比拉尔塔负责事务所的组织运营，皮格姆负责构建理论体系。比拉尔塔和皮格姆后来成为夫妻。1988 年，三人从加泰罗尼亚理工大学巴莱建筑学院毕业，在蓬塔阿尔迪合作设计一座灯塔，并获得西班牙公共工程和城市规划部主办的一场设计竞赛的大奖，从此下定决心做建筑。他们回到奥洛特镇，在这个西班牙东北部加泰罗尼亚地区只有三万人的小镇开办了 RCR 建筑事务所。在将近 30 年的工作实践中，三位好友始终扎根在家乡。

在普利兹克奖授予 RCR 的评语中，还有一点极为突出：根植本土，心向世界（work local，think global）。"本土"是此次普利兹克奖更为看重的点，评审辞中指出：在当今这个时代，有一个全世界都在问的重要问题，不只关乎建筑，还关乎法律、政治和政府。我们生活在一个全球化的世界，商业贸易、探讨商议、交易事务等越来越多，但人们开始担心，正是由于这种国际化的影响力，我们将逐渐失去本土价值观、本土艺术和本土风俗。人们为此忧心，甚至感到恐惧。而这三人设计的建筑，大多位于故乡本土，提倡对本地自然环境的执着尊重，"用最少的材料，对自然环境做出最少的改变"。

当世界各地很多建筑都在以浮夸和奢华为美时，RCR 的建筑师执着地表达着他们内心所要表达的东西。不需要炫目的外观，不需要昂

第五章　建筑＋：生活的艺术

贵的材料，只要能唤醒人们内心的温暖，能为人们带来与自然和谐共存的环境即可。他们所有的作品都具备浓郁的地方特色，以及与地貌景观充分的融合。正如三人所说："我们很喜欢谈论'氛围'，希望做出让人们能够'感受'到的建筑。通过实际的空间和材料传递出本真的'美'。"

1. 多佩蒂特孔德幼儿园

位于贝萨卢的明亮多彩的多佩蒂特孔德幼儿园是三位建筑师的代表作之一（见图 5-10）。学校仅有一层，以开阔庭院为中心，教室、睡觉区域、多功能厅围绕而建，采光井提供了自然光。从外形看，这是一个近似长方形的规矩建筑，大小和色彩不一的树脂管构成一道矩形彩虹。有些管子甚至可以旋转，供小孩玩耍。管道的彩虹激发着孩子们的乐趣、创造力与想象力。落地玻璃包围大部分路面，透过树脂玻璃管的隔断，在教室能看到庭院和远处的群山。幼儿园甚至连走廊都没有，也没有黑暗的角落，每个房间都能看到户外，彩色树脂管还能充当保护栏杆。谈及这座建筑，他们认为："我们爱孩子和他们的世界。他们的玩具，多彩的盒子，他们抬头望向大人的目光，每一个地方都有它们自己独特的魔法，那是一种伟大的力量，刺激你去发掘埋藏在里面的潜在宝藏。但无论如何，最终结果都取决于你究竟关注什么。"

图 5-10　多佩蒂特孔德幼儿园

资料来源：RCR 官网。

2. 帐亭

帐亭是位于奥洛特的 Les Cols 餐厅供客人户外用餐和活动的空间，是通过自然景观和极简现代材料的融合从而形成实用空间的又一案例，在当地深受欢迎（见图 5-11）。整个空间被建筑师根据景观完美融入一处山谷环境中，以火山岩建造的坚固墙壁支撑着轻质透明的聚合材质屋顶。屋顶由一系列管子排列而成，管子由于自身的重量而弯曲，随着地形的变化而自然起伏，形成最完美的曲线。

用来进一步区隔空间的家具和立轴百叶帘同样以透明塑料制成，使得人们可以将注意力集中在美食、庆典宴会与自然景观上。就餐的居民表示这里让他们回忆起与家人朋友一起享用乡村美食的时光。

图 5-11 帐亭

资料来源：RCR 官网。

3.Tossols-Basil 运动场

2000 年，三人设计了 Tossols-Basil 运动场，这个区域位于城市和自然保护区的交接地带，当政府有意在此建立一个运动场时，建筑师们都面临着一个难题：一方面要清除大片生长缓慢的老橡树，另一方面是环保人士反对的呼声。三人最终的设计，让自然和运动完美结合，将运动场嵌入城市的肌理之中，跑道中央保存着原有的树木和火山土堆，跑步者的身影在树影中若隐若现，如同徜徉在森林

第五章 建筑＋：生活的艺术

当中。

透过 RCR 设计的建筑，我们更深入地理解了共益的理念。他们设计的每个建筑都始终与当地环境产生共益，将建筑与外部环境连接起来，运用最少的材料，保持原始纯粹的味道，创造出建筑与环境的和谐和诗意。同时，他们设计的建筑也富含与居民和社区共益的理念，以人为本，创造出人与人之间产生情感连接的空间，使建筑的经络、脉搏、肌理与社区共融，保留和善用当地居民珍视的一切，借由建筑连接情感，在传统中实现创新。RCR 建筑事务所用 30 年的时间，向世界诠释了唯有共益，才是恒久。

▶ 童趣园：用建筑解决教育不公平

在甘肃会宁县厍去村，有这样一座有趣的房子。它坐落在黄土高坡上，与周边旧式的夯土建筑相映成趣。房屋采用了格子形状组织，格子有高低凹凸，能够变化出无穷的游戏。灵活组件重塑室内地表的"建筑"或者"风景"，当组件翻转使用时，地形有时会变得平坦，有时会在"沟壑"上形成桥梁。整个房屋由 24 个可调节高度的金属支座支撑悬浮在基地之上，板材通过格子状几何方式组合，分散而全面的连接使得房屋最终成为整体结构，从而具有足以对抗风力的强大刚度。南北墙的侧向板使用透明的亚克力，用于采光，自然的光线运动和四邻风景一起，使得简约的室内充满生机。这就是香港中文大学建筑学院的朱竞翔教授及其团队为厍去村专门设计的童趣园，这所童趣园服务于当地几十名学龄前儿童（见图 5-12）。

图 5-12　童趣园

资料来源：童趣园官网。

1. 以人为本，为儿童设计

朱竞翔说：其实婴儿从子宫离开落到这个世界上的时候，在寻求安全感的同时，也饱含着好奇，饱含着冒险。因此大人们会看到，孩子们会喜欢角落，会认为一个东西不见了就是真的消失了，他们对于躲猫猫会乐此不疲。小朋友喜欢走坑坑洼洼的地方，即使在平地上，你也不会看到他们像大人那样正常走路，而是蹦蹦跳跳的。在童趣园里，当上层的隔挡被有趣的图书充满，阳光射入房间，这里就成为孩子们的游乐场。小朋友在这个空间里面，会自主地形成游戏，一天和四季光线的变化会带来很多有意思的场景。儿童自我创造的过程在这里得到充分的发挥，同时可能的意外风险也被降到了一个合适的水平。其中的家具体系也很有趣，可以实现把整个地面从一个个的"坑"恢复成一个平面，旋转的时候可以形成座椅，再旋转的时候可以形成桌子。

这样一座充满意趣的童趣园安装仅仅需要三天时间。设计者希望当地村民，包括童趣园的使用者——小朋友们都能够参与到建设中来，通过参与加强与建筑之间的黏性和归属感。建设的过程也变成了村民融合团队建设的过程，村民们都很喜欢在童趣园旁自拍，发朋友圈，使童趣园自发在当地社区中口口相传。

可以看到，童趣园的设计融合了气候、结构、家具、用具、制造、建造、运输、维修等多重考虑，希望运用建筑的力量帮助中国偏远地区农村教育，探索儿童创新性学前教育路径和管理模式。这座位于库去村的童趣园是朱竞翔及其团队与北京西部阳光基金会合作后首座落成的童趣园，由于它的成功实施，一年间甘肃的其他乡村陆续落成了十余座童趣园，两年时间全国落成了 104 间童趣园。有三家世界 500 强企业参与到这个建设当中，在履行企业社会责任的同时，帮助和支持 NGO 组织的发展。

2. 让每个孩子都有受教育的权利

在海拔 3 900 米的青海玉树，由于海拔太高，当地的偏远小学无法拥有教室，老师和学生们都居住在帐篷里面学习。在得到了资助后，朱竞翔团队决定为玉树的孩子们建一所学校。由于当地没有材料，高寒且风大，冻土层很深，如果使用常规方法，建造费用很可能会超过一般大城市的建筑造价。考虑到这些因素，朱竞翔团队采用了一个新的方法，把所有的预制放在成都进行，做好之后再运到高原上实施。这个学校的设计使用了一种超大型的积木模式，每一块板都是 Z 字形的，因为 Z 字形会产生很强大的结构能力，能够抵御高寒疾风的天气。学校内部是由折叠的洞窟构成的，小朋友可以在里面像爬山一样地从一楼到二楼，从二楼再到一楼，极富趣味性。

在本章节的开篇，我们曾提到，国际建筑大师尽管派系、风格不同，但有一点是相同的：追求建筑带给大众生活以及工作上的舒适，坚固耐用，有视觉上的美观，强调对人的关怀。在帮助中国偏远地区儿童获得更好的教育权利的同时，朱竞翔团队也看到了欠发达国家特别是撒哈拉以南地区儿童面临的困境。肯尼亚是东非发展最快的国家之一，首都内罗毕有超过 70 万人居住在两个非常大的贫民区里面，没有厕所，没有污水管道，只有非常简单的电力供应，以及不定期的用水供应。朱竞翔团队在肯中商会、中国大使馆、联合国人居署的帮助下，为内罗毕的儿童建造了一所学校。他们所采用的方式是开展全球合作，利用香港的资讯和科技，东莞的技术和强大的生产能力，和肯尼亚的地方机构进行合作，在五周的时间内使一所小学平地而起。这个小学使用了一套非常独特的结构体系。所有的构件是拍平了折叠到集装箱里的。运到当地之后，只需要邀请一组吊车班组，剩下的工人从贫民区雇用。后期跟踪评估发现，这所学校成功融入了当地社区，当地的孩子也因为这所学校和中国产生了某种联系和连接，很多孩子表达了未来想要学习中文的意愿。当地报纸也就这所学校的技术能否帮助重塑肯尼亚的住房市场进行了深入探讨。

  从黄土高坡到青藏高原，再到非洲大陆，朱竞翔团队始终坚持着用建筑解决教育不公平的初心，运用核心技术优势——建筑的力量，通过与当地公益组织、政府、企业的合作，使一座座童趣园在更多的地方生根，让偏远地区的孩子也能坐在坚固、富有美感和趣味性的校园里学习，在一件又一件的建筑作品中实现与儿童共益，与当地环境和社区共益。

小结

  过去 30 年，工业化、城镇化的发展使建筑行业迅速爆发。但是

第五章 建筑＋：生活的艺术

随着人们对生活品质的高度追求，建筑业面临转型。传统粗放型建设会随着需求、功能的转变迎来更多的挑战，未来精致的小规模建造、个性化的需求将被重视，设计水平将会总体提升，建筑业也逐步向生态节能环保型的建筑发展。相对于拆迁重建而言，对于存量众多的旧建筑的改造更加节约资源，保留历史价值。正如本章中提到的乌镇案例、众建筑、RCR、童趣园一样，在建筑设计的环节融入了"建筑＋"的理念，把建筑作为载体将历史文化、环境与人的因素进行综合考量，实现多方共益应该是未来建筑业发展的方向。

第六章　信息与通信技术行业：
社会变革的加速器

5G 和物联网等技术进步有潜力带来客观的社会和经济益处，并推动可持续发展目标的进展。但我们仍需认识到我们共同的责任，即确保这些技术不被用来煽动暴力、助长仇恨或误导公众。我们必须对这样的危险保持警惕，同时开展努力，让技术进步带来共同益处。

——2019 年 5 月联合国秘书长古特雷斯
在世界电信日 50 周年上的发言

从 19 世纪的电话，到 20 世纪计算机网络、个人电脑、移动电话，再到如今以宽带、云、大数据、人工智能、物联网等为代表的技术创新，信息通信技术（Information and Communication Technology，简称 ICT）正在以一种全新方式实现无处不在的信息连接，并以颠覆的方式改变着传统产业。也许还没有一个行业能像信息通信技术一样，以一种变革的力量深刻地改变着整个社会，改变着人们的生活方式，让

第六章 信息与通信技术行业：社会变革的加速器

人与人、人与物、物与物之间实现即时互动、创新和分享。

ICT，是IT（信息技术）与CT（通信技术）相融合而形成的领域，主要包括信息业、通信业、信息设备制造业、软件与系统集成业等，其涵盖的范围非常广泛。信息和通信技术产业的发展不仅可以直接创造社会财富，同时也能产生巨大的带动效应。通信与信息技术的结合衍生出了移动互联网、工业互联网、产业互联网、三网融合、消费经济、物联网等诸多概念，互联网的发展也从消费互联网转向产业互联网，实体经济与互联网深度融合，ICT与互联网广泛应用于工业、能源、交通、金融、教育、农业、政务等各个领域，从而提高了企业和社会整体的劳动生产力。

目前，ICT产业已经成为世界各国优先发展的产业，很多国家以信息通信为基础，通过互联网、物联网等方式，实现交易、交流与合作，以及产业发展的数字化推动经济的发展。尤其是在2008年金融危机之后，各国进入经济不同层次的缓冲和调整期，以ICT为支撑发展起来的新兴科技产业发展迅速，成为国民经济、社会发展以及产业变革的有力措施。在中国，国家将ICT列为基础性、先导性、支柱性产业重点来发展。自2013年以来，先后发布了一系列战略部署，从宽带网、物联网、云计算、大数据，到"互联网+"，再到新一代人工智能、工业互联网、共享经济。

在转变经济增长方式、加快产业结构调整过程中，ICT产业发挥着重要作用。根据前瞻产业研究院数据，我国ICT行业快速发展，2017年ICT行业总产值超20万亿元，成为推动新一轮经济增长的主力军。ICT产业具有以下行业特征。

首先，IT服务行业是智力密集型，CT行业是资金密集型，而两者的融合既需要大量资金的支撑，也需要具有创新型的人才引进。这一产业特性，决定了ICT行业需要大量的研发投入及相关的高端人才。

随着相关产业加速向生态化、智能化转型，加剧了相关人才缺口问题，《中国ICT人才生态白皮书》显示，2017年ICT产业总体人才需求缺口约765万人。

其次，作为一个基础设施产业，保障信息连接的稳定性和信息安全至关重要。随着互联网技术的发展，信息化水平已成为衡量一个国家现代化水平的重要标志，而信息的更新、传播、应用与发展都是以信息通信技术为基础的，其高渗透性的行业特征要求ICT行业在信息传递过程中，一定要确保信息的连续性、稳定性以及信息的安全。

再次，ICT行业是一个高耗能的产业，用电量相当大。在环保节能方面，企业需要先解决自身的节能减排问题，并利用自身技术优势赋能相关产业链上其他企业的节能减排。

最后，ICT涉及众多利益相关者，与利益相关方协同合作更利于自身发展。在对员工的管理、与供应链伙伴的合作等方面尤为重要。

目前，全球已有50亿人口接入移动网络，约占全球人口的2/3。ICT已经成为当今世界上发展速度最快、覆盖范围最广、渗透性最强、应用最广泛的高新技术领域，它的发展也承担着更多的社会责任和社会期许。对于处于ICT行业的公司来说，提高信息通信技术的普及率，把机会平均分配给社会中每一个层面的人群，消除数字鸿沟，同时全方位保障信息连接性和保障信息的安全性，是它们的重要使命。

根据我们的研究，ICT企业履行社会责任时通常会与行业以及企业自身的特点紧密结合，利用自身资源和专长为社会做贡献，这也是这个行业实践社会责任的特点。这一章节，我们将探讨华为和台达的故事，它们都将业务与社会问题紧密结合，并且还都将业务对标SDGs进行可持续发展实践。那么就让我们开始讲述"两位巨人"的故事。

华为：构建万物互联的智能世界

> 不管外部环境如何变化以及存在何种苦难，我们仍然会沿着公司的战略方向继续前行，与客户和合作伙伴一起构建共生共赢的产业新生态，为技术进步和人类文明做出更大贡献。
>
> ——梁华

2019 年 7 月 30 日，在位于深圳的华为总部，华为公司董事长梁华发布了 2019 年上半年业绩报告。报告显示，华为实现销售收入 4 013 亿元，同比增长 23.2%，净利润率 8.7%。在大众最熟知的消费者业务方面，2019 年上半年，华为（包括荣耀）智能手机发货量 1.18 亿台，营收 2 208 亿元，占华为总销售收入的 55%；而运营商业务营收 1 465 亿元，占比 36.5%；企业业务营收 316 亿元，占比 7.9%，基本与往年持平。华为亮丽的财务报表说明它的产品和服务能够得到大部分消费者的认同，那么华为到底是一家怎样的企业呢？它有什么样的理念？在可持续发展方面做得如何呢？我们发现华为在可持续发展方面的探索是可圈可点的。华为从 2001 年开始连续多年被授予"中国最受尊敬企业奖"[1]，同时也是中国为数不多的 100% 由员工持股的非上市民营企业[2]。作为一家全球化企业，华为早在 2004 年就成为"联合国全球盟约"成员，并将其倡导的基本原则[3]融入公司文化与商业活动之中，积极履行社会责任。同时华为还对通信行业进行了专门研究，将

---

① 该奖通过评选最受尊敬企业，弘扬企业社会责任，传播企业最佳实践，推动企业和社会的进步。
② 华为通过工会实行员工持股计划，参与人数为 96 768 人，参与人仅为公司员工，没有任何政府部门、机构持有华为股权。
③ "联合国全球盟约"基本原则包括：人权、劳工标准、环境及反腐败等方面的十项基本原则。

ICT 行业对标联合国可持续发展目标，找到了自己的业务发展中可以解决的社会痛点。

华为致力于"把数字世界带入每个人、每个家庭、每个组织，构建万物互联的智能世界"。任正非曾在多种场合强调："我们不是为了赚钱，是为了人类共同的发展。"从华为 2008—2018 年的可持续发展轨迹可以看到，这句话绝非口号，而是不争的事实，华为确实为人类的共同发展做出了贡献。

在遥远的西伯利亚，在遍布险阻的非洲乞力马扎罗山，在 8 000 米之上的珠穆朗玛峰，在零下 40 摄氏度的极寒南北极，在穷苦肆虐的非洲大地，抑或在巴黎、伦敦和悉尼等顶级的商业中心，都遍布着华为的足迹①。全球每天有超过 30 亿人用华为建设的网络通话，实现互通互联。不管是伊拉克战乱，还是塞拉利昂疫情恐慌，抑或是汶川地震、日本地震中，华为的员工面临危难都没有退缩，而是选择与客户在一起，保障网络的平稳运行以及信息安全。任正非说："我们向社会提供的全球信息网络需要永远保持稳定。这是所有网络设备商的终极社会责任。"②同时华为在绿色环保、和谐生态的建设方面也做出了突出的贡献。可以说，华为真正做到了把社会责任、可持续发展的理念融入企业的业务之中。

1. 华为：巨人之路

> 抵制一切诱惑；坚持不走捷径，拒绝机会主义，踏踏实实，长期投入，厚积薄发；坚持以客户为中心，以奋斗者为本，

---

① 《无线 20 年，梦想因坚持而伟大》，华为心声社区，http://blog.sina.com。
② https://tech.sina.com.cn/t/2012-12-21/09177910809.shtml。

第六章　信息与通信技术行业：社会变革的加速器

长期艰苦奋斗，坚持自我批判。

——华为 30 年来的坚持

在研究华为的可持续发展之前，我们有必要对华为公司的发展有一个全面的认识。华为创立于 1987 年，是全球领先的 ICT 基础设施和智能终端提供商，公司主营业务包括运营商业务、企业业务及消费者业务三大板块。目前华为有 18.8 万名员工，30 多年来华为与运营商一起建设了 1 500 多张网络，业务遍及全球 170 多个国家和地区，服务范围覆盖全球运营商 50 强中的 45 家，服务全球 30 多亿人。

在营业收入方面，华为是中国体量最大的民营企业之一。截至 2018 年底，华为营收实现 7 212 亿元，其中，运营商业务收入为 2 940 亿元，占比 40.8%；企业业务收入为 744 亿元，占比 10.3%；消费者业务收入为 3 489 亿元，占比 48.4%。同年，华为营业收入有 48.4% 来自海外市场。

华为非常注重研发，坚持投资未来，每年把 10% 以上的营业收入投入研发，2018 年华为从事研发的人员有 8 万多名，约占公司总员工数的 45%，投入研发费用 1 015 亿元，占营业收入的 14.1%，近 10 年累计投入的研发费用近 4 805 亿元。华为还依据不同国家或地区的能力优势，在美国、欧洲、日本、印度、新加坡等地区构建了 14 个研究所，36 个联合创新中心。目前，华为是全球最大的专利持有企业之一。截至 2018 年底，在全球累计获得授权专利 87 805 件，其中中国授权专利累计 43 371 件，中国以外国家授权专利累计 44 434 件，90% 以上专利为发明专利。30 多年一路走来，是什么成就了这个"巨人"的发展？

（1）以客户为中心，活下去才有未来（1988—1997 年）

华为获得今天的成就与创始人任正非不无关系。1944 年，任正非出生于贵州安顺市镇宁县一个小村庄，父母都是乡村教师，家庭环境是决定任正非一生的因素之一。因为对知识的重视和追求，即使在三年困难时期，任正非的父母仍然坚持让孩子读书。1963年，任正非就读于重庆建筑工程学院（已并入重庆大学），在大学期间他把电子计算机、数字技术、自动控制等专业技术自学完，还自学了三门外语，当时已达到可以阅读大学课本的程度。大学毕业后任正非应征入伍成为一名基建工程兵。

1982年任正非来到深圳，五年后在那里与朋友创建了华为公司，成为一家生产用户级交换机（PBX）的香港公司的销售代理，靠差价获利。20世纪80年代中后期，中国的通信业刚刚起步，固定电话市场普及率还不及0.5%，巨大的市场商机吸引了全球各主要电信设备商，它们占据了绝大部分市场份额，初生的华为只能在跨国公司的夹缝中艰难求生。很快，任正非就意识到华为依靠贸易模式不能真正与跨国公司竞争，他开始将精力集中于自主创新研发交换机技术。

1992年，48岁的任正非第一次走出国门，访问了美国，亲身感受到了洋溢着创新的道路。《赴美考察散记》记述了任正非在访问美国时得到的启发：

> 参观这次展览，我们才体会到什么是技术危机与市场危机……华为被历史摆在了一个不进则退的地位，科海无边，回头是岸，错过了发展的机遇，将会全军覆没……

任正非认为，只有技术自立才是根本，没有自己的科研支撑体系，企业地位就是一句空话。从美国回来以后，任正非更加坚定了走技术研发的道路。1994年，华为研制的大型万门程控交换机——C&C08机诞生，其价格比国外同类产品低2/3，并在首届中国国际电信设备展览会上取得较大成功。由此，华为从一个默默无闻的小公司一跃成为热门企业。同年,华为的销售收入超过了一亿元。

为建立起自己的研发体系,华为每年都从中国的重点大学招揽优秀人才。从20世纪90年代中期开始,每年大约有3 000名毕业生加盟华为,在经过严格的筛选后被华为录用,一名新毕业的大学生第一年的综合收入可达十万元。当时,华为员工的平均年龄为27岁,超过95%具有大学本科以上学历,70%拥有硕士及以上学历,公司拥有数千名博士,并在1996年建立起博士后流动站。华为是一家由员工控股的民营企业,任正非坚持企业人力资本增值一定要大于财务资本增值的"知识资本化"原则,建立长期激励机制。华为根据员工的才能、责任、贡献、工作态度和风险承诺等方面的情况,由公司的各级人力资源委员会评定后给定配股额度,以虚拟受限股、期权、MBO(管理层收购)等方式,让员工可以拥有公司股份。①

20世纪90年代是中国电信业的十年黄金发展期,政府主导下的电信业基础设施投资带动了国内电信行业的整体发展。在与跨国公司竞争的过程中,华为采取了"农村包围城市"的策略。华为在国内每一个省、直辖市和自治区都建立省级市场办事处和工程服务体系;在每一个地区、市、县都设立客户经理,他们几乎覆盖了中国各运营商的所有相关部门,像计划部门、运营维护部门、总工办和项目建设相关科室,都随时可以看到华为市场或技术人员的身影。通过与客户之间不间断的深入交流,华为拥有了快速响应客户需求的能力。

随着C&C08程控交换机在1995年大规模商用,华为成为中国农村通信市场主流设备供应商。公司员工达到1 800人,年销售收入15亿元,在中国电子百强企业中位列第26。1997年华为推出无线GSM(全球移动通信企业)解决方案,成功从1G(第一代移动通信

---

① 项兵,《华为的全球化战略》,http://www.chinavalu.com。

技术）模拟时代转化为 2G（第二代移动通信技术）、数字时代交换技术。1998 年华为将市场拓展到中国主要城市，华为基本实现了"农村包围城市，最终夺取城市"的战略目标——华为的核心产品已经进入中国所有发达省份和主要城市。但任正非心里明白，华为在家门口始终面临着全球最激烈的竞争。他认为当时的华为是：

> 取得产品技术突破后，不仅不能打遍全世界，而且在家门口也未必有优势。现在是有机会也抓不住，最多在中国非主流市场上打了一个小胜仗。与国际一流对手在全球市场上拼杀，是中国企业走向世界级的必由之路。

任正非从一开始就是华为真正的领导者与管理者，他将个人的烙印与秉性深深地注入了华为。任正非说："我们若不树立一个企业发展的目标和导向，就建立不起客户对我们的信赖，也建立不起员工的远大奋斗目标和脚踏实地的精神……华为若不想消亡，就一定要有世界级的概念。"尽管实现这一目标并不容易，但任正非认为，所有要完成的事情都有困难，找借口、光喊困难而不去努力克服的人绝不是一个称职的管理者。企业唯有一条道路能够生存下来，就是长期关注客户利益最大化。

（2）夯实管理体系，走向全球（1998—2008 年）

经过十年发展，华为在 1998 年成为中国最大的通信设备制造商，这一年华为销售额达到 89 亿元，在国内四大通信设备供应商"巨大中华"[①] 中位列榜首。华为第一次攀登到了第一个山顶：中国第一。任

[①] "巨大中华"是指巨龙通信、大唐电信、中兴通讯和华为技术这四家通信公司。

第六章　信息与通信技术行业：社会变革的加速器

正非意识到，企业规模的快速膨胀与发展是空前的危机和压力。在他看来，按照国际通行的准则，华为只不过是一家成长良好的中小企业。与许多中国制造企业关注规模经济效益不同，任正非坚信"大规模不能自动地带来低成本，低成本是管理产生的"。任正非希望华为的未来发展能够超越对单一竞争要素——技术、人才和资本——的依赖，而且不以盲目的低成本制造为立命之本。他希望华为能够成为一个富有战斗力的商业机构，进而成为世界级企业。

任正非深知构建管理体系的重要性，他一直希望了解世界大公司是如何管理的。从1992年开始，任正非先后到美国、欧洲、日本等，走访了众多行业领先的跨国公司，在深思熟虑之后对华为提出一系列改造计划。

1998年《华为基本法》正式实施，总结提炼出了代表华为的企业战略、核心价值观和经营管理原则的"企业宪法"和制度体系。随后为了进一步梳理管理流程，华为在1998年锁定IBM为自己通向世界级企业道路的学习榜样和战略合作伙伴。华为首先确定业务模式由电信设备制造商向电信整体解决方案提供商和服务商转型，以充分发挥华为产品线齐全的整体优势。这样也可以借鉴IBM自1993年以来业务模式转型过程中的知识和经验。接下来，大约50位IBM管理咨询顾问进驻华为。在五年时间内，华为投入约5 000万美元改造内部管理与业务流程，还组建了一个300人的管理工程部，以配合IBM顾问的工作。这一阶段是华为向西方全面学习管理实践的十年。随后华为与全球400多个运营商建立了合作伙伴，以IBM的IPD（集成产品开发）、ISC（集成供应链）变革咨询为主轴，华为在多个方向与美、欧、日的十几家咨询公司开展合作，全面打造和提升适应国际化市场的管理平台。任正非认为，技术会随着时代发展被淘汰，但是华为的管理体系不会。一系列的管理变革奠定了华为业务发展和全球化运营的根基。直到今天，我们采访过的多位华为高管都认为管理体系是华为最大的财富。

20世纪90年代中期，日益下降的毛利率和大量未被充分利用的生产能力显示，日趋饱和且格局稳定的国内电信市场已无法支撑华为这样规模的企业继续维持高速发展，华为遭遇了增长天花板，竞争对手UT（斯达康）、中兴与华为的差距进一步缩小。针对这种形势，华为从拓宽市场和管理模式变革出发，一次次进行主动创新。若要开辟新道路，华为必须走向全球化道路。

1996年，华为获得了香港和记电讯一份价值3 600万美元的合同，提供以窄带交换机为核心产品的"商业网"产品。这次合作中和记电讯在产品质量、服务等方面近乎苛刻的要求，也促使华为的产品和服务更加接近国际标准。随后俄罗斯和拉美市场成为华为进入国际市场的首选目标。2000年，华为获得了乌拉尔电信交换机和俄罗斯移动运营商MTS移动网络两大项目，迈开了俄罗斯市场规模销售的步伐。华为从1997年8月起开拓拉美国家市场，先后在巴西、厄瓜多尔等九个拉美国家设立了13个代表处。

华为早期海外市场的探索同样采用了"农村包围城市"的战略，主攻亚非拉等非主流市场，随后进入欧美等发达国家市场。1996—2000年是华为实现全球运营的探索阶段，为其在主流市场取得突破积累了许多经验和教训。在逐步打开发展中国家市场并积累了一定的国际化经验后，华为将目光转向了欧洲。但欧洲市场比发展中国家更难进入，主要是因为欧洲电信运营商对于外来设备商的准入门槛很高，而当时中国高科技品牌的认可度较低。从2001年开始，以10G（吉字节）SDH（同步数字体系）光网络产品进入德国为起点，通过与当地著名代理商合作，华为产品先后成功进入法国、西班牙、英国等发达国家和地区。

2004年华为在英国设立欧洲地区总部，最终于2005年12月26日成为英国电信公司的设备供应商。此举标志着华为海外拓展的重点逐渐从亚非拉发展中国家转向了占市场份额较大的欧美主流高端市场。从此，华为在欧洲市场的名声得到大幅提升，路透社、法新社等欧洲主流媒体称，华为已经迅速崛起，加入世界级电信设备供应商行列。在欧洲市场的攻伐战略中，华为认为高性价比的产品，加上快速响应客户需求的能力是华为屡屡获得海外运营商订单的一个主要原因。因为在欧美发达国家，运营商更看重的是产品的质量和服务，同时更青睐于合理的价格和快速响应客户需求的能力。

到2007年，华为的产品和解决方案已经应用到全球100多个国家和地区，以及全球50强中35家运营商；在海外设立了100多个分支机构，这一年总营收72%来自海外市场。同时，华为在美国、俄罗斯、瑞典、印度，以及中国的深圳、北京、上海、西安等地设立了研发机构，通过团队合作，实施全球研发战略。

经过30年的历练，华为打造了一条全球化的核心链条，即以多元文化和遵从国际法律为基础的全球化管理、全球化研发、全球化人才、全球化营销链条，完成了全球架构和全球资源配置。

(3)"云、管、端"战略拓展业务领域（2009年至今）

2008年金融危机之后，华为在海外市场，特别是在北美市场，扩张步伐屡屡受阻。2010年7月，正是华为参与竞购美国宽带网络软件厂商2Wire和摩托罗拉无线设备业务部门的关键时刻。但这两桩交易最终流产，引发了美国CFIUS（外资投资委员会）对华为长达18个月的调查，导致华为至今未能进入占全球一半市场份额的美国主流通信市场，也严重影响了华为在美国其他的收购与商业活动。北美市场受阻，意味着华为在通信领域已经面临增长的"天花板"。

173

恰在此时，一方面随着信息化的深入发展，以互联网为代表的新技术、新商业正在全方位进入生产生活的方方面面，面向企业与消费者的业务及服务，蕴含了无限的潜力。另一方面，苹果手机凭借创新的"用户体验"赢得了全世界。更重要的是，它对运营商的强势态度，彻底打破了过去运营商说了算的游戏规则。传统电信设备商围绕运营商所展开的业务及服务正显现出增长的"天花板"。运营商业务逐步从语音时代向数据时代转变，ICT 的融合逐步在加深。

2009 年，中国发放 3G（第三代移动通信技术）牌照。华为当时已经是在国外拥有丰富 3G 运营经验的通信巨头。2010 年 3 月，华为公布 2009 年年报，在全球电信市场非常不景气的背景下，华为销售收入依然实现逆势增长 19%，一举从全球第四大电信设备商跃居第二，仅次于老牌电信设备商爱立信。而同一时期，行业老大爱立信的收入下降了 1%，阿尔卡特 – 朗讯下降了 9.1%，诺基亚和西门子也在下降。然而，华为的内忧外患让高管们面对这一优异的业绩却提不起精神庆贺。此时华为的业务收入 90% 以上来自于网络运营商业务，受国外经济危机影响，华为营收增长的大部分来自于国内 3G 网络建设的订单。此时华为内部正在酝酿业务转型，战略部提出的"云、管、端"战略逐步被公司采纳。公司整体的战略试图从单纯的通信行业向整个信息通信产业扩展，简单概括为云计算、网络和终端，即聚焦 ICT 产业，提供"云、管、端"整体方案。

2010 年 11 月，任正非连续发表了三次内部讲话，[1] 分别涉及接班人问题、舆论沟通与业务转型等问题。针对公司业务进行转型，谈及

---

[1] 三次讲话分别为：11 月 2 日，以"我们要习惯在谣言中发展"为题的内部讲话；11 月 25 日，任正非召集公司高管和相关部门负责人就"媒体开放"问题开会；11 月 30 日，任正非在华为云计算发布会上针对公司业务转型问题的讲话。

了全面开放与合作的理念。任正非指出：

> 华为已经走到了通信业的前沿，要决定下一步如何走，是十分艰难的问题。我们以前靠着西方公司领路，现在我们也要参与领路了，我们也要像西方公司一样努力地对世界贡献……我们的开放要像黄河、长江、密西西比河一样，任雨水在任何地点、以任何方式流入一样方便地接入。我们在风起云涌的云业务上，要更多的包容，我们永远不可能独自做成功几朵云，千万朵云要靠千万个公司来做。

2010年12月3日，任正非组织召开了一次高级座谈会，[1] 这是华为终端的一个重要转折点，也被内部称为"转型的遵义会议"。任正非在会上对华为终端进行了重新定位，明确了华为终端在华为内部具有三分天下（运营商管道业务、企业网、消费者）的重要战略地位，制定了做品牌更要主动进攻的战略发展思路，同时也从思想上坚定终端要成功的决心。

同时，为了更敏锐地把握住客户需求与市场机遇，支撑面向未来的长远发展，2010年底，华为启动云计算战略，公司决定从传统CT向ICT转型。2011年华为明确提出了"云、管、端"的协同发展战略，[2] 明确了终端业务在公司业务中的战略定位，并对公司组织架构做出了重大调整（见图6-1）。首先，华为进一步完善了公司的治理架构，

---

[1] 2010年12月3日《任总与终端骨干员工座谈纪要》，http://www.sohu.com/a/125933227_116536。
[2] 云，指业务的IT化，造成的主要矛盾是海量信息的处理问题。由此，新一代数据中心和新一代业务平台成为关键。管，指网络IP（国际互联协议）化，造成的主要矛盾是海量信息的传送问题，需要以运营商为基础，构建新一代的网络基础架构。端，指终端的智能化，关键是信息的多媒体呈现。

开始推行轮值 CEO 制度，同时就公司运营的重大战略发展方向、重大投资决策等做出了决议。其次，围绕运营商网络、企业和消费者等业务进行重组，制定和发布了公司对各业务运营中心的管理制度，完成了各业务运营中心管理团队的任命。

将终端业务分拆，意味着终端消费者成为战略重点之一，将成为重点进攻的方向。华为将旗下所有面向消费者的如手机、其他终端设备、互联网业务以及面向消费者的芯片业务（主要由华为控股的海思公司承担）等整合在一起，组成了消费者 BG（企业业务）。华为业务模式也开始从以前的完全 B2B（企业对企业）业务，转型到发展 B2C（企业对用户）业务。

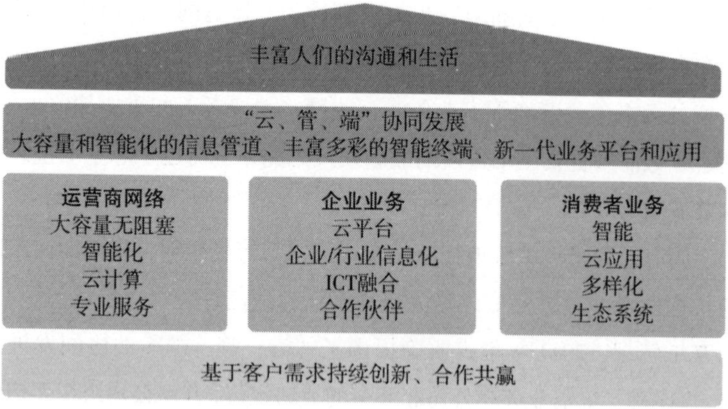

丰富人们的沟通和生活

"云、管、端"协同发展
大容量和智能化的信息管道、丰富多彩的智能终端、新一代业务平台和应用

运营商网络	企业业务	消费者业务
大容量无阻塞	云平台	智能
智能化	企业/行业信息化	云应用
云计算	ICT融合	多样化
专业服务	合作伙伴	生态系统

基于客户需求持续创新、合作共赢

图 6-1　华为"云、管、端"的协同发展战略

资料来源：《华为 2011 年年报》。

"云、管、端"的战略构想，几乎涵盖了未来互联网的所有领域，拥有巨大发展空间，使华为置身于不同以往的竞争领域。华为的竞争对手不再仅仅是爱立信、诺西、思科、北电等"老伙伴"，还包括谷歌、亚马逊、IBM、苹果、三星等 IT 巨头。与之相反的是，爱立信、摩托

罗拉等都卖掉了手机业务。

华为从 2011 年至今都在沿着这条战略路径向前演进，2018 年，华为销售收入达到 7 212 亿元，而 2010 年仅为 1 825 亿元，终端业务收入首次超过了运营商业务，成为华为三大业务的核心亮点。

2. 从企业社会责任到企业可持续发展

华为在确保自身业务发展的同时，也在不断致力于企业社会责任及可持续发展方面的建设。从公司起步伊始，公司管理层就积极参与慈善捐赠活动，为公司的品牌建设提供了重要支撑。随着华为企业规模逐步扩大，开始走向全球，华为进一步认识到了其承担社会责任的意义。特别是在对英国电信集团（BT）的攻坚战中，华为对企业应该承担的社会责任的范围以及未来如何实现可持续发展方面有了一个全新的认知。

（1）与英国电信的"英伦之恋"

2005 年华为成为英国电信集团的设备供应商，这一年公司海外营收超过 58%，华为员工将与英国电信集团的牵手称为"穷小子"与"贵族名媛"的"英伦之恋"[①]。这场"英伦之恋"，叩开了欧洲运营商的大门，也是华为拓展全球高端市场的一个极其重要的里程碑。

华为从 2003 年开始一直在寻找进入欧洲市场的机会，当时英国电信集团让华为觅得"一线生机"。彼时受 IT 泡沫影响，欧洲运营商经营压力陡增。英国电信集团的 CTO（首席技术官）马特提出为节省 100 亿英镑的投资和运营维护成本，将网络从 TDM（时分复用）改成 IP 化，即所谓"21 世纪网络"。在选择合作伙伴时，马特将目光投向

[①] 田涛，殷志峰.枪林弹雨中成长 [M].北京：生活·读书·新知三联书店，2017.

了亚洲。他心中的优选是日本公司，次选是另一家中国公司，对于华为他基本不了解，马特来到华为纯属是临时起意。随后马特对华为进行了为期四天的详细"体检"。

这次"体检"让当时刚刚向海外发达市场伸出触角的华为"大开眼界"，原来作为英国电信集团的一家供应商还有这么多方面需要关注。例如"道德采购"一项，英国电信集团考察了华为办公环境和整个员工出入的场所是否符合人身安全，去了员工食堂、宿舍和厕所进行认证，还对华为的供应商和分包商的工厂及其员工宿舍进行了查看。在英国电信集团看来，一个负责任的公司需要关注这些内容。

很显然，华为当时的"体检"成绩并不理想，英国电信集团将考察结果用雷达图来表述，每项五分，一共13项，华为有的项（如道德采购、战略管理等）不及格，综合得分刚刚及格。但是英国电信集团表示愿意帮助华为改进，它们的认证团队将每半年对华为进行一次改进辅导和评估。这次"体检"让华为看到了公司在管理、流程、产品开发、服务交付等方面与业界一流的真正差距，同时明确了应该努力的方向，完整地理解了一个国际主流运营商对供应商的要求。为了按照英国电信集团的逻辑进行梳理，华为特意在总部成立了"英国电信集团业务支持部"，由董事长孙亚芳作为赞助人，专门执行改进各项工作。

就这样，华为经过不断地改进，从2005年和英国电信集团签合同，到2006年底有第一个PO（采购订单），再到2007年，历时两年，华为最终从英国电信集团的"备胎选手"转为"主力队员"。至今英国电信集团都是华为的忠实合作伙伴。与英国电信集团的合作使华为充分理解了国际主流运营商的社会责任标准，华为也从2003年开始着手建立供应链CSR管理系统，修改供应商认证与管理的流程，同时将CSR纳入供应商认证、选择与管理的流程中，并制定了相应的制度和模板。2007年华为又在此基础上增加了供应商CSR风险评估系统，并根据供应商 CSR 风险等级对供应商 CSR 进行分层分级管理。从 2004—2008 年，华为共对 417 家关键供应商进行了 CSR 审核和改善推动工作。[1]

（2）把数字世界带入每个人、每个家庭、每个组织

华为从 2008 年起，每年定期发布企业社会责任报告，有组织地对企业社会责任进行管理和实施，其履行企业社会责任的内容也在逐步完善和升级。2009 年华为初步建立了 CSR 管理制度和工作流程。2010 年华为提出"企业只有把自己的核心价值观、经营责任与履行社会责任有机、合理地结合起来，企业才有可能存活下来持续发展，也才有可能持续为社会做贡献"。[2] 为了进一步推进可持续发展战略落地，2010 年底在公司治理架构中成立 CSR 委员会，并且为了确保 CSR 战略与公司运营战略的一致性，将可持续发展融入业务运营的核心领域。

华为对于企业社会责任的认识也是逐步发展起来的，2011 年之前，华为的社会责任发展大概经历了从自发意识，到自觉实践，再到建立管理体系来系统管理，最后到积极主动地对供应商施加影响四个阶段。在这四个阶段的发展过程中，华为坚持把和谐发展的理念和承担责任的观念植入运营过程，企业社会责任也被融入华为经营的方方面面。华为已经认识到，履行企业社会责任是华为长期稳步发展的基础，能帮助企业提高竞争力，是企业可持续发展的重要保障。坚持不片面追求利益及规模的最大化，而是坚持平衡发展，注重自身社会责任的绩效及持续改善。

2012 年华为将企业社会责任战略升级为企业可持续发展战略，组

---

[1] 华为《2018 年企业社会责任报告》。
[2] 华为《2010 年企业社会责任报告》。

成了企业可持续发展委员会。不仅在自身业务运营中履行可持续发展要求，同时也将此要求贯穿到整个产业链管理的活动中。在业务开展的同时，更加积极主动地促进经济、社会、环境的全面协调发展。

通过我们的研究发现，华为对自身的社会责任及可持续发展的理念越来越清晰。在 2008 年第一份 CSR 报告中，华为提到公司愿景是"丰富人们的沟通和生活"，运用通信领域专业经验，帮助不同地区的人们平等、自由地接入信息社会，消除数字鸿沟，创造最佳的社会、经济和环境效益，并确定消除数字鸿沟和绿色环保将是自己重点突破的领域。

到 2014 年华为将愿景升级为"联接未来"，拓展了公司可持续发展的目标。"联接"成为关键词，公司用沟通"联接"没有数字鸿沟的未来，用责任"联接"网络安全稳定的未来，用创新"联接"绿色环保的未来，用关爱"联接"人人幸福的未来，用梦想"联接"社区和谐的未来，用合作"联接"产业共赢的未来。

2017 年是华为成立的第 30 个年头，华为重新确立了公司的愿景和使命："把数字世界带入每个人、每个家庭、每个组织，构建万物互联的智能世界。"从中我们可以看到，华为的愿景越来越聚焦，越来越走向开放与合作。华为的可持续发展战略不再只局限于企业自身的可持续发展，而是更多地强调多方合作共赢的共益理念。

这一点可以从华为对"谁影响华为"的描述中窥见一斑。"华为对外依靠客户，坚持以客户为中心，通过创新的产品为客户创造价值；对内依靠努力奋斗的员工，以奋斗者为本，让有贡献者得到合理回报；与供应商、合作伙伴、产业组织、开源社区、标准组织、大学、研究机构等构建共赢的生态圈，推动技术进步和产业发展；我们遵从业务所在国适用的法律法规，为当地社会创造就业、带来税收贡献、使当地实现能数字化,并与政府、媒体等保持开放沟通。"[1]

3. 企业基因与社会痛点的结合:华为可持续发展实践

通过研究我们发现,华为的可持续业务是与公司经营业务紧密结合的,通过自身业务优势去解决社会问题。结合 17 个联合国可持续发展目标,华为在可持续发展方面关注四个领域:数字包容,安全可信,绿色环保,和谐生态。

(1)数字包容

华为在 2006 年首份年报中提到社会责任,致力于消除数字鸿沟,也一直努力践行至今,随着近几年公司战略调整,消除数字鸿沟上升至数字包容。数字包容是指以数字技术实现社会和经济的包容性发展。华为旨在通过连接、应用和技能三个方面的努力实现目标,"联接"是基础,应用是关键,能力是保障。

第一步,"联接未联接、改善可改善"。据 GSMA(全球移动通信系统协会)相关数据,全球大约 38 亿人还没有接入互联网,约占总人口的一半。面对全球未被"联接"的人口,华为凭借自身多年的业务能力及自身技术研发能力,通过创新的解决方案,为客户提供更便捷、更简单、更低成本的服务,实现低成本快速建站,助力未"联接"。此外,华为通过技术集成不断减轻基站重量,采用太阳能等节能设计,降低运营商的网络部署成本,让为偏远贫困地区提供通信服务变成可能。如华为在尼日利亚的创新解决方案"RuralStar"。当地基础设施薄弱,很多地方缺乏供电和输电资源,并且建造传统信号塔的成本相当高昂。所以华为在每部 RuralStar 2.0 设置 6 块太阳能面板,这样就不

---

[1] 华为《2018 年可持续发展报告》。

必依赖现有电源，使低成本、高效率、高质量的网络连接成为可能。该方案累计为尼日利亚4 000万农村人口提供了网络覆盖。

第二步，让数字技术有人用、用得起且用得好。华为认为，只有有人用、用得起且用得好的数字技术，才可能真正促进社会与经济的包容性发展。因此，华为探索符合运营所在地具体场景需求的数字化解决方案，让连接更好地服务于人、家庭和组织。公司主要是提供客户定制化的ICT应用解决方案、易用的应用开发平台，以及丰富的产业生态，满足个性化、场景化的数字技术应用需求，使数字技术惠及更多的细分行业与特定人群。例如，华为推出StorySign（智能手机应用），为听障儿童讲故事；华为为bKash[①]提供"Mobile Wallet"（移动钱包）支付解决方案，助力实现普惠金融，目前该方案已服务于19个国家和地区。

第三步，让需要的人掌握所需的数字技能。华为主要与全球范围内的政府、企业、组织及当地社区合作，提高个人乃至全社会的数字技能。以"华为ICT学院"为例，华为2013年起与全球校企合作建立华为信息与网络技术学院，主要是面向全球大学生传递华为ICT技术与产品知识，鼓励学生参加职业技术认证。项目开展以来已覆盖全球高校557所，来自60多个国家和地区的八万名学生参加了该项目，三万名学生通过了华为认证。

（2）安全可信

电信网络安全日益成为当今电信行业的重要课题。华为一直将网络安全和用户隐私保护作为公司最高纲领，并致力于构筑业界领先的端到端电信网络安全保障体系，以进一步保护设备运行和网络运营安

---

① bKash，孟加拉国农村发展委员会旗下银行的合资子公司。

全。2010年，华为率先在英国成立了安全认证中心，成为华为全球端到端网络安全保障体系中的一个关键环节。

华为对所有利益相关方都有责任确保网络空间的可信任、安全和稳定。从组织、人员、流程及IT工具等全方位构建客户网络保障体系，保障人们随时随地获取、分享信息和通信的权利。此外，华为还建立了成熟的业务连续性管理体系，包括应对重大自然灾害、政治、经济、贸易、网络病毒灾害等风险事件的应急预案，以保证在重大事件发生后，华为能够保障供应连续性和客户产品/服务的及时交付。如汶川地震和日本地震时，华为工作人员第一时间达到震区抢修通信设备。

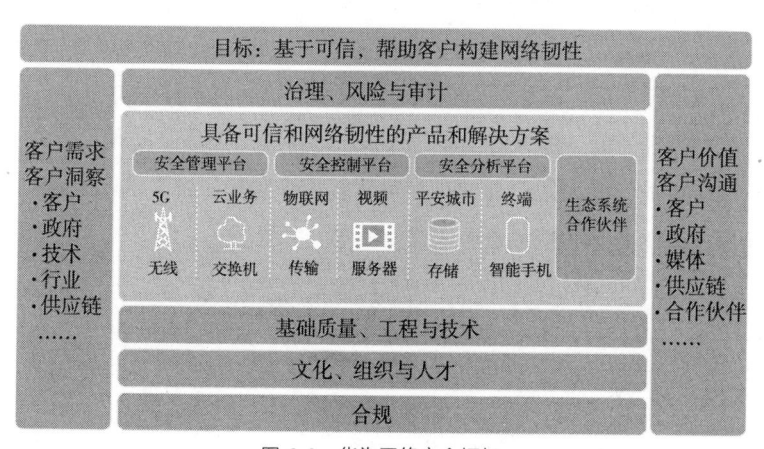

图 6-2 华为网络安全框架

资料来源：华为《2018年可持续发展报告》。

（3）绿色环保

在绿色环保方面，华为很早就开始关注绿色环保理念，而且进一步细化到"绿色产品、绿色运营、绿色伙伴、绿色世界"。2004年华为加入"联合国全球盟约"组织，并将其倡导的基本原则融入公司文化与商业活动之中，积极履行自身的企业社会责任。2010年，华为与中国工业和信息化部签署了节能自愿协议，双方共同推进中国通信业节能减排战略目标的达成。华为承诺以2009年发货产品单位业务量的平均能耗为基准，到2012年底实现发货产品单位业务量的平均能耗下降35%。①

华为将可持续发展理念融入产品开发的全生命周期，积极管控有害物质的使用，在产品设计中不断探索，持续推动开展节能设计。华为将循环经济理念融入产品环保设计中，从原材料的选取、加工、用户使用以及产品生命周期后的废弃物处理等方面进行了全生命周期的考量，竭尽所能减少对环境的影响和破坏。

在绿色运营方面，华为一直注重产业运营与资源环境的和谐统一，践行园区低碳绿色运营模式。通过导入能源管理体系，采取技术节能和管理节能，引入清洁能源等方法，持续加强环保投入，减少二氧化碳排放，最大限度地减少在运营过程中对环境带来的不利影响。2014—2018年华为能源资源消耗如表6-1所示。

表6-1　2014—2018年华为能源资源消耗

名称	单位	2014年	2015年	2016年	2017年	2018年
天然气	万立方米	491	522	993	711	1 114
汽油	吨	390	363	358	600	251
柴油	吨	46	41	116	256	77
电力	万千瓦时	113 325	134 700	168 653	207 095	235 504
蒸汽	吨	19 881	20 561	20 352	21 801	23 143
水	万吨	548	700	936	813	1 041

资料来源：华为《2018年可持续发展报告》。

---

① 《华为2010年年报》。

（4）和谐生态

和谐生态方面，华为主要是与客户、员工、产业链上下游的伙伴、企业所在的社区居民等利益相关方协同发展。下面，我们主要介绍员工与供应商方面的内容。

员工方面。华为一直秉持"以奋斗者为本"的理念。这也是分配机制的主要依据。华为鼓励千军万马上战场，并会根据员工的绩效与贡献，提供及时、合理的回报。公司每年还会为员工的保障投入大量资金，《华为2007年年报》显示，这一年公司各项员工福利保障支出8.4亿元，之后逐年加大投入力度，2018年全球员工保障投入135.1亿元（见图6-3）。

图6-3 华为全球员工保障投入（亿元）

资料来源：华为《2018年可持续发展报告》。

对于员工的激励不仅有物质上的，还有更重要的非物质方面的激励，比如荣誉，对员工健康安全的保障措施，以及对员工生活上的关注。有一位华为的高管和我们分享过一个细节。当年为了给远在非洲的一线员工过中秋节，公司用集装箱给大家送中餐。一线员工回忆说，世上最好吃的东西是当年在非洲吃的节日美食。

除了激励，华为还鼓励员工根据自身能力和个人兴趣，自由成长，从而实现个人价值。公司为员工提供管理与技术晋升双通道（见图6-4）。允许业务骨干专注业务，不一定要走行政路径，也可以得到很高的待遇，并有决策权。

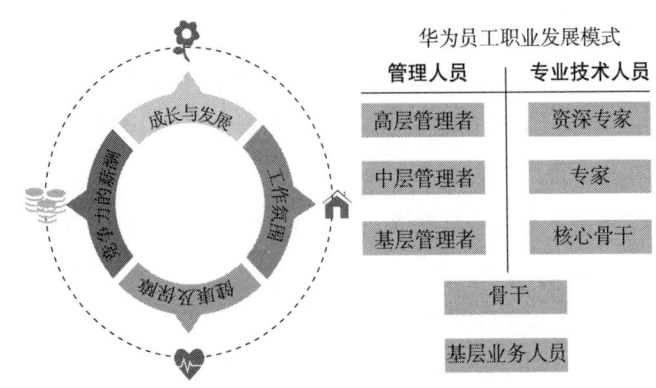

图 6-4　华为员工协同发展

资料来源：《华为 2011 年年报》。

供应商方面。华为在选择新供应商时，有一票否决权，如果供应商 CSR 评估分数没有达到华为要求，华为就不会与该供应商合作。对于已达成合作的供应商，华为每一年都会对其进行绩效考核。而绩效考核会与业务往来挂钩，并有明确的奖罚分明的制度，如果供应商绩效考核分数高，华为将提供增加购买份额等奖励，如果考核结果不好，华为会减少份额或终止合同。绩效考核一般会在每季度、每半年、每年分阶段进行。

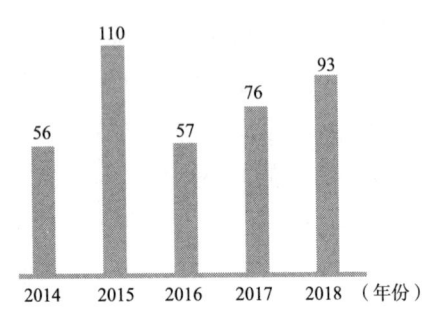

图 6-5　2014—2018 年华为新供应商认证审核数量

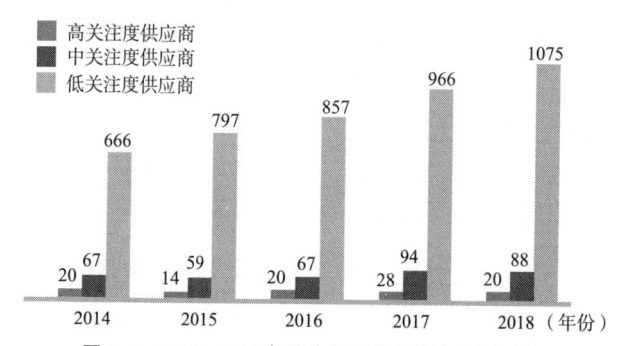

图 6-6　2014—2018 年华为新供应商关注度分级结果

资料来源：华为《2018 年可持续发展报告》。

从 2003 年开始，根据客户和业界要求，基于 SA/ISO 等标准及节能环保新要求等社会责任，制定了社会责任采购标准指南，从供应 CSR 战略、组织、流程、技能要求、执行等方面，引导和推动供应商达到社会责任要求。

华为对 90% 以上的供应商进行年度关注度分级，划分为高、中、低三个等级，确定年度审核供应商清单。2018 年，华为对 1 183 家供应商进行关注度分级，并对一些供应商进行现场审核，分级的结果是 2018 年有 108 家高、中关注度供应商。

对于现场审核发现的问题，华为指导供应商采取 CRCPE［Check（检查）、Root cause（根源）、Correct（精确）、Prevent（预防）、Evaluate（评估）］五步法，通过举一反三识别共性问题，追溯根因，采取针对性的纠正和预防措施，进行持续评估和改善。这些问题将被纳入供应商改善行动要求系统，持续跟进。

4. 制度保障：华为可持续发展管理体系

为了推进可持续发展在公司内部进一步深化，华为在 2009 年开始建立 CSR 相关制度，经过几年的发展，目前公司已形成一套成熟的可持续发展管理体系。管理体系主要是以CSD委员会（华为可持续发展委员会）为主，承接企业的愿景和使命制定公司的发展战略，执行和推进战略目标的落地。

华为CSD委员会由研发、制造、采购、人力资源、交付等部门的20余名委员组成，委员会主任由公司董事、质量与流程IT管理部总裁陶文担任。委员会的主要职责有：公司可持续发展战略的制定与执行，确保战略目标落地；可持续发展管理体系的建立、实施和持续优化；满足客户等相关方要求，构建公司可持续发展竞争力等。2018年华为基于公司最新的组织架构调整，对之前基于部门维度成立的CSD分委会主要职责进行融合，成立了ICT基础设施CSD分委会、消费者BG CSD分委会、研发CSD分委会以及平台CSD分委会。

委员会最重要的任务就是制定公司CSD战略。在制定可持续发展战略时，委员会会将可持续发展作为一项准则，并从"三重底线（经济责任、环境责任和社会责任）"出发，结合17个联合国SDGs（可持续发展目标），梳理出华为应该聚焦的主要领域。同时，华为也通过与利益相关方（客户、消费者、员工、供应商、政府、行业组织、媒体、学术界和公众等）持续展开互动与对话，了解他们的观点、诉求和期望，并相应地调整公司可持续发展目标和行动，做出及时的回应。华为也积极参与关键的多利益相关方倡议、行业联盟、区域性和全球性可持续发展平台，倡导通过创新和协作的方式实现可持续发展目标。以2018年为例，华为主要关注于数字包容、安全可信、绿色环保、和谐生态。

从华为可持续发展战略来看，华为并不是简单地去做企业社会责任，而是紧紧地把企业发展与利益相关者（社会、客户、员工、供应商等）的诉求有机结合起来，从而形成员工认可、客户认同、合作伙伴认同的CSD战略，并贯穿在华为发展的每一个细节中，成为华为独具特色的发展精髓。

第六章 信息与通信技术行业：社会变革的加速器

数字包容	**万物互联的智能世界之未来图景** 将成为万物智能的大脑，终端如触角般实现万物感知，网络连接起万物，最终构成一个万物互联的智能世界。源自数字时代的种种美好体验将被推向新的极致，而我们希望它同时也能够实现最大限度地普惠与包容。	**技术普惠，接力致远**：科技不应高居象牙塔，而要普济天下。华为希望通过在"联接"、应用和技能三个方面的努力，持续扩大数字包容的成果，最终让数字技术惠及每个人、每个家庭、每个组织。
安全可信	**夯实万物智联的根基** 作为数字世界和智能世界的使能者，不论走向未来的途中遭遇多少不确定性。我们都信守自己的承诺，一如既往地为客户提供安全可信的ICT基础设施和服务，夯实万物智联的根基。	**恪尽职守，夯实信任**：把网络安全和用户隐私保护作为公司最高纲领，坚持投入，开放透明，全面提升软件工程能力与实践，构筑网络韧性，打造可信的高质量产品，保障网络稳定运行和业务连续性。
绿色环保	**珍视我们的现实世界** 从数字世界到智能世界，并非现实世界被虚拟世界取代，而是虚拟世界是现实世界更好的诠释和延伸，最终实现全面智能的连接。因此现实世界永远值得我们珍视，特别是其中最脆弱的部分——大自然。	**清洁高效，低碳循环**：致力于减少生产、运营过程以及产品和服务全生命周期对环境的影响，通过创新的产品和解决方案，促进各行业的节能减排和循环经济发展，持续牵引产业链各方共建低碳社会。
和谐生态	**与志同道合者携手前行** 没有人可以独自抵达未来，我们选择与志同道合者携手前行。在承担使命、达成愿景遥途中，我们的客户、员工、产业链上下游的伙伴、企业所在的社会居民，都将是最重要的同行者。	**同心共赢，为善至乐**：多年来，我们始终坚持诚信合规经营，坚持以客户为中心，也积极关注员工发展和价值实现，积极为运营所在社区做出贡献，与产业链各方携手共建和谐健康的产业生态环境。

图 6-7　2018 年华为 CSD 关注的四个方面

资料来源：华为《2018 年可持续发展报告》。

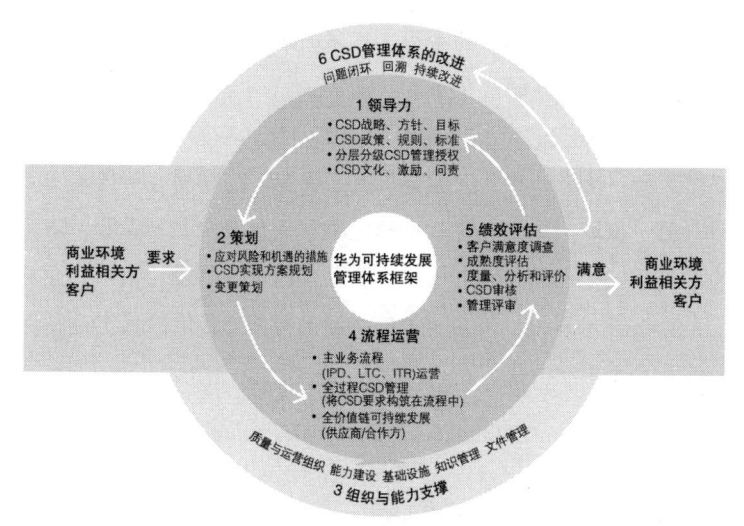

图 6-8　2018 年华为可持续发展管理体系框架

资料来源：华为《2018 年可持续发展报告》。

在战略目标的落地和执行方面，华为基于 ISO26000/SA8000 等国际标准和指南建立 CSD 管理体系，制定和发布了政策、流程、基线等一系列管理方法和工具。运用 CSD 管理流程系统策划、实施、监控和改进可持续发展工作。2018 年委员会优化了 CSD 管理体系成熟度评估工具，从领导力、策划、组织与能力支撑、流程运营、绩效评估五个维度开展成熟度评估，全面了解各业务模块的成熟等级，找出改进点，推动业务持续改进。

5. 华为面临的挑战

本案例中我们主要关注了华为的可持续发展，在这方面华为也经历了长时间的不断的探索，从开始参与慈善捐赠活动，到加入联合国"全球盟约"积极参与国际会议，再到对标 SDGs 来推进公司的可持续发展。通过将企业业务与社会痛点紧密结合，华为凭借其业务优势，主要在数字鸿沟、安全可信、绿色环保及和谐生态四方面推进可持续发展。这样不仅使公司的业务有了更多的延展空间，而且也更加有效地解决了相关社会问题。

面对瞬息万变的市场环境，华为也同样面临着众多挑战和机遇。ICT 作为新一代云计算、大数据、人工智能、物联网等新技术发展的基础设施，保障网络信息连接的稳定性和信息安全尤为重要，华为也一直将网络安全和用户隐私保护作为公司的最高纲领。未来，面对不确定的市场技术环境，公司将如何持续确保信息传输的稳定性并保障网络安全是个不小的挑战。

第六章 信息与通信技术行业:社会变革的加速器

▶ **台达:再圆一个环保的梦**

> 台达现在做的事,都是朝着理想去做。环保的课题带给我们机会,我始终没有把它看成负担。企业不应该走短路,只顾眼前赚钱,而应把眼光放远,了解未来市场的需要,开发制造对社会真正有价值的产品。我相信,对社会有贡献及价值的产品,自然有商机。①
>
> —— 郑崇华

接下来,我们给大家介绍一家台湾企业——台达电子集团。可能很多人经常能看到它的标识"Delta",但并不一定了解台达。台达由郑崇华创办,是全球电源管理与散热管理解决方案的领先厂商,主要产品占全球一半的市场份额,它的客户包括苹果、微软、IBM、华为、索尼等全球顶尖科技公司。台达曾获得《远见》杂志企业社会责任奖"科技业首奖"、《福布斯》亚洲版杂志"亚洲顶尖50强企业"、CNBC(美国消费者新闻与商业频道)全球百强低碳企业奖,2011—2018年连续八年入围道琼斯可持续指数榜。创始人郑崇华为人低调,常常被称为台湾最实在的企业家、最被低估的企业家。台达也被称为在台湾众多科技公司中"宁静的崛起"。

2019年4月我带领长江商学院一行30余名同学去台湾游学,主题是可持续性发展。在研发课程的过程中,《远见》杂志的同事推荐我一定要去看看这家公司。但他们说郑崇华先生已经不再负责公司的具体业务,估计很难请他出来。带着好奇我上网做了调研,发现这是一个我之前在北美经常看到的品牌,只是不知道总部就在台北!更重

---

① 张玉文. 实在的力量[M]. 北京:清华大学出版社,2011.

要的是看了很多信息后，我对郑先生钦佩不已。他的理念显然深深影响着这家令人尊敬的公司。抱着试一试的想法，我给郑先生写了一封邮件，希望能在我们参访台达的时候见到他。4月22日，在台北台达总部会议室里，我们坐在了一起，年过80的他，精神矍铄，和我们讨论了近一个小时，之后又陪我们一起在他们的小影院里观看了一部关于水的短片。之所以要做关于水的内容，是因为自然环境是他从始至终发自内心关注的。

1. 灾后重建的小故事

> 设计简单、符合大自然运转模式，达到"资源使用减半，人民福祉加倍"的目的，就是好的绿色建筑。
>
> —— 郑崇华

2011年4月22日"世界地球日"这一天，四川汶川地震灾区第一座绿色校园——杨家镇台达阳光小学落成并启用。在汶川地震发生之后，台达在第一时间投入汶川灾后重建工作，同时获得中国可再生能源学会绿建筑专家团队的支援，可确保新建校舍的安全与永续。

随后台达通过"2009台达杯国际太阳能建筑设计竞赛"[①]，以四川灾区学校重建为主题，面向全球征集"阳光小学"设计方案，并将一等奖——山东建筑大学"蜀光"方案，通过中国建筑设计研究院完善为施工设计图，运用台达1 000万元捐款，将竞赛方案付诸建设，

---

① 台达从2006年开始协办一系列"台达杯国际太阳能建筑设计竞赛"。这个活动持续受到中国可再生能源学会、国家住宅与居住环境工程技术研究中心、中国可再生能源学会太阳能建筑专业委员会的支持，于2007年成为世界太阳能大会的一项子活动。

建成杨家镇台达阳光小学。在落成之后该小学也获得了国家住宅与居住环境工程技术研究中心的评价:"合理优化规划布局和建筑空间,实现了建筑与自然环境的有机结合。有效降低建筑运行能耗,提升教学环境的舒适度。"

2009年台湾发生莫拉克风灾,泥石流重创了台湾南部山区,也使高雄那玛夏山区里的民权小学建筑屋几近全毁。台达电子文教基金会在第一时间决定投资援建绿色小学,重新回溯当地居民文化,考虑到与大自然的并存,应用最新的绿色能源技术,在原址上方较安全的地方重建那玛夏民权小学。① 那玛夏民权小学在2012年取得台湾绿建筑最高等级"钻石级"绿建筑认证。校园中设置台达太阳能发电系统,使独栋的图书馆达到"净零耗能"。该小学2018年单位楼地板面积用电量比台湾2017年设定的目标节能高达93%。②

图6-9 杨家镇台达阳光小学(左)与那玛夏民权小学(右)

资料来源:台达CSR报告。

在发生重大自然灾害后,大部分企业都是捐款捐物,像台达这样考虑长远且因地制宜的环境节能重建计划是比较少见的,而且能够获得相关权威机构的评价与认证,并不容易。事实上,台达电子从成立

---

① 九典联合建筑师事务所.台达电那玛夏民权小学[J].建筑学报,2013(4).
② 《台达2018 CSR报告》。

之日起，一直践行"环保、节能、爱地球"的经营使命，并通过设计创新的产品解决环境问题。台达已经成为绿色建筑的倡导者，过去十多年在全球打造了27座厂办及学术捐赠的绿色建筑。一般企业都认为环保是一项额外的任务或者财务负担，但台达却将环保节能视为"21世纪的商机"，通过在企业社会责任方面不断探索实践，推进企业永续发展。

2. 共益理念：环保、节能、爱地球

台达电子集团成立于1971年，是电源管理与散热管理解决方案的全球领先厂商，公司在多项节能及新能源科技领域也积极发展，包括工业自动化、网络通信产品、可再生能源应用与电动车充电解决方案等，市场遍及全球。电源供应器是其主要产品，目前已经是全球最大的供应厂商，早在2002年主要产品就占全球份额第一，并一直领先至今。自创办以来，台达集团全球营收年复合增长率30.5%，[①] 2018年总营收90.81亿美元，公司每年将7%以上的营收投入产品研发创新。截至2018年，台达全球共有175个运营网点遍布近40个国家和地区、69个研发中心及近9 000名研发工程师，全球员工总数约86 101人。[②]

台达的成功，离不开创始人郑崇华的用心经营。1936年郑崇华出生于福建建瓯，之后跟随亲戚前往台湾。1954年，成绩优异的他考上了成功大学矿冶系，一年后转到了电机系。毕业后他先后在亚洲航空公司和美商精密电子公司台湾分公司工作了十年，不仅接触了先进的电子科技，而且积累了丰富的生产管理的经验。20世纪70年代初，

---

① 《台达2017年CSR报告》。
② 《台达2018年CSR报告》。

时值台湾大力施行发展科技产业的政策，台湾经济形势趋于改善。当时台湾的电视机、收音机对外销量已超过百万台，但电视的相关零部件却全部依赖进口。1971年，郑崇华筹资30万元，创办了生产电视线圈和变压器的台达电子工业股份有限公司，拥有员工15人。在开办公司之前他就承诺，三年之内不碰老东家的客户，最后他做到了。基于之前积累的工作经验和对品质的坚持，以及整个团队的齐心协力，台达很快站稳了脚跟。①

当很多企业家享受奢华生活时，郑崇华更喜爱在公园散步，浇花种花，他说这些事情让他感受到亲近大自然的单纯快乐。这可能也是他一直坚持专注于环保节能的原因之一。"我悠游在大自然之间，不能想象有一天人类的无知和愚蠢会破坏这样美好的环境，甚至可能让我们的子孙后代无立足之地。"②

因此，台达在成立之初就提出"环保、节能、爱地球"的经营使命，这一使命后来更新为"致力于提供创新、洁净与节能的解决方案，为了更美好的明天"。不难看出，公司自上而下，从里到外都秉持着环保理念。台达很早就关注开发节能环保产品，并亲身实践环保节能，更重要的是创始人及管理团队认为，节能环保是公司永续经营的竞争力，是21世纪最好的商机。例如，1980年台湾工业急速发展导致经常电力供应不足，当时市场上的线性电源效率常低于50%，于是台达决心投入效率较高的开关电源。凭着专业认真的团队一路努力研发，从一开始的电源产品效率65%，到了2000年，台达几乎所有的电源产品效率都超过90%，太阳能光伏逆变器效率更是高达98.8%。③除了生产

---

① 《台湾"环保教父"》，http://www.hsmrt.com/zhengchonghua/6646.html。
② 郑崇华，张玉文. 实在的力量[M]. 北京：现代出版社，2018。
③ 《台达2016年CSR报告》。

节能产品，台达还亲身实践环保节能，在 1990 年成立环保教育基金会，从事各项环保工作及教育活动，同时积极参与国际气候议题的相关活动。

另外，台达主动进行的环保节能，甚至走在了法规前面。以制程为例，欧盟规定的"有害物质限用指令"（RoHS）[1] 是在 2002 年公布，2006 年生效执行的。但台达早在 1990 年就开始评估将一般焊锡生产线改为无铅焊锡的可行性。台达试用无铅焊锡的时候，有些同业认为这么做会提高生产成本，并不看好。但正因台达及早采用无铅焊锡，才争取到索尼的大订单。2001 年，索尼为了降低成本，开始寻找日本以外的零件供应商，找到台达供应电源产品。当时索尼建议台达以后逐步改用无铅焊锡，却发现台达早就已经开始改用无铅焊锡制程，而且标准跟他们要求的完全一样，并设置了测试重金属及有毒化学物质的实验室。因此，索尼不但增加了给台达的订单数量，还在 2003 年颁发全球第一个海外"绿色伙伴"的认证给台达。[2] 之后在 2004 年，台达同时获得微软和思科的全球最佳供应商奖，《财富》杂志也向台达颁发了公司治理奖。[3]

> 台达不只生产节能产品，也亲身实践环保节能。没想到，这份希望为环境多尽一点力量的心意，也让公司从容面对环保规范，创造商机。[4]
>
> —— 郑崇华

---

[1] 这项指令限制使用于电机和电子产品中的铅等六种物质，以保护人类的环境的安全。
[2] 郑崇华，张玉文.实在的力量[M].北京：现代出版社，2018.
[3] 《台达 2005 年 CSR 报告》。
[4] 郑崇华，张玉文.实在的力量[M].北京：现代出版社，2018.

经过长期实践,郑崇华还总结出一个信条:"勇于变革,永续经营。"台达一直坚持厚植技术与产品基础,这些都有助于深化竞争力,找到新机会。[1] 他表示:"我常说,Delta 在数学上代表'变量'。我们要认清市场的变化,把握市场需求与本身的专长,开发公司擅长且更有竞争力的产品,不要跟随别人一窝蜂。"台达创立的前十年,一直从事电视元器件产品的销售,20 世纪 80 年代,台达抓住个人电脑市场崛起的机遇,成功转入个人电脑元器件领域,并成为 PC 时代的电源供应器领导厂商。随着不断积累的环保节能研发经验,台达又于 2010 年成功转型为环保节能的解决方案提供商。从台达业务发展的脉络,我们可以看出台达的每一步都恰如其分地踩在了时代的节拍上,台达的经历实现了创始人"勇于变革方能永续经营"的信念。

3. 台达的永续发展

2005 年台达将自己所进行的社会责任内容书面化,发布了台达第一篇企业社会责任报告,同时这一年公司荣获《远见》杂志第一届企业社会责任"科技业首奖",还建成第一个台南绿色厂房并迁入,并要求之后新建厂房必须按照"绿色厂房"批准建设。但其实从台达的获奖经历就可以看出,公司在发布报告之前在社会责任方面已经做得很充分并得到了利益相关者的认可。2006 年台达营业收入首次突破千亿,达到 1 052.16 亿元新台币(约 251.99 亿元人民币)[2],郑崇华表示"台达要从千亿企业转型到下一个阶段,需要往高效率与高利润的方向走,除了产品要赚钱,技术要领先,企业的社会责任也要并重"。[3]

---

[1] 郑崇华,张玉文.实在的力量[M].北京:现代出版社,2018.

[2] Wind.

[3] 郑崇华,张玉文.实在的力量[M].北京:现代出版社,2018.

基于"环保、节能、爱地球"的使命，台达制定了企业社会责任八条承诺。经过十几年的社会责任实践，台达集团逐渐摸索出了自己的一套企业社会责任实践方法。

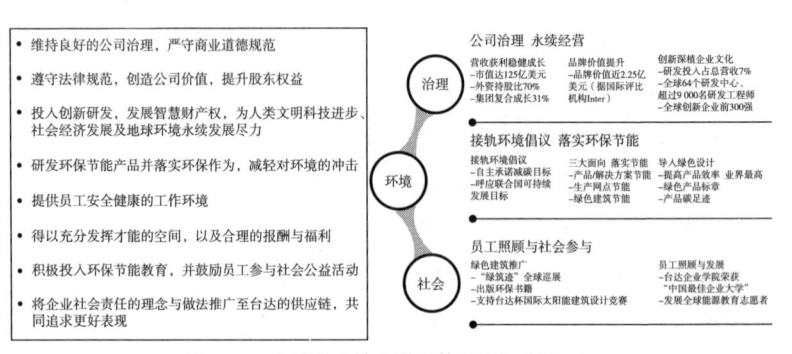

- 维持良好的公司治理，严守商业道德规范
- 遵守法律规范，创造公司价值，提升股东权益
- 投入创新研发，发展智慧财产权，为人类文明科技进步、社会经济发展及地球环境永续发展尽力
- 研发环保节能产品并落实环保作为，减轻对环境的冲击
- 提供员工安全健康的工作环境
- 得以充分发挥才能的空间，以及合理的报酬与福利
- 积极投入环保节能教育，并鼓励员工参与社会公益活动
- 将企业社会责任的理念与做法推广至台达的供应链，共同追求更好表现

治理
公司治理 永续经营
营收获利稳健成长
- 市值近125亿美元
- 外资持股比70%
- 集团复合成长31%
品牌价值提升
- 品牌价值近2.25亿美元（据国际评比机构Inter）
创新源植企业文化
- 研发投入占总营收7%
- 全球4个研发中心，超过9 000名研发工程师
- 全球创新企业前300强

环境
接轨环境倡议 落实环保节能
接轨环境碳目标
- 自主承诺减碳目标
- 呼应联合国可持续发展目标
三大面向 落实节能
- 产品/解决方案节能
- 生产网点节能
- 绿色建筑节能
导入绿色设计
- 提高产品效率 业界最高
- 产品标章
- 产品碳足迹

社会
员工照顾与社会参与
绿色建筑推广
- "绿筑迹"全球巡展
- 出版环保图书
- 支持台达杯国际太阳能建筑设计竞赛
员工照顾与发展
- 台达企业学院荣获"中国最佳企业大学"
- 发展全球能源教育志愿者

图 6-10 台达企业社会责任的承诺与公司 CSR

资料来源：台达 2018 年 CSR 报告，《实在的力量》。

（1）绿色运营

台达在创办初期就践行绿色运营，从核心竞争力考虑，从产品、厂区与绿色建筑三个方面着手，实践节能减碳。

在产品节能方面，台达持续推出高效电源产品并投入产品创新。2010—2018 年，台达高效节能产品协助全球客户累计节电 281 亿度，约减少碳排放 1 506 万吨。在厂区节能方面，台达生产制造用电量占总用电量的 90% 以上，公司力行推动工厂节能，其中在电源产品的测试与 Burn-in（老化）设备，设计能源回收系统，最高可回收 95% 的用电。2011—2018 年，台达累计投入 1 846 项节能方案，节电 2.30 亿度，约减少碳排放 18.6 万吨。

在自主减排方面，2015 年台达发布《台达气候行动方案专书》，对环境保护的承诺，以电力电子核心技术为基础，全球营运布局为推动据点，全体员工与合作伙伴共同参与，提出气候行动方案。同时，台达响应CDP（企业减排倡议），提出"We Mean Business"（我们是认真的），承诺三大项目，包括气候变迁资讯揭露、影响减碳政策与企业自主减碳。在企业自主减碳上，率先以科学基础确定减碳目标，提出以2014年为基准年，2025年碳密集度目标减量56.6%，并于2017年底通过科学基础目标倡议组织符合性审查，成为台湾第一家且为全世界前100家通过审核的企业。

在绿色节能方面，从2005年完工的台达台南厂开始，之后台达所有的建筑都必须是"绿色建筑"，做到环保节能。厂房运用"自然化、简单化、低成本化、本土化、因地制宜化"的概念，可以比传统建筑物节省30%的能源与50%的水资源，并且可以通过良好的通风与采光设计，创造更健康舒适的工作环境。台南厂在2006年获得"黄金级建筑标章"的肯定，2009年又升级为"钻石级"的标章。2018年台达共有15栋工厂绿建筑通过ISAE3000（国际鉴证业务标准3000）认证。台达主要厂区实施的节能方案，共节电16.18百万度，相当于减少碳排放10 366吨。

（2）员工关怀及社会参与

"只有真正建立'以人为本、以人为中心的公司文化'，大家都真心相信并实践这个理念时，台达才算是一个成功的企业。"正如郑崇华在《实在的力量》一书中所提到的，台达非常关注员工，不仅在福利、技能提升与培训、退休制度、员工行为规范等方面制定了完善的制度，而且会定期进行调查问卷与员工沟通。

台达鼓励全体员工共同支持和参与社会责任，如2004年开始公司就鼓励全员以环境保护为目标，以减少二次公害为使命，参与废弃物分类，将垃圾转化成再利用产品。2006年台达发表了全球第一份由企业自发制作、介绍企业内部环保、节能、生态之景点、设施与相关绩效的"绿色生活地图"（Green Map）。这份绿色生活地图包含台达全球13个据点，搭配教学光碟与台达内部完整的e-Learning（在线学习）系统，让企业能针对员工进行环境教育，希望将绿色生活的观念推广到所有员工的家庭与社区。

同时台达也鼓励员工在日常生活中要坚守信念。这些信念包括：一是平等开放的待人态度；二是强调团队意识；三是真诚服务的态度；四是善尽人生与掌握现在的态度；五是自我成长的重要性；六是平衡的个人与组织关系；七是人人代表公司的观念。

在社会参与方面，台达一直积极参与环境与教育类社会公益活动，多年来台达将企业核心能力与社会公益策略结合，透过基金会的统筹与规划，持续聚焦于深耕普及绿建筑概念、推广能源教育、积极培育人才等方面。下面我们来介绍具体的几个例子。

首先，台达是绿色建筑的倡导者，过去十多年中，台达在全球打造了27座厂办及学术捐赠的绿色建筑，其中2018年经认证的绿色建筑，共节电1 631万度，相当于减少碳排放10 577吨。台达将可再生能源应用、能源管理优化、工厂节能自动化方案、家用节能产品等整合成系统方案，对建筑设计、建材选择、采光隔热、照明空调、热水等系统加以优化后，可以使建筑在大幅度降低水电资源的能耗下，保持更舒适的室内温度、湿度和空气新鲜度，从而大幅提高工作效率与环境品质。

其次，电力电子科教计划。说到这个计划，我们分享一下郑崇华提到的一个小故事。在20世纪90年代，郑崇华走访美国高校遇到一些华裔教授，在跟他们闲聊的过程中，他问这些教授为什么不回国。这些教授表示，其实他们很想回国，但是可能回国后国内的实验室和设备跟不上，他们没有办法继续现在的研究。随后，郑崇华又问引进这些设备和实验室大概需要多少钱。听完后,他评估了一下,觉得自己有能力支持这件事。于是,他回来之后跟上海交通大学合作,台达于1999年在上海设立台达电子研发中心,成立了第一个博士后的研究站,特意聘请了当时弗吉尼亚理工大学法学教授、电力电子领域的专家李泽元来主持。2000年随即启动"台达电力电子科教发展计划"及"中达学者计划",陆续与清华大学、浙江大学、哈尔滨工业大学等十所重点大学在电力科教方面进行合作。

原本的初衷只是进行DPEC(台达电子电力)科教发展计划资助的科研项目交流,但由于每年与会的专家学者皆为一时之选,所以很快就发展成为中国大陆大学电力传动学科的重要学术交流平台。主要推动能源节能领域产学合作,支持高校人才培育。到2018年,已经举办了18届新技术研讨会,为超过1 160人提供奖学金,奖励41个优秀项目,奖励29位"中达学者",创新研究项目260个,拥有16位"中达青年学者"。

最后,台达举办高校竞赛。台达通过台达环境与教育基金会,从2006年开始举办"台达杯国际太阳能建筑设计竞赛"。这个活动持续受到中国可再生能源学会、国家住宅与居住环境工程技术研究中心、中国可再生能源学会太阳能建筑专业委员会的支持,并于2007年成为世界太阳能大会的一项子活动。"台达杯高校自动化设计竞赛"自2014年推出,已举办五届,参与国家包括泰国、印度、越南、荷兰。这是主要面向大学生的创新性科技竞赛,结合台达自动化技术与产品,征集自动化系统创新设计方法。目的是:培养科技人才,促进大学生自动化实践水平全面提高,激发学习自动化技术的兴趣;培养其创新能力、协作精神和理论联系实际的学风;加强校企交流一合作;传播

"环保、节能、爱地球"的理念。[1]

(3) 对标联合国可持续发展目标

为了与利益相关者更好地沟通，在具体实践企业社会责任方面，台达不断进行探索和升级。2011年公司在实践企业社会责任时加入了利益相关者对话环节。透过多元化的渠道与利益相关者沟通，了解他们的需求，并结合实质性分析，辨别出对利益相关者及台达最重要之议题，采取相对应必要措施，强化资讯揭露内容。[2]

其实台达自1990年成立文教基金会，一直关注并参与国际各项环保公益活动，如联合国气候会议。台达结合自身环保节能的业务优势，于2016年开始对标联合国发布的关于经济、环境及社会等17项可持续发展目标，并通过企业社会责任网站利益相关方问卷反馈意见，了解主要利益相关方的关注议题及对各议题关注的程度，再结合企业实际运营能力选出了八项社会议题。[3] 八项社会议题分别是：优质教育；经济适用的清洁能源；体面工作和经济增长；产业、创新和基础设施；可持续城市和社区；负责任的消费和生产；气候行动；促进目标实现的伙伴关系。

台达运用SDGs来优化企业CSR策略，以核心能力为基础，从运营、产品、供应链与社会等方面检视公司永续发展路径。通过对标SDGs，台达对共益实践的认识更加深刻。这样做不仅能够对标国际上大家普遍关注的社会议题，而且也结合了利益相关者的重点关注内容，使公司实践内容更清晰，资源利用更集中。

---

[1] 台达公司。
[2] 《台达2015年CSR报告》。
[3] 《台达2018年CSR报告》。

第六章　信息与通信技术行业：社会变革的加速器

优质教育	经济适用的清洁能源	体面工作和经济增长	产业、创新和基础设施
可持续城市和社区	负责任消费和生产	气候行动	促进目标实现的伙伴关系

图 6-11　2018 年台达重点发展 SDGs

资料来源：《台达 2018 年 CSR 报告》。

4. 制度保障

2005 年，台达组建了专责组织，由郑崇华担任环保组长，同样的组织架构延伸至厂区，试图让环保节能成为一种风气。[①] 并逐渐形成完善的制度保障，企业社会责任委员会为台达内部最高层级的永续管理组织，由创办人及荣誉董事长郑崇华先生担任荣誉主席，董事长海英俊先生担任主席，委员会成员包含副董事长、执行长、营运长等多位董事会成员，以及地区与功能主管，通过定期会议，确定 CSR 年度策略规划，检视集团及各子委员会的运作方向并督导执行成效，执行成果向董事会汇报。[②]

随着公司社会责任的范畴日渐广泛，2010 年台达正式成立了企业社会责任办公室，以协助各事业单位结合绿能产品及能源管理系统，结合推动全球营运据点，落实"环保、节能、爱地球"的经营使命。2018 年该办公室升级为企业永续发展办公室。

[①] 郑崇华，张玉文. 实在的力量 [M]. 北京：现代出版社，2018.
[②] 《台达 2018 年 CSR 报告》。

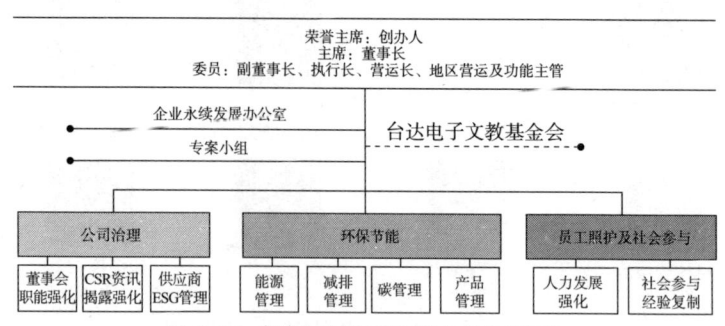

图 6-12　台达企业社会责任委员会组织结构

资料来源：《台达 2018 年 CSR 报告》。

5. 台达的"变"与"守"

进入 21 世纪以后，随着市场逐渐饱和，加上终端电子品牌直接面临的市场压力，台达步入了缓慢的发展期。2008 年，台达出现了成立以来仅有的一次负增长，营业额下降 12%。改革迫在眉睫，郑崇华认为当务之急是找到台达的转型方向，以求永续发展。2009 年，郑崇华确定了三个改革策略：第一，利用原先代工技术积累转型先进制造业；第二，利用电子制造业积累的成本优势；第三，培育未来技术。

在这一策略的指导下，台达从 2010 年起从 ODM（原始设计制造商）代工升级转型为 DMS 设计制造服务模式，为客户提供光伏系统整体解决方案。[①] 同时，台达还做了另一个重要的转变，建立了台达自有品牌，这使台达开始从供应厂商走向服务终端消费者，从"Delta inside"（台达内）到"Delta outside"（台达外）。台达在建立自有品牌的同时也提出了品牌承诺：Smarter、Greenery、Together（共创智能绿

---

① 《台湾"环保教父"》，http://www.hsmrt.com/zhengchonghua/6646.html?tdsourcetag=s_pctim_aiomsg。

生活）。[1]为了通过品牌更好地传达公司核心思想，台达将公司经营业务和使命与品牌定位相结合，形成强调创新和节能的品牌价值。

经过几年的发展，台达基于自身的电力电子核心技术，逐步迈入系统与整合方案领域，为客户提供高效率的节能整合解决方案。从解决自身的节能减排问题，到用自身的能力帮助客户和供应商节能减排，用自己的技术影响更多的企业投入到节能环保的行动中来。

2017年台达又一次进行调整业务，划分为电源及元器件、自动化、基础设施三项业务，向智能制造迈进。从台达40多年的发展历程中，我们不难看出，审时度势的变革为其带来了成功，而对于环保节能的坚守却为其赢得了尊重。在我们参访台达的时候，郑崇华先生耐心地回答了每一个问题，并在回答完最后一个问题后说道："希望能有更多的企业能把对环境的关注放到企业责任的第一位，而不是最后一位，因为我们只有这么一个地球。"

小结

回顾本章我们所探讨的两家企业，华为凭借自身业务优势致力于消除"数字鸿沟"，努力确保信息通信的稳定性与安全性，同时通过对供应商社会责任的一票否决权，要求供应链上的合作伙伴协同发展。而台达结合自身的环保技术优势赋能合作伙伴，不仅将环保节能贯穿到整个产品生命周期，而且为其他企业、为供应商提供节能解决方案。

---

[1] "Smarter"代表台达在电源效率与可再生能源领域的核心技术能力；"Greener"是台达创立以来一直坚守"环保、节能、爱地球"的企业经营使命；"Together"是台达的经营哲学，与客户建立长期伙伴关系。

从这两个案例中我们可以看到，它们都在共益理念的驱使下，将自身业务优势与社会问题有机结合，促进企业可持续发展。

有意思的是，通过我们的研究，我们还发现两家企业之间也存在一些有意思的联系。它们都不约而同地对标了 SDGs；都在 2010 年设置了专门的 CSR 部门；在相似的时间节点上做了从 B2B 业务到 B2C 业务上的转型；作为各自领域的巨头，它们都不约而同地选择了"低调稳固"发展，每一步都恰如其分地踩在了时代的节拍上。更有意思的是，2015 年台达还荣获华为"2015 绿色伙伴"奖项，是唯一获得该奖项的服务器电源供应商。如今，越来越多的 ICT 企业已经意识到了共益理念的重要性，它们认为企业应该首先从解决社会问题入手去规划自己的产品和服务，同时还会要求供应商与其协同发展。

在对供应商的管理上，苹果公司的实践也值得赞赏。苹果与供应商的合作以承诺共同遵守苹果的《供应商行为准则》（以下简称《准则》）为出发点。这份《准则》的相关标准则传达了苹果的预期，指导供应商在劳动权益与人权、工作场所健康与安全、环境保护和管理制度方面应如何负责任地开展业务，并且每年都会在《准则》中增加新的要求。供应商遵守《准则》的程度，是年度评估的依据。苹果采用标准化的评分方法，基于 500 多个评分点来评估供应商，并划分为表现优异、中等和欠佳三个类别。2017 年，苹果在 30 个国家或地区开展了 756 次评估发现，表现欠佳的供应商工厂减少了 71%，而表现优异的供应商工厂有了 35% 的增加。苹果公司还对于表现欠佳和中等的工厂制定具有针对性的能力建设计划，运用苹果开发的 150 多款技术工具，为供应商提供能力建设和流程改进方面的建议。

可见，不只是提升自己的能力，帮助供应商提升社会责任能力对于 ICT 企业的可持续发展也至关重要。今天的华为和台达以及众多 ICT 领先公司都在致力于倡导和推动与客户、供应商、社区、环境、社会的"共益"。而对于它们来说,只有在共益的理念下,才能更好地推动业务的可持续发展,更好地支撑整个社会的发展,成为社会变革的"加速器"。

第七章　金融业：用金融力量解决深层次的社会问题

> 绝大多数人对金融的定义都是狭隘的……金融并非为了赚钱而赚钱，金融的存在是为了帮助实现其他目标，即社会的目标……金融能够发挥的作用以及人们对金融的期待已然超越了简单的经济增长而上升为建设更好的社会。
>
> ——诺贝尔经济学奖获得者罗伯特·希勒

在大多数人的眼中，金融业是赚钱最快、最轻松的行业。金融的核心是关乎"钱"的经营活动，金钱的流转产生了金融业。金融是现代社会经济的基础设施，在国民经济的发展中起着至关重要的作用。从金融业增加值[①]在 GDP 中的占比来看，美国这些年基本保持在 7%

[①] 在国民经济核算中，金融业增加值是金融部门在一定时期内通过提供金融服务创造的价值总量，由融资服务增加值和中间服务增加值组成。融资服务增加值是金融机构提供吸收存款和发放贷款、发行和购买证券等资金融通活动形成的产出；中间服务增加值是金融机构从事证券交易、投资管理、结算、外汇交易等不具有融资性质的中间服务的产出。

左右，而在中国这一比例则从2006年的4.54%增长至2016年的8.35%，2017年回落至7.95%。作为现代经济的核心和血液，金融在驱动经济增长方面发挥着巨大的作用。

同时，金融还是一个非常高效的行业。它一方面作为面向社会大众提供服务、传递价值的中介，在资源配置和政策传导中发挥着重要的作用；另一方面几乎与每个行业都有所关联，很大程度上影响着一个行业的兴衰。金融业涉及范围广泛、影响力巨大，如果把控不好方向，很容易影响经济效益，甚至牵动政治走向，从而引发各种社会问题。所以金融业能否良好运行，关系着整个经济体系能否健康发展，整个社会能否持续进步。

2008年9月，雷曼兄弟的破产成为全球金融危机的导火索。在这场金融危机中，有300多家银行倒闭，几乎摧毁了总资产2 000多万亿美元的美国金融体系，造成了大萧条时期以来最为严重的损失。企业倒闭、失业人口增加、消费萎缩，吞噬了各个年龄层、各种背景的美国人。退休人员失去了毕生的积蓄，家庭失去了房子，数以百万计的美国人失去了工作。2009年美国的失业率达到了10.2%，刷新了26年来的纪录。更糟糕的是，美国的GDP年增长率也从2007年的4.9%滑落到2008年的2.2%，到2009年更是首次出现1.8%的负增长，给全球经济造成了重大影响。制度的缺陷、人性道德的丧失、财富的烟消云散、人类的短视，这些繁荣背后的问题集体涌现。金融一方面帮助我们取得了诸多伟大的成就，另一方面却在危机中爆发出巨大的破坏力，给社会造成诸多的伤害。过度重视经济利益导致银行等金融机构成为只关心挣钱的机器。人们痛恨银行家的贪婪，民众对金融业的不满与敌意日益滋长。以"占领华尔街"运动为代表的批判浪潮引发了整个社会对金融与社会之间的关系问题的反思。

在经历这场金融危机之后，许多人在问：金融如何能够更好地为所有人服务？金融业到底能在社会良性发展中扮演怎样的角色？如何才能帮助人们达成平等社会的终极目标？金融如何能够在取得经济效益的同时，为美好社会贡献一分力量？正如诺贝尔经济学奖获得者希勒在其《金融与好的社会》一书中提出的那样，金融能够发挥的作用以及人们对金融的期待已然超越了简单的经济增长而上升为建设更好的社会。伴随着互联网、金融科技的发展，大家一直在探索如何用金融的力量去解决社会深层的问题。

首先，目前从金融的角度来看，当下金融的本质可以理解为以风险防控为前提的社会资源再分配。以我国为例，由于传统银行融资偏重资产抵押，金融业的高门槛最终导致了金融资源配置失衡的现象，这种失衡一方面体现在国有经济和民营经济之间，另一方面体现在大企业与中小企业之间，还体现在城市与农村之间。资源配置的不均衡使部分真正有需求、有效率的民营企业无法得到有效支持，制约了社会整体的资源配置效率。此外，资源的不均衡导致很多人，尤其是贫困人口，不能享受金融服务，进而加大贫富差距，导致社会矛盾加深。

其次，金融企业掌管着大量的资金，然而这些资金当中只有相当小一部分属于自有资金，大部分资金都源自于社会公众或国家机构。而在实际决定这些资金的去向时，却是由金融企业本身，而非资金提供方控制。从某种意义上说，金融企业"掌握着别人的命运"。金融企业对于资金安全负有不可推卸的重大责任，同时对于所投资的项目能否产生积极的社会影响也负有不可推卸的责任。

针对以上两个与金融最密切相关的社会问题，本章中，我们将从普惠金融和影响力投资两个角度，来给大家展示金融企业尝试用创新的方法解决社会问题的共益实践。在之后的章节中，作为普惠金融的案例我们将主要介绍中和农信和"蚂蚁森林"；作为影响力投资的案例我们将给大家介绍禹闳资本的投资实践。看看这些金融相关企业是如何运用金融的力量通过创新的方案解决社会问题，从而实现多方共益的。

▶ 中和农信：金融扶贫创新实践

中和农信不仅捍卫了小额信贷的本源，而且也是在向全社会证明，小额信贷是能够成功的。其中最关键的是从一开始你们就做了正确的事情，并在做对事情的基础上把业务规模数字不断扩大。做到这一点真得很不容易，我深知当中需要多少努力，才能够把你们的触角伸到最偏远的农村。[①]

——诺贝尔和平奖得主、"小额信贷之父"穆罕默德·尤努斯

1. 普惠金融与小额信贷

"普惠金融"是联合国在2005年国际小额信贷年正式提出的，其基本含义是：以可负担的成本为有金融服务需求的社会各阶层和群体提供适当、有效的金融服务，小微企业、农民、城镇低收入人群等弱势群体是其重点服务对象。普惠金融重视消除贫困、实现社会公平。但这并不意味着普惠金融就是面向低收入人群的慈善和救助等公益活动，而是为了帮助受益群体提升造血功能，要坚持商业可持续原则，确保发展可持续。普惠金融在概念上与微型金融、小额信贷是一脉相承的。

"小额信贷"这个概念始于哥伦比亚和美国非营利组织的微型金融公益的探索，后来穆罕默德·尤努斯于20世纪70年代在孟加拉乡村银行大规模扶贫的成功试验，使其具有了与传统银行信贷业务完全

---

① 《诺奖得主尤努斯与中和农信对话小额信贷》，2015年。

不同的金融创新意义。穆罕默德·尤努斯被称为"穷人的银行家",他是一位世界经济史上地位举足轻重的人。1976年他在孟加拉国的乔布拉村创建了格莱珉银行（Grameen Bank）,孟加拉语中"Grameen"意为乡村的,所以也有人称其为"孟加拉乡村银行"。他开创和发展了小额贷款服务,专门给因贫穷而无法获得传统银行贷款的人群提供贷款,使他们能够通过个体经营获得收入来照顾自己和家人。2006年,"为表彰他们从社会底层推动经济和社会发展的努力",他与孟加拉乡村银行共同获得诺贝尔和平奖。如今,"尤努斯模式"已经在全球58个国家和地区得到应用,其中包括美国、法国和加拿大等发达国家。①

尤努斯的小额贷款服务颠覆了传统银行贷款的认知,这主要体现在：第一,认为穷人是有信用和有能力的,因此这类人也可以作为银行的潜在客户,银行可以为他们提供服务从而摒弃令人憎恶的嫌贫爱富形象；第二,服务这类客户可以不用传统金融信贷的项目评估、财产抵押和信用担保工具,而是用贷款成员互助小组的评估和相互信用保证工具,来达到风险控制、保障还贷的目的；第三,可以在高利贷和银行大额贷款之间找到一个相对合理的利率区间,从而使得到服务的穷人和银行找到对双方均可持续发展的双赢平衡点。②

小额信贷的金融创新同时带来了扶贫公益的创新,即原有的扶贫公益更多的是通过赠予来推动受益贫困人群状况的改善和减贫,而小额信贷则开启了通过信贷服务跟穷人进行平等交易的经营性扶贫。这种方式使穷人从受帮扶的弱者位置转向与资助者完全平等的合约地位,给穷人注入了自立自强的勇气。通过培训、互动、交流、经营、

---

① 格莱珉银行官网,参见：http://www.grameen.com/founder-2/。
② 小额信贷在中国[M].北京：中国财政经济出版社,2013.

还贷、再贷款的持续，受助穷人得到了能力的成长和提升，从而使之从根本上改变并摆脱贫困。

正是这种金融创新和扶贫公益创新，使小额信贷实践自20世纪90年代以来在国际舞台上大显身手，有了长足的发展，小额信贷这个概念在金融领域也具备了独特的意义和内涵。由于小额信贷更贴近低收入人群特别是农村贫困人群的信贷需求，所以成了缓解贫困、促进社会公平的一个有力的工具。小额信贷也催生了"普惠金融"的概念，使人们意识到发展较低层次的金融体系是必要的。不少国家政府将"普惠金融"写入了国家政策之中，并试图运用多种手段促进多元化金融体系的发展。

在中国，贫困同样是一个重要且急需解决的难题。尤其是农村地区一直是金融服务匮乏地带。但是小额信贷在中国的发展并不是一帆风顺的。中国的小额信贷始于20世纪90年代中期，当时主要通过借鉴引进"尤努斯模式"进行创新。落地到中国主要有两种方式的探索：一是非营利组织推动的扶贫公益小额信贷探索，这种方式因为缺乏法律和资金的支持发展缓慢；二是20世纪90年代末政府拿出50亿元委托农业银行和信用社进行扶贫小额信贷尝试，这种方式则因为正规金融机构缺乏兼容小额信贷业务的机制与内生动力导致还款率低下，并且没有社会问责，最后不了了之。随后，2008年5月国家银监会发布《关于小额贷款公司试点的指导意见》，在全球金融危机和中国解决农村金融服务不足及金融改革的背景下，小额信贷公司得以蓬勃发展。

中国小额信贷基本上坚守着国际上小额信贷的"小额、无抵押和担保、以低收入人群为主"的原则。按照原银监会的认定，小额贷款公司是由自然人、企业法人与其他社会组织投资设立的，不吸收公众存款，经营小额贷款业务的是有限责任公司或股份有限公司。小额贷款公司自2008年开始试点,截至2018年底,全国共有小额贷款公司8 133家,从业人数9.08万人,贷款余额9 550亿元。① 小额贷款公司的迅速发展,一方面说明中国有旺盛的金融需求,尤其是中小企业对信贷资金的需求巨大;另一方面是由于确定了相对比较宽松的政策。特别是伴随互联网金融的发展,互联网金融公司开始利用互联网、大数据等技术优势以P2P、供应链金融等形式渗透到小额信贷领域。在这种趋势下,小额信贷的概念开始出现混乱,那种纯粹为低端人群服务的名副其实的"尤努斯模式"的小额信贷公司为数不多,并且面临着巨大的压力。

事实上,"尤努斯模式"在发展过程中也存在着各种各样的问题,受到了很多批判和质疑。其中最重要的一点是,小额贷款初衷是让穷人做小买卖而达到摆脱贫困的目的,但很多人拿到钱之后却买了日用消费品。通常,格莱珉小额贷款年利率大约在30%,借款人在拿到钱一周后就要开始分期还债,这让许多贫困妇女很容易陷入债务的恶性循环,无法从根本上解决穷人贫困的问题。2010年,丹麦人汤姆·海内曼拍摄的纪录片《深陷小额债务》记录了小额贷款不为人知的一面。

而同样起源于孟加拉的BRAC(孟加拉复兴援助委员会)则采取了另外一种信贷模式。该机构创始人法佐·哈桑·阿比德认为,公司的宗旨是让极为贫穷的人口能够自给自足,而非继续依赖他人。为了帮助受助人彻底摆脱贫困,BRAC采取了创新的贷款模式。小额贷款服务是BRAC扶贫工作的一环,除了为低收入人群提供贷款服务外,还为贫困群体提供"一条龙服务"。② 例如,BRAC针对特困人口推出

---

① 中国人民银行发布的数据。

② http://www.sohu.com/a/164880866_805920?qq-pf-to=pcqq.c2c。

一个两年的教育项目。每个客户在接受小额贷款之前都要接受这个教育项目。该项目中，BRAC除了给客户提供超小额贷款外，还会提供一定的生产资料和技能培训，并帮助他们打通与市场需求方的联系。两年之后信贷员会根据客户是否每天有牛奶喝，是否可以送孩子上学，是否有稳定收入等进行评估，如果都达标，则该客户就有资格获取小额贷款。①

如今，BRAC在全世界的11个国家和地区扶助超过1.38亿人，共有11.1万名员工，旗下拥有4.8万所学校（包括孟加拉的顶尖大学）、1.2万个社区发展组织，并透过创新模式经营社会企业（如孟加拉最大的乳制品公司Aarong Dairy）。BRAC甚至拥有自己的商业银行，以及全世界最大的行动支付平台bKash，使用者超过2500万人。BRAC已经成为世界上规模最大、商业化最好的跨国非政府组织。阿比德曾在2009年被英国女王封为爵士。为了表彰阿比德通过多元化多层次的创新模式在对抗贫穷方面的贡献，阿比德还获颁"2015年世界粮食奖"。

而在中国，最值得关注的小额信贷公司就是中和农信，中和农信最初是由中国扶贫基金会发起成立的，其定位是用商业的手段来解决公益的问题。目前，中和农信已经成为中国最大的专注农村草根金融服务的小额贷款机构。2018年，首届中国普惠金融创新发展峰会②上，中和农信获评"中国普惠金融典型案例"，是唯一一家入选的小额信贷机构。组委会这样评价中和农信："中和农信项目管理有限公司22年……累计放贷220多万笔，支持了约500万个农村中低收入群体，

---

① 彭骎骎. BRAC多层次普惠金融［N］.中国红十字报，2017-8-18.

② 2018年8月5日，首届中国普惠金融创新发展峰会在人民日报社举行。峰会由《人民日报》全国党媒信息公共平台与国家金融与发展实验室联合主办，并得到中国银行业协会、中国融资担保业协会和中国小额贷款公司协会等单位支持。

依靠自己的勤劳摆脱贫困。中和农信坚持保本微利,可持续发展,客户覆盖面广而深,财务和社会绩效较好,成为实践普惠金融的领军企业!"

2. 山水间的百姓银行

回顾中和农信的历史,我们可以看到中和农信最早起源于世界银行的试验项目。20世纪90年代初期,受"尤努斯模式"的影响,小额信贷开始引入中国,并在扶贫领域开始试点和推广。1996年世界银行贷款秦巴山区扶贫小额信贷分项目启动,主要是为中国的贫困地区发放贷款。该项目也采用了孟加拉格莱珉银行的小额信贷模式。但是,这一模式在中国没有被完全照搬,小组基金、每周还款等制度没有落实[1]。

2000年,中国扶贫基金会全面接管了该项目,并组建小额信贷项目部。2000—2004年,这个项目的操作模式主要是与地方政府合作经营和管理,即地方政府成立县服务社负责行政监督管理,基金会提供资金、产品设计和技术支持。后来这种合作模式由于治理结构不明晰,管理执行上出现了分歧,出现了坏账等很多问题。2004年,民政部颁布了《基金会管理条例》,以此为契机,中国扶贫基金会考虑设立自己的分支机构,随之便撤掉了与地方政府合作的机构,形成完全的直接管辖。[2] 2005年1月,中国扶贫基金会小额信贷项目部成立,负责小额信贷的战略转型和管理。随后,基金会与地方政府谈判要求政府退出进行改制,具体改制方式是:地方政府将配套资金委托给基金会,基金会独资设立分支机构,县立服务社成为扶贫基金会名义上挂靠在

---

[1] 小额信贷在中国[M].北京:中国财政经济出版社,2013.
[2] 沈颢.小额贷款操作实例[M].南昌:二十世纪出版社,2013.

地方政府扶贫办下的民办非企业单位，产权和决策权都归扶贫基金会，原服务社的负责人变为职业经理人。通过理顺管理体制，小额信贷项目开始走上了专业化、市场化的发展道路。

2006年底，中国扶贫基金会获得国家开发银行授信一亿元，成为国内首家从银行获得批发贷款的小额信贷机构。这一授信意味着基金会的小额信贷项目开始使用了有息借款，与以前政府配套资金和捐赠完全不同。现在使用借贷资金意味着小额信贷的经营要还本付息，经营压力增大。但好处是基金会可以借此扩大规模，寻找合作伙伴。在这期间，基金会的小额信贷项目主要以稳健操作、防范风险为主。

2008年11月18日，中国扶贫基金会将小额信贷资产独立出来，小额信贷项目部转制为中和农信项目管理有限公司。2009年元旦，中和农信公司正式运行。在资金安排上，中和农信实现了资金在全国的统一调配。从募捐善款、政府资金到银行贷款、乡信金融、资产证券化，中和农信的融资渠道已充分市场化。

中和农信的主要宗旨是，为那些不能充分享受传统金融机构服务的农村中低收入群体，量身定制小额信贷、保险、投资、电商等多方位服务，以帮助他们发展产业，增加收入，早日实现美好生活。中和农信将"发展成为山水间的百姓银行"作为愿景，将"打通农村金融最后100米"作为使命，并确定了三大战略目标（三大原则）：第一，把钱借给真正的中低收入群体；第二，通过对借款客户的能力涵养，使他们具备自我可持续发展的能力；第三，实现机构的可持续发展。也正是这三大原则，让中和农信找到了一套适宜中国农村的小额信贷模式。[1]

作为一家从非政府组织转型过来的社会企业，中和农信认为追求

---

[1] 《中和农信2016年度报告》。

社会价值最大化是中和农信与生俱来的基因。他们承诺,"中和农信遵循并倡导国际上小额信贷的双重底线管理原则,始终坚持企业的财务绩效与社会绩效并重,并将社会绩效管理提到公司战略的高度,致力于将中和农信建设成一家对社会有益的专业小额信贷机构"。中和农信的这一理念与我们本书中所倡导的共益理念不谋而合。

3. 业务模式

2008年中和农信成立时只有100多名员工、十几家分支机构,到2018年,已经拥有5 000多名员工,覆盖21个省(自治区)、374个县、10万个乡村的313家分支机构。贷款余额也由一亿元增长到近百亿元,从中和农信服务中受益的农村百姓累计超过了500万人。

目前中和农信已经成为我国最大的专注于农村草根金融服务的小额信贷管理机构,其主营业务主要是向农村低收入群体提供无须抵押、无须公职人员担保的小额信贷业务。那么这类人群大概有多少人呢?根据中国人民银行统计,大概有7 000万人,他们有金融需求,但是由于没有资产抵押,找不到公职人员进行担保,所以他们得不到传统金融机构的贷款,得不到金融支持服务。中和农信要解决的就是这个问题,用中和农信董事长王行最的话说,这就是中和农信的初心,也是它的使命。目前,中和农信提供的微型金融产品及服务涵盖了信贷、投资和保险,以及金融教育等各个方面。其中信贷是中和农信最核心的产品,根据信用提供的方式不同,产品分为五户联保的小组信用贷款以及个人信用做担保的个人贷款两个产品。

中和农信的业务模式,一方面延续了格莱珉银行的小组信贷模式,另一方面也根据中国的特殊国情进行了本土化创新。经过多年的发展,中和农信逐渐形成了自己独特的小额信贷模式。中和农信按照总公司、分公司的连锁方式进行经营,以县为单位注册成立分支机构,在地方分支机构实施本土化管理，招聘当地员工，在每个乡镇设立信贷员。然后由信贷员深入田间地头走乡村，收集信息，为农村低收入群体实现了放款、收款等上门服务，最终走通金融服务的"最后100米"。

（1）**信贷业务与风险控制**

中和农信的信贷产品根据信用提供的方式不同，分为联保小组信用贷款以及个人信用做担保的个人贷款两种产品。小组联保方式是中和农信借鉴格莱珉银行模式的一种贷款方式。通常由3~5人组成，要求组内成员自发形成一个联保小组，每一位小组成员都有贷款的需求并相互承担负债连带责任。而小组成员一般多为亲朋好友或者邻居等人组成，对彼此背景了解，信息更对称。同时由于小组成员担负连带责任，所以他们在筛选组员时会更加谨慎，加入小组的成员都是诚信度较高的用户。这个过程不但降低了公司坏账风险，也减少了信息调查的成本[①]。

个人贷款方式是借鉴德国的IPC（国际项目咨询公司）微贷技术[②]，主要服务对象为一些信用良好的农户或农村小型个体户。中和农信会根据客户的特定需求，对客户的个人信用进行评估，一般还需要一个自然人作为担保人，根据信用情况有时也可以免担保（见图7-1）。贷款额度相比小组联保方式大一些，一般在5万元以下（小组贷款额度一般在1万~3万元）。

---

① 代依芸.我国小额信贷机构的目标双重性［D］.四川：电子科技大学，2018.
② IPC微贷技术的核心是评估客户偿还贷款的能力。主要包括三个部分：一是考察借款人偿还贷款的能力，二是衡量借款人偿还贷款的意愿，三是机构内部操作风险的控制。对每个部分，IPC都进行了有针对性的设计。

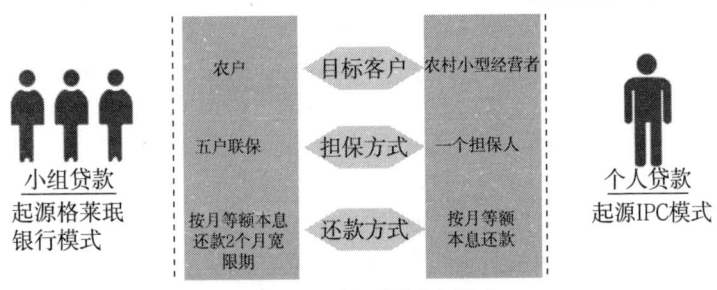

图 7-1 中和农信业务模式

资料来源：中和农信内部资料。

2008年以前中和农信采用的主要是五户联保的小组贷款模式。但后来发现南方的五户联保意识没有北方强，使得五户联保的实施效果并不好。于是，2008年4月，开始在部分南方县试行个贷。2008年之后，通过联保贷款的比例逐渐下降，到了2015年，联保贷款的比例仅占总贷款比例的56%，个人贷款的比例增加到了44%。原因是2010年中和农信上线了自主研发的信贷追踪系统，同时在2011年时接入了央行的征信系统，中和农信可以通过自己的信贷追踪系统和央行的征信系统对贷款风险进行把控[1]。据中和农信内部人士介绍，目前个人贷款方式几乎占到了90%。

同时，信贷员全程参与放贷流程。"一个电话，上门服务"，中和农信一直坚持为农村中低收入群体提供"看得见、摸得着、用得好"的金融服务。中和农信小额贷款的申请资格门槛较低，只需要满足年龄在20~60岁之内，本地常住人口，身体健康，具有稳定的经济收入且信用良好。所有贷款都没有任何的财产抵押，也不需要有任何公职人员担保。客户只需要打电话，当地的信贷员就会上门去办业务。申

---

[1] 代依芸.我国小额信贷机构的目标双重性［D］.四川：电子科技大学，2018.

请流程简便，申请之后信贷员上门放贷，七天之内就能拿到贷款。

贷款申请 ⇨ 贷前培训 ⇨ 实地调查 ⇨ 贷款审批 ⇨ 上门放贷

图 7-2 中和农信借贷流程

资料来源：根据公开资料整理。

为了提高信贷效率，2018 年 6 月中和农信上线了中和金服 App，发展极速贷。截至 2018 年底，累计注册量已经达到了 27.8 万人，极速贷累计授信额度为 8.36 亿元，累计支用额度为 5.78 亿元，平均支用金额 7 327 元，大于 30 天的风险贷款率仅为 0.17%。中和金服 App 的快速发展，标志着中和农信"数字化战略"在需求端这一关键领域取得突破性进展，打通农村金融"最后 100 米"从此迈入"数字"阶段。

而对于金融机构来讲，风险控制是最为重要的。2018 年，中和农信共发放贷款 129 亿元，贷款余额近 90 亿元。为 430 855 名客户提供信贷服务，其中 90.7% 的贷款在 50 000 元（含）以内，平均单笔贷款额度为 29 943 元，大于 30 天的风险贷款率（PAR）[1]为 1.04%。[2] 这说明，中和农信在业务规模扩大的同时，保持了良好的信贷质量。超低风险率得益于贷前、贷中和贷后控制风险模式。

贷前。一方面，信贷员在对贷款客户的选择上会优先选择妇女。从统计数据来看，妇女的守信用的程度高于男性，并且流动性和冒险性也低于男性，这就便于风险控制。另一方面，公司分支机构均以本

---

[1] PAR 是比逾期率更严格的风险控制指标，按照风险贷款提取坏账准备，成本更高。风险贷款指标可以督促小额信贷机构加强对客户的日常跟踪管理，及时发现问题加以解决，不能等到所有贷款到期时才采取措施。风险贷款比例 PAR= 风险贷款 / 贷款余额。小额信贷风险贷款 = 当期逾期贷款 + 该客户未到期贷款。

[2]《中和农信 2018 年度报告》。

土化经营为主，本地的信贷员对当地情况了解，也在一定程度上规避了信息不对称带来的风险。

贷中。公司采用五户联保的担保方式，小组成员，在成立小组之初便有连带责任，所以农户在选择小组成员时非常谨慎，他们最清楚谁的信誉好，谁的不好，这就天然地降低了风险。

贷后。首先，在还款方式上采用"整贷零还"，较适合农户收入特性，并能减轻农户还款负担。其次，中和农信在2010年与央行征信系统合作，贷款户的信息已经纳入央行征信体系，不仅帮助农户记录信用信息，而且增强农户的信用意识，也促进贷后风险控制。最后，中和农信为每一个客户提供免费的信贷保险，贷款客户如果发生意外死亡或全残，由保险公司代替客户偿还剩余贷款，信贷保险避免了客户家庭雪上加霜，也降低了信贷风险[1]。根据中和农信董事长王行最透露，中和农信的还款率一直保持在99%以上。

（2）为客户赋能：涵养借款人的能力

从中和农信服务的客户来看，主要是以农户为主。中和农信将目标人群锁定在小农户和贫困户，客户的贷款用途以经营农业为主。中和农信每年发放的贷款资金一半以上被用于农业生产，同时一部分资金也用于其他领域。但中和农信一直拒绝为从事矿业及高污染、高耗能产业的从业者提供资金支持。在中和农信的贷款有效客户中，客户所在地覆盖贫困县的比例一直在80%以上，贷款户中农户占比基本维持在95%左右，妇女借款占比约90%，少数民族客户占比在20%以上，初中及以下文化客户占比保持在90%左右（见表7-1）。这些数据充

---

[1] 韦晓英.新时期普惠金融背景下小额信贷精准扶贫创新模式研究——基于"中和农信"的案例分析［J］.农村金融研究，2019-2-15.

分说明中和农信的小额信贷确实能够真正地帮助到低收入群体。

表 7-1 中和农信农信信贷服务目标客户情况

年份	贷款户（万）	贫困县（%）	农户（%）	未在其他机构贷款（%）	少数民族（%）	妇女（%）	初中以下学历（%）
2011	10.6	92	99	—	24.63	91.0	94.73
2012	13.1	92	99.5	—	26.	93.10	95.06
2013	17.5	80	98.3	—	24	93.40	94.68
2014	23.8	81	97	81	23	94.00	94.11
2015	30.6	85	95	72.52	25.9	93.30	93.09
2016	36.6	81	93.8	72.65	24.8	91.9	91.6
2017	38.2	82	92.7	74.9	23.1	82.9	89.5

资料来源：《2019 新时期普惠金融背景下小额信贷精准》，《农村金融研究》。

中和农信每年都定期对客户满意度进行回访调查。根据其 2018 年的年度报告统计数据，99.41% 的客户对公司的服务表示非常满意，95.84% 的客户认为中和农信的贷款流程并不麻烦，七天之内就能拿到贷款，所有贷款户中有 74.95% 表示只在中和农信贷过款。为了帮助客户顺利进入良性发展轨道，中和农信在提供信贷服务的同时，还很注重涵养客户的综合实力，增加他们的抗风险能力。中和农信早在 2009 年，就与中国人民人寿保险公司合作，向所有贷款客户赠送"定期寿险"。当客户发生意外时，保险公司将代为偿还剩余债务。其次，中和农信做得更多的是对农户进行农业实用技术培训支持，受知识结构和传统生产思想的限制，许多贷款农户往往在选择项目和发展生产时缺乏足够的信心和相关的专业知识。因此，中和农信的员工在日常工作中会关注农户的想法和困境，并与县里的农业技术推广站合作，聘请专业的技术员给农户进行免费的培训，如：养鸡时，鸡饲料的口味，可能会碰到的疾病及疾病处理方法；种果树怎么嫁接，怎么除害；

等等。

随着技术的发展，目前中和农信更多的是教客户们使用智能手机上网、在网上进行支付等。同时加强对客户金融知识的普及教育，确保客户在席卷而来的"互联网浪潮"中能够独善其身。中和农信开展多种形式的社区公益活动，为公众在健康知识、农业技术、金融教育、环境保护等多方面提供服务。在2016年推出金融教育公益活动，面向中和农信全国所有分支机构所辖地区的农户开展。活动主要围绕征信、保险、法律常识、绿色金融等农村相关金融知识开展，借助中和农信的一线信贷员队伍，把农民需要的金融知识送到村庄、田间，通过丰富项目区农户的金融意识将"扶贫与扶志""扶贫与扶智"有机结合。[1] 仅2018年，中和农信就为7.7万农户提供了1 600余场金融知识培训。

从中和农信在为客户贷款时，通过一线信贷员在贷前的深入走访、调查，贷中、贷后对客户资金实际利用情况的把控，以及为了加强风险控制，主动为客户赋能，涵养借款人的能力等的实践来看，中和农信并非是完全借鉴"尤努斯模式"，而是进行了本土化的创新。这一点与我们在前文中提到BRAC在提供贷款的同时，为贫困群体提供"一条龙服务"模式有异曲同工之妙。

（3）盈利模式及可持续发展

目前中和农信给农户的贷款利率在18%左右（2016年年化实际利率为19.2%[2]），从中和农信近年来业务的迅速增长可以看出，农户对这一贷款利率还是可以接受的。因为农户贷款额度小，再加上可以

---

[1] 《中和农信2016年度报告》。

[2] 《公益学院研究报告》。

按月等额本息分期还款，所以每月的还款压力不大。但也有一部分人质疑具有公益属性的中和农信贷款利率过高，高利率增加了贫困户贷款的负担，没有体现出公益性和非营利性，也与扶贫的本质相违背。那么，真实的情况是什么呢？接下来让我们分析一下中和农信的运营成本以及盈利空间，我们就可以知道，中和农信的小额贷款是否存在暴利行为，是否为了确保经济利益而牺牲了社会效益，以及它们是如何进行可持续发展的。

对小额信贷机构来说，资金供给是制约不吸储型小额信贷机构发展的关键因素，有时甚至可以决定机构的生死存亡。对于中和农信来讲亦是如此，盈利能力及融资能力就成了公司能否发展壮大的关键。

①运营成本

表7-2反映的是中和农信的成本构成，从成本结构来看，利息支出（融资成本）和运营费用是成本的主要来源，约占公司总成本的90%，其中运营费用占比在60%~70%[①]。与银行吸储不同，中和农信用于放贷的资金主要来自外部融资，资金成本较高。以2015年为例，商业银行批发贷款的成本大约在8%，资产证券化筹资的成本为6.83%左右，P2P融资成本为8%，综合融资成本为5%~8%。

运营费用包括员工薪酬和营销费、行政管理费、公共占用费、风险监测费等，在2015年运营费用构成中，员工薪酬占比60.46%，是公司最大的运营成本。面对低收入农户缺乏抵押物的小额贷款需求，信用社及大型银行一般不愿或者没有能力解决贷款风险问题，并且通过设置贷款门槛放弃了这一市场。中和农信则通过大量聘用本地化信

[①] 国际公益学院，《植根农村与服务低收入农户的小微金融典范——中和农信小额信贷案例研究》，2017年。

225

贷员进行上门服务。从农户表达贷款的意愿到贷款全部还清期间，信贷员需要采集农户基本信息并对其进行风险评估，上门服务的次数少则 3 次，多则 12 次。上门服务次数多，农户较分散且路程遥远，特别是在一些偏远地区的贫困县，运营成本都非常高。[①]

表 7-2　中和农信的成本构成（%）

	2009 年	2010 年	2011 年	2012 年	2013 年	2014 年	2015 年
利息支出	16.52	17.28	25.23	25.99	23.86	20.30	31.50
手续费及佣金支出	0.02	1.34	3.76	4.42	2.80	3.28	3.05
其他业务成本	0.96	0.70	0.23	0.03	0.00	0.19	0.00
营业税金及附加	6.85	−1.78	2.76	4.36	3.73	4.25	4.97
运营费用	69.18	73.72	60.26	62.06	63.72	65.93	59.53
财务费用	0.00	0.00	0.00	0.00	0.40	0.00	0.00
资产减值准备计提	6.46	8.75	7.75	3.13	5.50	6.05	0.95

资料来源：国际公益学院，《中和农信小额信贷案例研究》。

另外，除了人力成本较高外，公司还为农户提供金融服务、技术培训、产品市场信息咨询等，如我们在上一节中提到的"为客户，涵养借款人的能力"的免费服务，这些服务也增加了中和农信运行成本。

最后，中和农信贷款额度小也是造成其贷款成本比其他小额信贷项目高的原因。例如，中和农信 2015 年发放贷款 66.5 亿元，有近 40 万笔贷款发生，平均单笔额度是 16 625 元。而商业银行或其他小额信

---

① 国际公益学院案例。

贷项目由于贷款额度很大，发放 66.5 亿元贷款所产生的贷款笔数要比中和农信少很多。发放贷款金额相同，但是贷款笔数却相差巨大，这也就导致了中和农信基层信贷员、后台管理和操作成本要比其他小额信贷项目高出很多。①

②盈利空间

贷款利息收入是中和农信营业收入的主要来源。2008 年中和农信转制之前净利润常年为负值。转制后，为了确保公司可持续发展，中和农信采用了较高的贷款利率来覆盖贷款成本的"保本微利"策略。

从资产收益率和资本收益率指标来看，中和农信从 2009 年实现公司化运营后均实现了微利的经营目标，其中资产收益率维持在 1%~2%。资本收益率在不同年间差异较大，呈现出先升高然后逐渐降低的特征，峰值为 2012 年的 7.62%，2014—2015 年则维持在 3.5% 左右。

与总资产回报率一样，贷款总额回报率也可以反映项目的盈利水平。中和农信的贷款总额回报率也是先高后低，峰值为 2011 年的 1.75%，2015 年降低至 0.47%。不管是总资产回报率还是贷款总额回报率，都表明中和农信的盈利水平并不高。

以国际经验来看，小额贷款机构普遍具有"高成本、高利率、低收益"的特点。一般小额信贷的操作成本高，即使收取较高的贷款利率，但机构的平均利润率并不高。中和农信也是这种情况，基本处于典型的"保本微利"状态。

③多元化的融资方式确保资金来源的可持续

事实上，为了实现机构的可持续发展，中和农信始终坚持"把钱借给真正的中低收入群体，帮助他们早日实现美好生活"的公益初心，一方面在运营过程中采取"保本微利"的利率定价政策，用贷款利率

---

① 国际公益学院案例。

覆盖操作成本，保持良好的社会绩效和财务绩效，另一方面不断拓宽融资渠道，寻求更低成本的资金。

表7-3 中和农信财务绩效及风险指标

	2009年	2010年	2011年	2012年	2013年	2014年	2015年
资产收益率（%）	1.02	2.78	2.20	1.62	1.32	1.04	0.74
资本收益率（%）	2.22	6.58	6.20	7.62	4.16	3.48	3.38
不良贷款率（%）	0.05	0.05	0.61	0.23	0.80	0.27	0.83
贷款总额回报率（%）	0.07	1.51	1.75	1.58	0.93	0.67	0.47
年度贷款总额（万元）	27 636.00	56 910.30	107 425.67	135 575.85	187 493.15	286 721.84	84 413 154.94
年净利润（万元）	21.14	863.15	1882.48	2144.29	1744.28	1943.04	1952.96

资料来源：国际公益学院，《中和农信小额信贷案例研究》。

国内外社会捐赠资金。2001—2005年，中和农信作为政府类扶贫试点项目，主要是在国务院扶贫办的领导下，由中国扶贫基金会进行监督管理。在此期间，中和农信的贷款本金主要来源于政府的配套资金以及社会的捐赠。近年来公司的融资渠道不断拓宽，市场化融资占比不断提高。目前，中和农信主要以商业化融资为主，资金来源主要有四类：银行批发贷款、资产证券化融资、股权融资和P2P等其他融资。

银行批发贷款。2006年，中和农信向国家开发银行申请批发贷款。国开行按照市场利率给中和农信授信1亿元，同时还需要引入担保公司，担保费也在 2% 左右。后来，中和农信又从农业银行、北京银行等更多的银行做了贷款。目前为中和农信提供批发贷款的主要有国家开发银行、中国农业银行、北京银行、亚洲开发银行、人保投资管理有限公司等，这相当于大型商业银行以中和农信为中介间接性地为贫困农户提供资金支持。

资产证券化融资。中和农信还通过利用市场手段，在资本市场中用农村小额信贷这种中低信用等级资产证券化的方式融资，成本相比银行贷款要低一些，一般在 5% 以上。截至 2017 年底，中和农信从资本市场融资已获得超过 20 亿元，用于农村发放扶贫信贷。

股权融资。中和农信在发展的道路上坚持奉守"与同道者谋"这句话，也引入更多"志同道合"战略合作伙伴进行股权融资。而这些合作伙伴也希望能够做社会投资，做有情怀的投资，他们加入中和农信的目的不在于追求商业回报，而是在保证本金安全的情况下追求公司的社会影响。例如，在公司发展早期（2010 年）引入红杉资本和 IFC（国际金融公司）的投资。之后进一步依靠互联网提高效率、降低成本和控制风险，在 2016 年中和农信选择与蚂蚁金服达成战略合作关系，在 2017 年进一步深化合作，蚂蚁金服利用人工智能技术大幅提升了农村金融信贷风险管理的能力，取得了良好的成效。2018 年 10 月，中和农信宣布完成 6 亿元 C 轮融资，引入了世界最大的私募股权投资机构之一——TPG（德太投资）旗下的专注影响力投资的成长基金领投，宁波仁达普惠跟投，使中和农信成为中国获得影响力投资最多的小微金融机构。[1]

P2P 等其他融资。中和农信利用互联网渠道，如蚂蚁金服的招财宝、自己创建的 P2P 公司"乡信"金融进行融资。多元化融资方式使

---

[1] 《中和农信 2018 年度报告》。

得中和农信获得了足够的发展资金和贷款本金。

总之，中和农信通过创新性的风险控制方式和融资方式，使企业规模获得较好的有序扩张，客户贷款坏账率低，保持财务可持续性。虽然中和农信盈利水平不高，但巨大的潜在市场和较少的替代产品保障了利润的稳定性，从而保证了机构的可持续运营。

4. 合理的治理结构与制度保障

目前，中和农信的管理结构从宏观层面的管理格局，到具体业务的"三级四线"组织架构，形成了一线人员本地化和总部管理专业化的有机结合，这些要素构成了中和农信独特的治理模式和组织架构。

（1）公司治理架构

中和农信宏观层面的管理格局由董事会、专门委员会和管理层组成。董事会是中和农信最高决策机构，设七名董事，由中和农信的投资方派代表担任。目前，蚂蚁金服是第一大股东，第二大股东是TPG，第三大股东是中国扶贫基金会。董事会主要行使的权力有，决定总经理人选，决定公司业务的全国布局和区域选择，监督公司的经营管理。除了中国扶贫基金会是专业的扶贫社会组织以外，中和农信其他股东的投资行为都具有典型的耐心资本和影响力投资特征，但对股东收益分红保留权力的同时并没有提出具体要求，也从未分红。

董事会下设三个专门委员会：战略与发展委员会，提名与薪酬委员会，风险与审计委员会（见图7-3）。专门委员会由董事组成，代表董事会行使战略与发展、提名与薪酬、风险与审计等方面的宏观决策权。

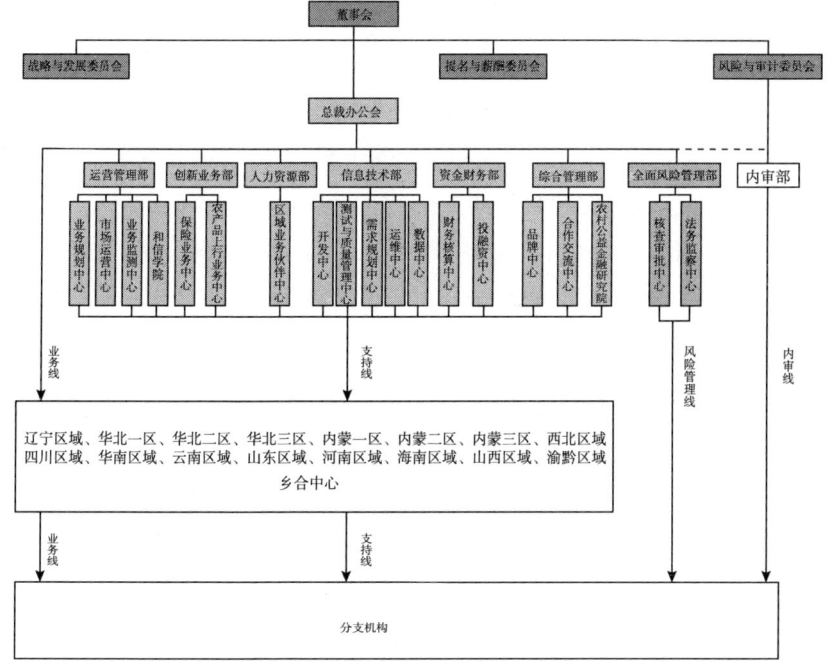

图 7-3　2018 年 6 月中和农信组织架构

资料来源：中和农信提供资料。

（2）组织架构

中和农信具体业务组织架构由三个层级和四条主线构成，即"三级四线"管理体系。"三级"由下而上分别是分支机构、区域办公室、总部。分支机构以县为单位注册设立，主要职责是发展客户和回收贷款，人员规模 10~15 人。到 2019 年 6 月中和农信在全国的分支机构共 320 个，覆盖 20 个省份，机构总人数 5 057 人。中和农信对全国范围内的分支机构实行区域化管理，按照距离和交通便利程度将全国的分支机构划分为十几个区域，每个区域包含 3~6 个片区。片区一般按照地级市进行划分，每个片区管理 8~12 家分支机构。总部负责小额

231

信贷的全面运营。

"四线"为支持线、业务线、风险管理线、内审线。支持线串联起来的是资金财务部、运营管理部、人力资源部、信息技术部、综合管理部等职能部门,[①] 面向各区域、各分支机构提供支持性服务。业务线连接的是运营中心、区域办公室、分支机构构成的小额信贷发放回收体系。风险管理线指向风险管理部,针对各区域、各分支机构所有贷款业务开展的风险监测与控制活动。内审线指向内审部针对各区域、各分支机构所有业务工作开展的审计活动。

(3)员工管理

一线信贷员是中和农信发展客户和回收贷款事业的主要力量。现有数据显示,中和农信的客户经理(一线信贷员)占员工总数的67%,约3 380人。如何招聘信贷员和人才的留存问题是最关键的。

一线人员本地化。中和农信的信贷员都由分支机构在当地特别是农村招聘,一般为中学文化程度,是活跃于农村的"乡土人才"。信贷员主要承担基本业务所展开的具体工作包括识别目标客户、评估其还款能力并指导客户提交贷款申请、提供贷后服务并保障客户按期还贷。对于这些工作的具体流程,信贷员只需要按照总部规定执行即可。

信贷员的特殊价值。信贷员面临的主要挑战在于与客户沟通和风险识别能力,即发现符合条件的客户,引导其签订贷款合同,支持和敦促借款人按期还款(放款和还款的具体交易行为都由总部通过银行账户与客户直接完成)。分支机构还配备了督导,是信贷员的"导师",主要为基本业务的开展提供指导并监督,这些督导也大部分是由信贷

---

① 2018年10月数据,来源于中国扶贫基金会副理事长、中和农信项目管理董事长王行最在长江商学院的分享内容。

员发展而成的。所以，一线信贷员本地化进一步控制了贷款项目的风险。

员工激励。中和农信主要有两种途径：一种是认同感塑造和文化建设，主要是通过社会企业的价值追求把有志于通过公益金融服务"三农"的各类人员凝聚在一起；另一种是薪酬福利保障和培训考核机制，主要是通过为员工提供同领域有市场竞争力的工资、福利和发展机会。

对于一线工作人员（主要是信贷员），中和农信建立和推行市场化的薪酬分配体系，以业绩和能力为核心，建立薪酬与业绩挂钩的分配模式。除了有吸引力的薪金外，公司也提供社会保险等各种劳动保障，以及由总部直接组织的职业培训。对于总部工作人员（主要是专业人才），公司基本上按照总部所在地人力资源市场的价格机制聘用人才，提供市场化的薪酬待遇和晋升体系，并辅以企业文化的软性支持。市场化的人力资源管理模式，保障了中和农信的创新能力和执行能力，提高了其人力资源和执行团队的竞争力。

5. 中和农信的未来挑战

通过对中和农信的深入观察，我们可以看到中和农信作为一家脱胎于中国扶贫基金会的小额信贷扶贫公益项目，在时代的变迁中，始终坚守公益的初心，不断地践行着改革创新、自我变革以及战略调整。在此过程中，它巧妙地将公益扶贫与商业相结合，为了更好地服务于农村特别是贫困地区的低收入人群，在小额贷款模式上做了很多创新，形成了一套独特的组织架构和经营模式，也在公司内部积累了区别于传统金融机构的核心竞争力。

为了机构的可持续发展，中和农信引入了股权合作伙伴。在引进合作伙伴时，中和农信有着自己鲜明的立场，坚守自己的使命与初心，

233

明确合作方只是合作伙伴，中和农信才是主导者。如果对方提出的要求与机构的使命目的相冲突，中和农信宁可不接受其资金。因此，中和农信的合作伙伴在对待资金的用途上都有相同的价值观，他们的投资不只是为了经济回报，而是为了实现社会价值和商业价值的共赢，也就是说他们是一批具有共益理念的投资者。

从中和农信目前的发展状况来看，在财务绩效和盈利方面，在保证其社会目标的基础上基本实现了自身的可持续发展，形成了共益理念与商业共赢的运营模式。但面向未来，中和农信依然面临诸多风险和挑战。

首先是中和农信面临着资质问题。中和农信按照总公司、分公司的连锁方式经营，以县为单位注册成立分支机构。因为小额信贷没有全国牌照，而中和农信作为一家全国性的公司，也只能通过省级、县级注册成立分支机构，资质的问题亟待解决。2016年中和农信迈出了建立省级小贷公司的第一步，分别在海南省和内蒙古自治区登记成立。

其次是资金问题。随着经济的发展，单笔贷款额度会逐渐提高，加之公司不断扩张区域，所以对资金的需求也会逐渐增加。未来如何扩大资金来源，引入低成本的资金也是一个不小的挑战。

再次是人才留存问题。因为我国小额信贷并没有成熟的产业和成熟的人才，所以中和农信的员工都是由公司的培养体系花费大量人力物力培养起来的，人才的留存也是一个很大的挑战。

最后是互联网金融的冲击。国家普惠金融政策落地，小额信贷获得各方关注，也引入互联网金融、P2P等众多竞争者的参与。中和农信数据显示，2017年74.95%农户除了中和农信外没有向其他金融机构贷款，而在2018年，这一比重下降为50.84%，这或许说明随着普惠金融的发展，农民的借款渠道也在增加，未来中和农信会面临更加严峻的竞争挑战。

事实上，前文我们所提到的BRAC，不仅为低收入人群提供多元化、多层次的金融服务，而且还建立了很多学校以及数百家企业，针对不同层次的贫困人群提供不同的服务，比如包括金融服务在内的多产业、多元化的帮扶组合，涵养借贷人的能力。因为企业的目标如果是帮助贫困人群摆脱贫困，那么并非只有金融服务这一条道路，而更广阔的未来在于，企业能否为低收入人群提供更多的可发展的机会和空间。未来，中和农信是否也可以借鉴BRAC模式，有更多的发展空间？值得期待……

▶ "蚂蚁森林"：今天你种树了吗？

全球两亿人，也就是世界人口的3%，正践行着绿色生活方式，他们在蚂蚁森林里，用一种有趣且相互竞争的方式获取自身行为对环境影响的即时反馈。
——联合国副秘书长、联合国环境署负责人埃里克·索尔海姆

现在很多人习惯每天清晨起床打开支付宝，进入"蚂蚁森林"收取自己的"绿色能量"，或"偷绿色能量"。接下来的一天中也尽可能选择乘地铁或骑共享单车出行，在天猫商城选购带有"绿色包裹"标签商品，使用电子发票等绿色生活方式。那么，"蚂蚁森林"到底是一款怎样的产品呢？为何具有如此魔力？下面让我们来分享两个小故事，看看他们如何在蚂蚁森林中积攒更多的绿色能量。

减肥这件小事。一位浙江大学的学生，他的体重偏高，他发现"蚂蚁森林"这个产品后，就想要种树并承诺在半年内减掉70斤。他是怎么减肥的呢？因为"蚂蚁森林"种树需要能量，获取能量最简单

的方式就是绿色出行，所以他每天坚持步行或跑步，半年后成功减掉了 70 斤。他说："在过去半年里，我跑坏了 5 双鞋，减掉了 70 斤。每当我想放弃的时候，我都会对自己说，我是在荒漠里有 7 棵树的人，我不能放弃！"

100 颗樟子松的小目标。2019 年植树节前一天，苏州建设交通高等专科学校师生完成了他们在蚂蚁森林种树一年的"集体小目标"。为了实现这个目标，过去一年的时间里，同学们纷纷改变自己的生活方式。步行或骑共享单车上下学，将不用的二手电器回收，使用电子发票……有的同学甚至在晚上还去操场跑圈赚取能量。该校团委副书记表示，发起全校种树以后学生整体状态变好了，班级凝聚力更强了。

类似这样的故事在"蚂蚁森林"还有很多，"蚂蚁森林"正是用这种方式鼓励用户选择绿色生活方式。"蚂蚁森林"是蚂蚁金服旗下的一个践行低碳生活的行动平台，于 2016 年 8 月上线。用户可以通过步行、地铁、公交、共享单车、线上缴费等低碳行为，将减少的碳排放转变为产品里的绿色能量，并可以通过累积，兑换成真树被种下，或者守护相应面积的保护地。基于支付宝平台庞大的用户基数，加上真实的公益属性以及游戏化、社交化的产品设计，"蚂蚁森林"上线仅仅 6 个月就拥有了近 2 亿注册用户，截至 2019 年 4 月底，"蚂蚁森林"用户数达到 5 亿，种下了 1 亿棵真树，造林 140 万亩，守护保护地 6.9 万亩，18 万人次依靠植树重新就业。

"蚂蚁森林"也是蚂蚁金服绿色金融战略的一部分，蚂蚁金服一直倡导"用商业的手段做绿色公益，以公益的心态、商业的手法走向未来"，而"蚂蚁森林"就是直接嫁接在支付宝业务线上的一款公益产品。本书中，我们提倡未来的好企业需要拥有共益的使命和理念，实践中将自身的业务与社会痛点相结合，然后通过创新的方式去实践，才能最终实现社会价值和经济价值双重目标。我们关注到"蚂蚁森林"就是这样一个拥有共益理念，将业务与公益紧密结合的典型案例，它嫁接在支付宝上，利用蚂蚁金服自身的互联网优势降低了人人公益的门槛，鼓励更多用户选择绿色低碳生活方式，最终走向共益时代。

1. 蚂蚁金服的"共益时代"理念

> 现在，人们的每一个行动，你的关注、低碳行为、捐赠、志愿服务、消费等，每一个环节，都可以参与到这个贡献的过程。人人参与、人人获益、人人贡献就是这个时代的崭新特征，我想，如果要用一个词总结，这个词就是"共益时代"。
>
> ——蚂蚁金服董事长兼 CEO 井贤栋

蚂蚁金服起步于 2014 年，其前身是 2004 年成立的支付宝。公司以"为世界带来更多平等的机会"为使命，致力于通过科技创新能力，搭建一个开放、共享的信用体系和金融服务平台，为全球消费者和小微企业提供安全、便捷的普惠金融服务。公司旗下有支付宝、余额宝、招财宝、蚂蚁聚宝、网商银行、蚂蚁花呗、芝麻信用等子业务板块。阿里巴巴财报显示，蚂蚁金服在中国服务超过 1 500 万家中小企业，支付宝及其本地支付伙伴在全球有超过十亿年度活跃用户。

如蚂蚁金服在其 2016 年可持续发展报告里讲到的，蚂蚁金服的核心就是依靠技术，通过技术创新，降低门槛、消除鸿沟，实现人人参与、人人公益的目的，撬动社会资源，在为所有的利益相关方带来价值的同时，共同实现平等和普惠的愿景。通过搭建普惠平台，助力可持续发展，努力向社会输出爱、智慧、信用和共享的价值观。蚂蚁金服社会责任的最终目标就是"为世界带来更多平等的机会"，去推动和迎接"共益时代"的到来。[1] 蚂蚁金服提出的"共益时代"恰好与我们书中的共益理念相契合。

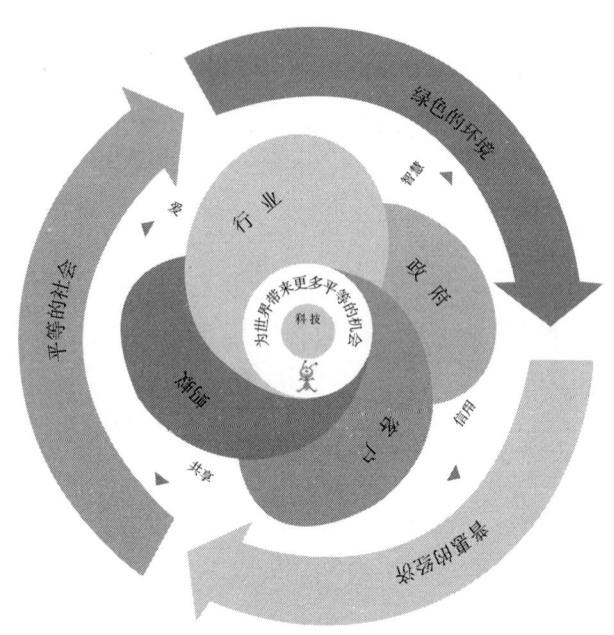

图 7-4　蚂蚁金服社会责任模型

资料来源：《蚂蚁金服 2016 年可持续发展报告》。

2."蚂蚁森林"：人人参与，人人获益

2016 年完成 B 轮融资时，蚂蚁金服将绿色金融[2]纳入公司新的核心战略，宣布将"致力于积极搭建绿色金融体系，致力于进一步降低

---

[1]《2017—2018 蚂蚁金服可持续发展报告》。
[2] 2016 年 G20 绿色金融研究组研究结果，绿色金融可被定义为：能够产生环境效益以支持可持续发展的投融资活动。这些环境效益包括减少空气、水和土壤污染，降低温室气体排放，改善资源使用效率，应对和适应变化及其协同效应。

碳排放和提升对社会环境保护的引导,从而支持全社会的绿色转型"[1]。具体而言,蚂蚁金服的绿色金融战略包含两个层次:其一,用绿色方式发展新金融,调动普通民众参与低碳生活方式——例如,2015年支付宝用户通过线上支付减少的纸质单据使用和私家车尾气排放,相当于减少了57.3万吨碳排放[2]。其二,用金融工具推动绿色经济发展,推动绿色意识普及——例如,蚂蚁金服旗下网商银行向农村用户提供节能型车辆购置融资服务,为菜鸟物流合作伙伴提供优惠信贷支持更换环保电动车等。2016年也是中国绿色金融发展元年,蚂蚁金服作为一家民营互联网金融企业,该如何利用自身优势响应这一顶层设计?

显然,相对于其他大型企业在政策驱动下的布局,蚂蚁金服的优势在于其更接近普通C端个人用户和B端小微企业,在互联网普惠金融方面更有积累,借助互联网和科技的力量,蚂蚁金服或许可以探索出一条"自下而上"的绿色金融发展路径。

在内部讨论会议上,蚂蚁金服战略部的庄矽建议,绿色金融战略落地的第一步,不妨在支付宝平台上替每个用户建立个人"碳账户",将用户每天通过支付宝完成的低碳行为折算成碳减排量,积累到个人账户里,未来条件成熟,或可实现个人碳资产的买卖、投资。[3] 庄矽的建议得到了所有参会者的认同,蚂蚁金服的"碳账户"计划将分阶段进行,"蚂蚁森林"作为"碳账户"首期项目,将着重突出个人碳减排行为的公益价值,因而自诞生起就具备了绿色公益属性。

布局绿色金融,建立个人碳账户平台,匹配绿色公益属性,蚂蚁

---

[1] 中国经济网,《蚂蚁金服完成B轮45亿美元融资,创全球互联网行业最大单笔私募》。
[2] 杭州日报,《蚂蚁金服公布2015年用户"绿账单"》。
[3] 36氪,《蚂蚁森林:一场眼皮底下的新生活运动》,http://m.sohu.com/a/204858071-114778。

金服的目标虽然十分明晰，但"蚂蚁森林"的雏形设计却较为模糊。产品团队又开始思考，碳账户对于广大用户显得陌生而遥远，如何把所谓的碳排放量像货币一样储存起来？如何能吸引、鼓励更多用户长时间坚持参与低碳减排行动？为了给模糊公益理念找到靠谱的落地方式，产品经理祖望提出将公益理念进行产品化运作。

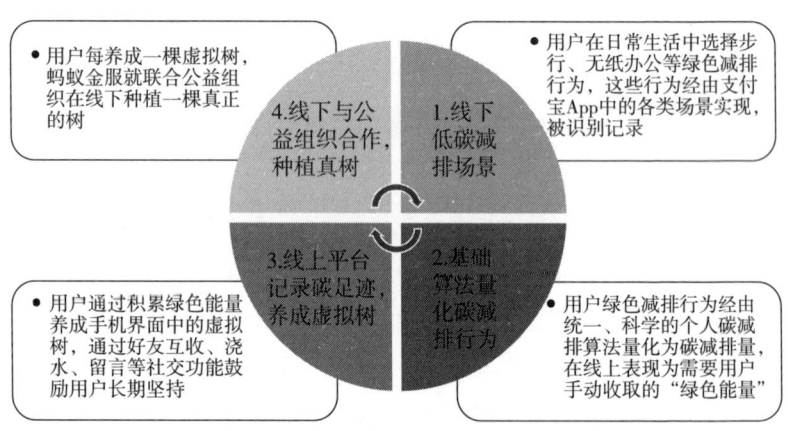

- 用户每养成一棵虚拟树，蚂蚁金服就联合公益组织在线下种植一棵真正的树
- 用户在日常生活中选择步行、无纸办公等绿色减排行为，这些行为经由支付宝App中的各类场景实现，被识别记录
- 用户通过积累绿色能量养成手机界面中的虚拟树，通过好友互动、浇水、留言等社交功能鼓励用户长期坚持
- 用户绿色减排行为经由统一、科学的个人碳减排算法量化为碳减排量，在线上表现为需要用户手动收取的"绿色能量"

4.线下与公益组织合作，种植真树
1.线下低碳减排场景
3.线上平台记录碳足迹，养成虚拟树
2.基础算法量化碳减排行为

图 7-5 "蚂蚁森林"产品模式

资料来源：长江商学院案例中心根据公开资料整理制作。

在经过无数次头脑风暴之后，祖望想到把"碳账户"与"种树"联系起来。首先，"绿色"和"减碳"往往让人容易联想起"树木"这一形象，不妨将用户建立"碳账户"、以日常低碳行为积累碳减排量的过程形象地展示为在手机界面"种下"并"养成"一棵虚拟树。其次，祖望不希望这个"互联网产品"止步于手机种树这一纯线上的虚拟概念，而是要扎扎实实地做一个真正在线下种树的绿色公益项目，即用户每在手机里通过积累碳排放量"养成"一棵虚拟树，蚂蚁金服就帮助用户在现实世界种下一棵真正的树——这正是"蚂蚁森林"名称的由来。

相比较传统线上筹款公益项目，"蚂蚁森林"旨在采用商业运作的方法放大互联网平台的力量，降低用户亲身践行绿色公益的门槛，让"互联网+"绿色公益项目变得可行、可信，从而深层次鼓励用户坚持绿色生活方式。"蚂蚁森林"基于支付宝平台这一流量优势，背靠蚂蚁金服科技支持，降低了"人人公益"的门槛，这也与我们"企业共益实践三部曲"中的业务与社会问题相结合的观点完美契合。那么，"蚂蚁森林"是如何种树的呢？

3. 如何种下一棵真实的树

下面我们介绍一下"蚂蚁森林"是如何种下一棵棵真实的树的。首先，你需要注册成为支付宝用户，并激活"蚂蚁森林"。简单来说，这是一款激励用户低碳行为的绿色公益项目，用户坐公交地铁替代开车、在线缴纳水电煤等行为节省的碳排放量，将被计算为虚拟的"绿色能量"，用来在手机里养大一颗颗虚拟的树。每一棵虚拟树长成后，"蚂蚁森林"与合作的公益组织就在地球上种下一颗真树，或者守卫相应面积的保护地。

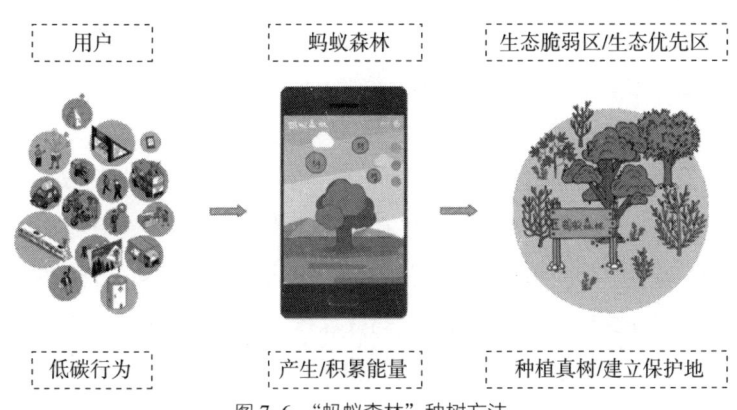

图7-6 "蚂蚁森林"种树方法

资料来源："蚂蚁森林"内部资料。

早晨 7：30。这是"蚂蚁森林"收取绿色能量的时间,这些绿色能量是被计算出来的。为了建立一套将用户的绿色减排行为量化成相应碳排量的科学方法,"蚂蚁森林"找到了北京市环境交易所合作开发"蚂蚁森林"个人减排算法,该方法遵循"自愿减排项目"原理。

20 种低碳行为。在"蚂蚁森林"里用户想要获得更多的能量,需要在日常生活中做完以下诸多事情:长途出行时尽量选择乘坐地铁(52 克"绿色能量")、公交车(80 克"绿色能量")等公共交通工具;短途出行尽量选择使用共享单车(159 克"绿色能量");尽量多运动,每天要行走或长跑一万步;定外卖时尽量选择不要一次性餐具;购票时尽量选择网络购票。

积攒 17.9 千克能量。以"蚂蚁森林"最早期的树种梭梭树为例。当用户积累的绿色能量值达到 17.9 千克时,就能"兑换"一棵梭梭树的树种,而 17.9 千克是一棵梭梭树平均一生能吸收二氧化碳的量。截至目前,"蚂蚁森林"树种的种类也变得多样化,包括樟子松(146 210 克"绿色能量")、沙柳(19 680 克"绿色能量")、胡杨(215 680 克"绿色能量")等,这些树种都对治理荒漠化等生态环境具有一定的改善作用。兑换好树木种子后,支付宝会联合公益组织颁发种植证书并附上独一无二的编号,以供用户监督认证,并联合公益组织以用户的名义在特定的区域种下一棵真树。

卫星看树。将树种下一段时间后,用户就可以通过"蚂蚁森林"拍摄的卫星照片真实地看到自己在某地区种下的树木,方便用户监督并进一步提升项目参与度。"蚂蚁森林"通过互联网公司的在线优势,推出通过高德地图粗略地看到"蚂蚁森林"所在的每片林地的形状和位置,以及部分地区"卫星看树"和"实时看树"功能,让大家更好地感受到"蚂蚁森林"对于环境保护做出的改变。

"偷绿色能量"。"蚂蚁森林"活动设计了社交功能,如给好友的树浇水、"偷能量"、与好友合种树木等,增加了用户的参与度,也让每一位参与者因为自己在环保事业上做出的贡献而感到了满足和颇具成就感。

"蚂蚁森林"这样"自下而上"的互联网化项目模式快速发展并取得了不错的成绩。根据公开数据,截至 2018 年 5 月底,"蚂蚁森林"用户超过 3.5 亿,累计种植和养护真树 5 552 万棵,其中有 4 133 万棵梭梭树、100 万棵花棒、55 万棵樟子松、6 667 棵胡杨、1 284 棵沙柳,种植总面积超过 76 万亩,预计控沙面积超百万亩,累计减排 283 万吨。①

4. 业务与公益相结合的模式创新

作为一家扎根线上的互联网企业,在沙漠中植树造林显然并不是蚂蚁金服的强项。为了解决公益项目最终的落地问题,蚂蚁金服选择了与专业机构及传统公益组织合作的方式来实现。

以"一亿棵梭梭"为例,这是由阿拉善 SEE 公益基金会发起的一个项目,计划种植一亿棵梭梭树,恢复 200 万亩以梭梭树为主体的荒漠植被,构建阿拉善绿色生态屏障,改善当地的生态环境,同时通过梭梭树的衍生经济价值提升牧民的生活水平。"蚂蚁森林"的介入给"一亿棵梭梭"带来了新的变化,项目的进度及社会影响力都有了很大程度的提升。

"蚂蚁森林"能够取得突出成绩的主要原因在于它在以下几个方面对传统公益模式进行了变革。

在项目宣传推广方面。借助支付宝自身的平台优势及互联营销手段,迅速扩大了项目的受众人群及社会影响力。2016 年 8 月,"蚂蚁森林"正式成立。到 2017 年 1 月,"蚂蚁森林"的正式用户已经突破

---

① 马云的公益观 [J]. 现代商业,2018(28).

两亿。对于以往任何一家公益组织来讲，这都是一个无法想象的数字，充分体现了互联网传播的爆发力。

在募捐手段上。突破了由捐赠人直接出资的传统公益模式。"蚂蚁森林"模式鼓励公众以环保的形式参与环保公益，将参与者的低碳行为转化为相应数量的碳排放量，并最终折算成相应数量的资金，用于支持公益项目。项目的直接出资方由捐赠人扩展到相关企业、组织等。这种模式不仅提升了公众对公益项目的参与程度，而且以绿色金融为纽带，将个人用户、相关企业、公益组织、政府等组合成一个有机的整体，共同推进公益项目的进展。

改变捐赠人的行为模式，促进了参与者日常行为的环保化。通过参与环保公益，"蚂蚁森林"已经在荒漠中种下了大片的实体森林，但是更令人震撼的还是亿万人亲力亲为的日常行动。"蚂蚁森林"调动的不仅仅是公众募款，同时也包括公众日常的环保行为。在"蚂蚁森林"所倡导的公益模式中，"人人种树"成为可能。每个人都可以利用碎片化的时间和行为参与环保，改善个人身边的微环境，促进了环保公益新生态的形成。

在项目后期反馈与监督上。"蚂蚁森林"充分发挥了互联网企业的在线优势，给予参与者及时、多角度的反馈，方便用户监督并进一步提升项目参与度。参与"蚂蚁森林"项目后，用户可以在"蚂蚁森林"的活动页面里实时看到自己种下的树，随时关注自己种下的小树苗的成长。也可以透过卫星图像，查看自己种下的树给地球带来的改变。同时，"蚂蚁森林"还和阿拉善SEE、当地政府等组织合作，联合开展形式多样的实地公益活动，推动环境保护的社会化参与。

2017年12月，马云宣布阿里巴巴要将100亿元资金投入脱贫项目，一共有五个方向，分别是电商、女性、生态、健康、教育，相关部门都要参与。蚂蚁金服就是生态脱贫，"蚂蚁森林"也天然承担生态脱贫的作用。

2017年蚂蚁金服进一步启动了"蚂蚁森林"的升级，依托技术模式创新，用生态的方式，在保护生态环境的同时，提升当地生态品牌价值，增加贫困地区收入，带动贫困人口增收。通过线上公益保护地、生态经济林等项目，"蚂蚁森林"实现了种树治沙、生态治理和脱贫相结合。

以"蚂蚁森林"第一块公益保护地为例。面积为1.2万亩的黄山洋湖保护地在支付宝"蚂蚁森林"上线后，用户每捐赠13 000克能量，就可以为该保护地的五平方米土地提供未来十年的专职保护。据统计，上线后不到一天，已经获得用户捐赠100多万平方米。截至2018年5月底，3.9万亩保护地得到认领。

生态经济林项目，以MA沙棘饮品为例。"蚂蚁森林"以内蒙古科右中旗为试点县，它位于大兴安岭南麓、科尔沁沙地北端，境域呈狭长状，南北长310千米，东西宽55千米，总土地面积15 613平方千米。科右中旗是中国荒漠化危害最严重的地区之一，较为恶劣的生态条件限制着当地的发展。在科尔沁沙地，生态脱贫小组与科右中旗等多个旗县一起尝试在贫困地区种植既有生态价值又能产生经济效益的沙棘，在改善环境的同时促进当地经济发展。

沙棘是中国原生植物，全球沙棘80%分布在中国的12个省（区）。沙棘被称为"维C之王"，具有极高的营养和药用价值。同时它的生态修复能力强，根系发达，有助于防沙固土，可使地表水土流失减少75%，风蚀减少85%。而沙棘也具有高经济价值，在荒漠化地区种植，可以为当地带来持续的增收。"蚂蚁森林"上线沙棘后，在24小时内有314万名用户兑换了2.35万亩沙棘，预计带动当地30%的贫困户参与种植，沙棘汁部分收益返回当地。

5. "蚂蚁森林"的未来挑战

基于"自下而上"的公益理念以及互联网化的项目运作,"蚂蚁森林"促进了环保公益模式的创新并取得了令人瞩目的成绩。但是环境保护是千年大计,环保公益同样也是一条很长远的路。目前"蚂蚁森林"项目资金的主要来源还是蚂蚁金服。但从长期来看,如何为项目寻找可持续的资金来源,例如通过更多引入与B端企业的合作场景,通过消费者选择偏好的变化影响企业行为,让企业愿意为此付费,又如何探索出可持续的商业化道路,这也是蚂蚁金服需要考虑的课题。

▶ 禹闳资本:有"洁癖"的耐心资本

> 影响力投资的目标是要在产生积极社会影响的同时,获得财务回报。金融业创新和变革的力量要远远大于其他行业或部门。如果我们可以设定金融行业的道德边界和终极目标,就可以改善世界的现状,产生积极的社会影响,推动经济和环境的可持续发展。
>
> ——杰里米·巴尔金《影响力投资》

1. 影响力投资

金融投资会对整个社会产生巨大的影响。在全球金融危机爆发之前的几十年里,主流投资基本上很少考虑投资的社会影响力。从金融的角度看,成功的投资体现为投资的财务回报,将会带来繁荣和富裕。然而,投资的影响力往往不仅体现为投资回报,数字的背后是人,投资会对人类社会产生积极或消极的影响。全球金融危机表明,自私自利和过度贪婪的人,以及拥有大量金融资源的人,他们的行为可能会对社会产生巨大的消极影响。

金融的责任是为创新匹配资本，使创始人、初创企业以及各类公司有能力促进经济增长和社会发展。影响力投资是一种努力产生积极的社会影响，同时获得收益和利润的投资方式。一方面，影响力投资致力于重塑金融业的道德与文化，发掘影响力投资市场的巨大潜力，在推动经济发展、创造繁荣的同时，让人们的生活和世界变得更美好。

另一方面，当今世界面临的社会和环境问题日益严峻，政府资源和慈善捐赠都未有充足的资金提供根本性的解决问题方案。在这种背景下，影响力投资作为公益和商业的结合，作为一种新的投资理念，提供了一种新渠道以吸引大规模私人资本发挥社会效应。

"影响力投资"，这一概念源自洛克菲勒基金会于2007年在意大利赞助召集的贝拉吉奥公益峰会，即在追求财务回报的同时力求实现积极的社会效应的投资，其初衷是提高慈善基金的使用效率。从实践层面看，影响力投资可溯源至英联邦开发公司的早期投资行为。作为起源于欧美的新投资类别，影响力投资力图创造除财务回报外的积极社会影响，力图通过投资者主动的投资行为，在实现财务回报的同时实现正面的社会效应和环境效应，所以学界对其另一种通俗的说法是"三重底线投资"或者"社会责任投资"。

根据全球影响力投资指导委员会的定义，影响力投资是在传统金融投资风险与收益的二维结构上增加了社会影响的考量要素，是对传统金融投资理念的创新与升级。因此，影响力投资又称为"善心投资"或"耐心投资"。影响力投资主要投向社会企业，致力于解决社会问题和环境问题。投资标的是多样化的，包括固定收益、公司股权、公司债权等。就行业而言，这些企业主要集中在和民生息息相关的环境、住房、基础教育和养老健康产业。

依据国际主流机构（如全球影响力投资网络组织）的定义，影响力投资有四种界定特质。第一，这类投资的参与者需要具备创造社会（含环境）影响力的明确动机，而展现于其所提供之资金、产品或服务上。第二，影响力投资是投资，不是无偿捐赠，故其投资人对资金有财务回报要求。第三，影响力投资的财务回报，依投资人、资产、标的等类别而有差异。第四，影响力投资包含对社会影响力的管理与衡量。[①]

截至目前影响力投资规模还不大，但这几年增长迅速。根据全球影响力投资网络的《影响投资市场规模报告》，全球影响力投资市场目前至少价值5 020亿美元。根据该报告，大多数影响力投资者的基础是发达市场，如美国和加拿大（58%），以及西欧、北欧和南欧（21%）。

显然，影响力投资在中国仍是新事物。高举影响力投资的旗帜且真正进行投资的机构可谓凤毛麟角。当然，也有机构在做影响力投资的事却没用影响力投资的名，他们甚至没有意识到所做工作可纳入影响力投资的范畴。接下来，我们给大家介绍一家在中国的影响力投资领域做得相对较好的企业——禹闳资本。

2. 禹闳资本

对一家投资公司来说，最重要的投资指标是什么？大多数人的第一反应可能是收益高，赚钱快。不过上海禹闳投资管理有限公司并不这样认为，这家企业常常自嘲是有"洁癖"的耐心资本。因为公司对投资项目实行"社会影响力一票否决制"，只要候选公司存在污染环境、不履行社会责任的行为或者给社会带来负面影响，不管项目利润前景多好，一概不投。

[①] 《中国的影响力投资》，FT中文网，参见：https://www.cj1.com.cn/mp/2019-05-17/246181.html。

第七章　金融业：用金融力量解决深层次的社会问题

上海禹闳资本成立于 2007 年，是一家专门从事股权投资的机构，是中国影响力投资理念的早期践行者。创立之初，禹闳资本即明确秉持社会价值取向，不投资在社会环境方面存在负面影响的行业和项目，致力于成为一家社会责任投资机构。2007—2012 年，禹闳资本的投资主要集中在金融、TMT（科技、媒体和通信）、新能源材料和现代农业等领域。2012 年开始，禹闳资本参照国际上影响力投资的一般准则，逐步完善并确立了在节能环保、可持续农业、健康养老和优质教育等行业的分类投资标准，形成了从分析社会问题着手选择投资行业和投资主题的基本投资方法。2018 年禹闳设立了由公益基金会作为基石 LP（有限合伙人）的专项影响力投资基金。

根据 2018 年公开数据，过去十年禹闳资本累计投资 30 多个项目，其中一半以上的项目已通过 IPO（首次公开募股）或并购的方式退出，年均收益率为 25.6%。[1] 自 2012 年以来，该公司 70% 以上的股权投资项目集中在可持续农业、节能环保、医疗养老和文化教育等领域。

禹闳为出资人实现有竞争力的财务回报的同时，在减排、减贫、服务弱势人群、支持普惠金融、促进就业等方面创造了积极且显著的社会环境效益。因为在社会影响力投资方面的杰出表现，禹闳资本获得了 2017 年度中国社会企业与影响力投资年度投资机构大奖。

3. 顺其性，应其时，得其宜

禹闳资本创始人唐荣汉在 20 世纪 90 年代曾担任国家商业部处长、国家试点期货交易所高管，可以说他从当时就一直涉足国内资本市场。

---

[1] 《禹闳资本的影响力投资实践》，21 世纪经济报道，2018 年 7 月，参见：https://www.baidu.com/link?url=f6PJcMtgoTrppg-4GEa31hKvmNr5xVH7iuZ3BeEYExBDzuK7TU5IUhonzVzsiGolM3ITeXUqER53xGxmSqzaW9OI2FUo5mvCHHYPfan6zyO&wd=&eqid=d033b17f00000136000000025d1abf74。

2000年，唐荣汉加入中国青基会（希望工程的发起组织），2000—2008年兼任常务理事，这一段的工作经历让唐荣汉对社会公益有了深刻的认识和体会。

这期间，因投资业务唐荣汉曾走访广西、江西等地的几个矿山和冶炼企业，考察江浙一带的化工、电镀和印染企业，目睹了一些企业对长期矿渣不做无害化处置露天存放，并且违规排放污水，给附近的村民的健康造成了严重危害。一个个触目惊心的场景，让唐荣汉真真切切认识到经济繁荣背后所付出的是多么沉重的社会与环境代价！因此，当他开始筹备一家新的投资机构时，就自然而然地想到做投资应有底线，有所为有所不为。

就这样，2007年唐荣汉与另外两位合伙人一起组建了禹闳投资，商定以"顺其性，应其时，得其宜"为投资理念，即投资要尊重常识、顺应大势、有取有舍、义利并重，并明确主要投向与"吃饭、吃药、低碳"相关的民生领域。当时他们并不知道有"影响力投资"这个概念，但他们很明确坚持社会价值取向，不投对社会、环境有负面影响的行业和项目，比如与化石能源相关的一些行业、烟酒业，甚至把网络游戏也剔除在外。

禹闳有意识地开展影响力投资的实践始于2012年。那年年初，唐荣汉到柬埔寨吴哥窟旅游，遇到两名在当地做义工的英国留学生，在交流中得知，他们是由英国的一家公益基金会资助来柬埔寨的。他们提到了这家公益基金会也做投资，但做的是影响力投资，这是他第一次听说"影响力投资"这个概念，这引起了他的关注。

回国之后他开始查询相关资料，发现"影响力投资"倡导资本通过有经济效益的投资来做公益，它引入了商业上追求财务回报、可持续、影响力等思维，为的是规模化地解决社会问题。当时唐荣汉觉得禹闳成立以来多个项目的投资很接近上述理念和方式，所以，在2012

年禹闳资本决定将社会环境影响纳入投资标准，明确兼顾财务指标和社会目标的投资准则，同时，禹闳开始有意识地寻找真正以解决社会痛点为使命、商业运营可持续的公司。

4. 投资案例一：浙江绿康医养集团有限公司

浙江绿康医养集团有限公司是一家为半失能、失能老人及残疾人提供医养结合养老服务的连锁医疗公司。绿康在全国共设有17家连锁医疗机构，总管理床位数1万余张，先后制定行业标准、企业标准500多项，还在业内首创了"志愿者时间银行"模式，是目前中国最大的为半失能和失能老人提供医养结合养老服务的连锁医疗机构。公司首创的医养结合连锁服务模式可以大规模解决国内日趋严重的半失能与失能老人的养老问题。

（1）投资逻辑

根据中国社科院《中国老龄事业发展报告（2013）》，截至2012年底，我国60岁以上人口已达1.94亿人，其中失能老人达3 750万人，预计到2025年，随着"婴儿潮"人群步入老龄阶段，我国老年人口将突破3亿人，占总人口比例将超过20%。由于我国曾长期实施独生子女政策，所以家庭和社会的抚养压力将急剧增大。半失能与失能老人的养老问题更是一大社会痛点。

禹闳团队自2012年下半年起开始关注上述社会痛点，并开始对国内养老产业进行调研，先后走访21个城市的相关政府部门和35家养老服务机构，同时比较研究了已经历"婴儿潮"老龄化浪潮的发达国家的养老产业。通过调研分析，禹闳团队认为，针对半失能和失能老人的护理养老服务存在刚需，因此以此作为投资养老产业的重点。在众多考察标的中，禹闳团队最终选择绿康作为投资合作伙伴，除上述细分行业的投资偏好外，还因为：一是绿康在当时正探索医养结合的养老服务模式，而禹闳团队认为该模式可以为半失能和失能老人提供有品质的护理和养老服务；二是绿康创始人有医生的职业背景，既富有社会情怀又有创业精神；三是创始人及其他创始股东都认同禹闳团队的建议——做一家有温度的为半失能和失能老人提供医养结合养老服务的连锁医疗机构，并同意由民非机构转制为商业企业，用商业的方式来解决社会痛点。

（2）投后服务

投资之初，绿康是以杭州本地老人为主要服务对象的非营利性机构，服务半径较小，服务能力有限，运营效率较低。禹闳团队基于前期行业研究，首先帮助绿康进行战略再定位，将服务人群定位于半失能和失能老人，并确立了"轻资产，嵌入式，医养结合，连锁经营"的发展模式。公司从本地经营走向异地连锁扩张，同时从非营利机构转制为营利性机构，无论是商业经营还是规范管理均对团队构成了巨大的压力和挑战。

为应对上述挑战，禹闳团队还为绿康提供了一系列的增值服务，主要包括：第一，与绿康团队一起共同设立战略发展委员会，整合各方资源，有效提升公司异地优质项目的获取能力；第二，禹闳派驻投后增值服务小组帮助绿康梳理、建立和完善经营管理流程，制定预算与KPI（关键绩效指标）考核体系，并连续14个月组织月度经营分析会议进行监督以提升其运营效率；第三，禹闳团队协助绿康完成了后续的股权与债权融资，优化了公司的资本结构；第四，帮助公司提升品牌影响力；等等。

（3）财务回报与社会效益

截至2019年上半年，公司在全国共设有17家连锁医疗机构、11

家养老护理机构、18家社区日间照料中心、1所介护职业培训学校，总管理床位数超1万张，总员工数1 594人，是目前中国最大的为半失能和失能老人提供医养结合护理服务的连锁医疗机构之一，也是国内医养结合养老服务行业的领导品牌。

2014年初至2018年底，绿康公司的运营机构数量增长4倍，营收增长了近7倍，床位数增长约15倍。根据最近一轮绿康股权交易价格测算，禹闳持有的公司股权价值增长了近6.8倍。绿康在为股东实现良好的财务价值的同时，也为社会创造了积极的效应。截至2019年上半年，累计服务半失能、失能老人31 148名，其18家社区居家照料中心服务覆盖居家老人近十万，帮助近五万个家庭缓解了老人的护理压力，还有效提升了公共医疗资源的使用效率。

图7-7 绿康养老院

资料来源：禹闳资本内部资料。

5. 投资案例二：上海西恩科技股份有限公司

上海西恩科技股份有限公司是一家主营固（危）废处置和再生利用的高科技企业。该公司用自主研发的技术和工艺，主要针对通信、半导体、新能源电池等行业产生的固体废弃物和危险废弃物进行无害化处置，同时回收其中可用于制造新能源电池的镍、钴、锰等有色金属，截至 2018 年，累计处置固（危）废 20 万吨，回收的镍、钴、锰等金属超 5 000 吨，每年实现碳减排 2 800 吨。

(1) 投资逻辑

中国每年产生的工业固体废弃物超 30 亿吨，其中危险废弃物约 6 500 万吨。长期以来非法掩埋或倾倒固（危）废的事件时有发生，而废弃物综合利用行业的技术和工艺较为落后，固（危）废处置过程中常引发二次污染。因此，对固体废弃物，尤其是危险废弃物的处置是一大社会问题。

禹闳团队从 2011 年起就关注上述社会问题并对废弃物综合利用行业进行调研，先后走访、考察了与废纸、废塑料、废玻璃、废轮胎、废渣尾矿等回收利用相关的近 20 多家企业，综合比较处置效能和二次污染的程度，最终将投资重点聚焦到废渣尾矿的处置和再生利用这个细分领域。

当时的西恩科技，虽然营业收入主要来自环保设备的销售，其尾矿和废渣的处置基地尚在建设中，但其常温常压湿法处置技术和工艺已在部分有色金属冶炼企业的尾矿处置环节应用，证实该技术和工艺处置效能高，可大幅度减少二次污染，在业内具有领先优势。禹闳团队判断该技术工艺的规模化应用能产生良好的经济和社会效益。该公司创始人是一位富有社会情怀的技术专家，因部分冶炼企业无视环保要求，他对自己研发的整套技术和设备被闲置而深表痛心，所以才决定自主创业建设尾矿废渣处置基地，具有执着的创业精神。主要基于上述考虑，禹闳于 2012 年初投资了该公司。

(2) 投后服务

投资之初，西恩科技以尾矿冶炼为主，由于当时环保监管宽松、

第七章　金融业：用金融力量解决深层次的社会问题

尾矿来源不够充分，产能无法释放，不久后，经营即陷入困境。对此，禹闳团队就固废和危废的处置和利用，再次对市场进行了一系列调研，并多次请教专家，在掌握大量数据和充分分析之后，向公司股东会提出公司转型从事危废处置和再生利用的建议。在得到公司创始人及其他股东同意之后，禹闳团队还协助公司管理层实施并完成战略转型。此外，当时的新能源电池虽然主要应用在消费电子产品上，但禹闳团队相信新能源电池将被更广泛地应用，因此坚定支持公司经营团队把再生产品定位于三元电池原材料。

为应对行业挑战，适时引入新的战略投资人，禹闳团队还向西恩科技提供了财务规范、内控制度建设方案，并引荐外部专家进一步协助公司管理层实施了上述方案。同时，禹闳和西恩科技的其他股东一起，推动公司以公众公司的要求进行公司治理结构的优化，并在公司发展的关键阶段，直接推动了新一轮战略融资的成功。

（3）财务回报与社会效益

截至 2019 年上半年，西恩科技已经建成湿法危废处置产能 10 万吨/年、火法固（危）废处置产能 15 万吨/年，年处置 6 000 吨的新能源电池回收处置生产线并即将投入运营，是华东地区位列前三的危废处置与再生利用基地，也将是该地区最大的新能源电池回收处置企业。

2012 年初到 2018 年底，西恩科技销售收入增长了近 14 倍，净利润增长近 6 倍，按最近一轮融资估值测算，禹闳所持股权增值逾 5.5 倍。其创造的社会效应也非常突出，从 2015 年至今已累计处置固体废弃物 20 余万吨，其中危险废弃物 12 万余吨；从废弃物中回收的镍、钴、锰等金属 5 000 余吨；按照油、电动力不同的碳排放标准进行比较和测算，累计减少碳排放 4 000 余吨。

255

图 7-8　西恩科技公司

资料来源：禹闳资本内部资料。

6. 禹闳资本的投资逻辑

基于禹闳资本对绿康养老和西恩科技的投资案例，我们可以看出禹闳的投资逻辑主要是一种基于社会价值取向、自上而下的投资方式，即主要是通过研究社会痛点问题确定投资范围和投资主题，分行业细化投资标准，明确社会环境目标，尤其注重财务、社会、环境三重指标的协同，以及投前、投中、投后全过程监测相关指标的落实情况。

很显然，在投资之前，禹闳资本首先研究社会环境问题，其次明确细分领域的投资主题和社会目标，最后筛选投资标的。在分行业确立社会环境目标时，禹闳会参照联合国可持续发展目标。目前，禹闳主要关注绿色农业、节能环保、健康养老和教育等领域。

在确定投资主题与社会目标后，主要通过考察以下几个方面对项目进行综合评估和筛选：第一，创始人是否有社会情怀，同时是否具备优秀的商业运营能力和企业家精神，这一点非常重要；第二，其提供的产品和服务是否具有创新性，能否有效地解决某个社会（环境）痛点；第三，其商业模式能否实现财务上的可持续性，以及是否具有规模化发展的可行性，即是否具有规模化解决社会问题的可能；等等。

禹闳资本的介入方式与传统投资有所不同。禹闳主要关注的是两类企业：一类是出生就是社会企业，或由非政府组织转型而来的社会企业；另一类是其商业模式、产品和服务都具有显著社会价值的商业性企业。前者具有天然的社会效应属性，但通常其团队的商业思维和商业运作能力较为薄弱；后者一般都缺乏对社会环境影响力的管理，两类企业在成长过程中，当面临残酷的市场竞争时都有可能产生社会目标的漂移，需要投资人进行耐心的指导、细心的鼓励和实实在在的帮助。因此，禹闳对所投资企业而言，常以创业合伙人定位自己，愿花费较多的时间和精力在投后提供增值服务。

从其投资的案例分析，禹闳主要从六个维度为被投资方提供增值服务，如帮助企业定位并制定战略规划，科学设定财务与社会目标，运营支持与资源整合，引进关键人才，帮助完成新的融资，帮助制定团队激励方案，等等。其提供的增值服务内容是定制化的，根据竞争环境变化和目标达成情况，会对服务内容进行适当调整。

7. 禹闳资本的未来挑战与机遇

根据全球社会影响力投资指导委员会和麦肯锡预测，2020年将是影响力投资的爆发元年，全球行业整体规模将达到1万亿美元。另据沃顿社会影响力研究所统计，2017年美国影响力投资行业的平均内部收益率甚至达到了18.59%，而禹闳资本的这个财务指标与此相当。但是，目前影响力投资还是一种非主流投资，并且规模小，尤其是在中国，大家对影响力投资还处于初级认知阶段，行业内也缺乏与权威的影响力投资和ESG相关的指数及评估体系，如何让公众对投资所产生的社会环境影响力有直观的、量化的认识，无疑是个难点。还有，作为"耐心投资"，如何保持被投企业在面临激烈的商业竞争时，能够牺牲财务利益并坚持社会环境标准也是一种挑战。因此，禹闳资本的未来任重而道远。

不过，从最近所获得的信息看，禹闳资本可能已经准备好迎接影响力投资的爆发。唐荣汉相信，未来十年将是中国影响力投资发展的黄金十年。

对于中国来说，在医疗、养老、教育、节能环境、食品安全等领域都存在许多中国特色的社会痛点问题，需要进一步予以解决。所以，我们期待更多的人关注商业领域的社会价值创造，更多的主流投资机构参与进来，共同建设中国影响力投资生态，推进资本向善、商业向善，从而促进人类的可持续发展。

小结

本章中，我们从普惠金融和影响力投资的角度通过三个企业的案例描绘了金融向善的诸多实践，金融向善正在成为一种潮流。从事普惠金融业务的中和农信，惠及百万多贫困户，解决了脱贫发展的问题；蚂蚁金服凭借支付宝公益创新项目"蚂蚁森林"，带动了人人参与、人人公益的"共益时代"的发展；禹闳资本投资的绿康医养集团，形成"养老院—医院—护理院"一体化格局，专门服务失能、半失能老人，短短三年里把床位数量翻了几十倍，成为亚洲最大规模的医养结合案例。

不仅如此，很多传统金融领域也在向这方面发展。例如，作为新加坡最大的商业银行，星展银行早在十年前就率先推出了社会企业银行套餐业务，2014年更通过成立星展基金会，投入5 000万新加坡元支持亚洲社会企业的发展。自2014年以来，星展基金会已向101家社会企业提供了超过470万新加坡元的资助。星展银行主要通过金融专业，从倡导、成长支持及整合三方面全力扶持社会企业。比如把社会企业融入星展供应链，优先采购社企产品。同时，星展银行还提供创业基金，搭建社会企业与客户的桥梁，带动星展银行客户参与影响力投资，带动员工参与社会企业服务，让更多相关方了解社会企业及其受益者。

　　社会在发展，我们发现如今很多金融企业并非为了赚钱而赚钱，金融企业也有自己的价值观，也会兼顾经济利益和社会、环境利益的平衡。正如招商银行前行长、国际公益学院董事会主席马蔚华所言，目前社会责任和社会价值正逐渐被大众所接受，商业向善、资本向善、金融向善将推动影响力投资，让投资成为一种向善的力量。如果这一共益理念能够得到普及，金融就能帮助我们走向前所未有的繁荣，那么我们离"金融与好的社会"也就不远了。

第八章　农牧业：为农民赋能

中国"造血式"的开发扶贫，既是过去几十年推进减贫工作的重要经验，也是实现减贫目标的必由之路。而发展地方优势特色产业，是"造血式"扶贫的重要模式。

——联合国开发计划署《2016中国人类发展报告》

"晨兴理荒秽，带月荷锄归。""衣沾不足惜，但使愿无违。"陶渊明笔下《归园田居》描绘的田园劳作生活，情真意美，令身处现代社会的人们心向往之。然而随着中国经济、社会的高速发展和城镇化进程的加速，农村在发展中遇到了包括农村空心化、农业边缘化、农民老龄化等诸多前所未有的挑战。此外，贫困也是长期以来困扰农村发展的一大难题。在我国，农民是最为庞大的职业群体，全国7.8亿劳动力，有3.4亿在农村，占比43.6%。截至2019年5月，全国还有485个贫困县，涉及1 600万人口。

党的十九大报告中明确提出了乡村振兴战略，指出农业农村农民问题是关系国计民生的根本性问题，必须始终把解决好"三农"问题作为全党工作的重中之重。2018年1月2日，公布了2018年中央一

第八章　农牧业：为农民赋能

号文件，即《中共中央国务院关于实施乡村振兴战略的意见》。"产业兴旺、生态宜居、乡风文明、治理有效、生活富裕"，是党的十九大报告提出的实施乡村振兴战略的总要求。

在农村发展的多利益相关方当中，农牧企业是实现农民增收的主要渠道，对于解决贫困和一系列农村问题至关重要。农牧企业兼具农业和牧业性质，是以养殖业为主的涉农企业，其生产运营存在以下几个特征。首先，农牧企业经营生产的主要是食品或食品的原材料，这类产品直接关系到大众的健康安全。特别是近年来，"苏丹红""三聚氰胺"等迭出的食品安全事件加剧了消费者对农牧企业的关注，也倒逼企业要严格把控产品质量安全，提升社会形象。其次，农牧企业尤其是以畜禽养殖为主的企业，都是污染大户，存在散乱养殖、污染严重、效益低下等社会问题。最后，农牧业企业承担着市场价格波动、重大疫情损失、巨额流动资金、原材料价格波动、养殖管理以及道德违约等多重风险，企业经营的好坏直接与农民的利益紧密相连。

正如资中筠在《财富的责任与资本主义演变》一书中提到的，企业不应当把 BOP（金字塔底端的低收入人群）视作被动的客户和扶贫的对象，而应该将他们视为合作伙伴，协助他们发展因地制宜的事业，从而实现共益。从长远来看，作为农牧企业，如何才能实现与农民、消费者的多方共益、受到社区和社会的尊重，最终实现可持续发展是个重要话题。

本章将以中国本土农牧业企业铁骑力士为主要案例，探讨其"1211"和"1+8"等创新产业扶贫模式，如何将企业主营业务与扶贫相结合，使农民成为企业供应链的重要组成部分，激发农民内生动力，帮助他们实现独立、有尊严的生活；同时探讨其如何通过共益理念和实践，推动企业的可持续发展。同时我们还将探讨通威集团的"渔光一体"模式，如何将渔业和光伏两大产业创新结合，实现差异化发展。

261

未来好企业：共益实践三部曲

▶ 铁骑力士：为了农民的微笑

改革开放伊始，一个阴雨绵绵的日子里，20岁出头的雷文勇（当时他是四川省绵阳市粮食局饲料公司的技术员）和中科院的一位研究员一起在四川农村做家蚕饲料调研，吉普车晃晃悠悠地行驶在泥泞的山路上，雷文勇注意到路边有一个老大爷，穿着贴身的衣衫，小心翼翼地怀抱着一个东西冒雨前行。雷文勇出于好奇和关怀，下车去问候老大爷。这时，他才发现大爷怀里抱着的是一头小猪崽，小猪崽身上裹着的是大爷的外套。雷文勇有些不解地问道："您把衣服都给了小猪，您不怕感冒吗？"大爷看了看雷文勇说："我感冒了，吃一点药或者扛几天就会好了。如果我这头猪有个三长两短，我这一年的买油盐酱醋的钱就都没有了。"就是这句话，印在雷文勇的内心深处，也因此改变了他的事业轨迹，促使他创立了一家现代农牧产业集团——铁骑力士集团。

上面这个故事来自于铁骑力士集团董事长、长江商学院DBA、EMBA校友雷文勇在长江商学院"商业公益化"EMBA必修课上的分享。我也在之后的很多场合里听他提起过。2019年雷文勇参加了长江商学院首次社会创新与商业向善海外游学团。我带着一行40人去到英国伦敦，在具有悠久历史的社会创新之地，学习、体验、思考。在此行的一次分享过程中，雷文勇再次提到了这个场面。同行的一位同学，苗世明，是WABC无障碍艺途——一家为智障孩子提供艺术疗愈的基金会——的创始人，他用画笔记录下了这一动人情景（见图8-1）。

正如《洛克菲勒传》中洛克菲勒所言："如果不能让受益者独立，慈善是有害的。"雷文勇非常认同这一理念，他认为单纯的扶危济困并不能解决农村复杂的贫困问题，只有通过"义利结合"，通过可持续的商业模式，针对BOP人群的市场进行商业模式创新，才能真正帮助农民摆脱贫困，实现独立而有尊严的生活。

图 8-1 雷文勇的创业故事

资料来源：WABC 无障碍艺途的创始人苗世明作品。

"为了农民的微笑"，是铁骑力士集团董事长雷文勇 30 年来经常提到的一句话。铁骑力士因此也提出了产业发展的"微笑曲线"（见图 8-2）。"微笑曲线"的一端是农民，寓意铁骑力士以科技和品牌推动产业发展，带动农民脱贫致富，看见农民的微笑；"微笑曲线"的另一端是消费者，寓意用科技和责任捍卫食品安全，为消费者提供安全、美味的食品，看见消费者的微笑。

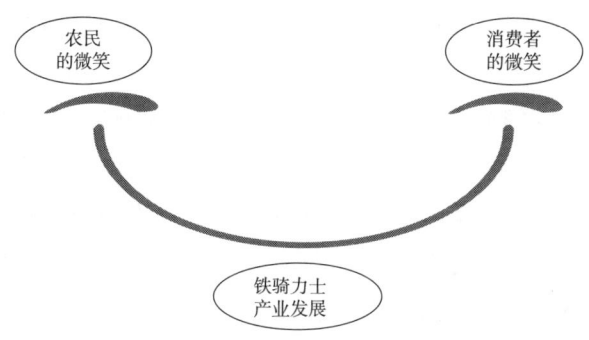

图 8-2 铁骑力士的"微笑曲线"

资料来源：铁骑力士内部资料。

1. 从"兄弟同心"到"价值共享",从小我到利他

铁骑力士创建于 1992 年。彼时,雷文勇是四川省绵阳市粮食局饲料公司的技术员,他带领五个人,一部电话、一辆货车和几张高低床,凑了 3.5 万元开启了创业之路。当时,全中国大概有两万多家饲料厂,四川省也有近 3 000 家饲料厂,仅绵阳市就有 165 家饲料厂。雷文勇用了三年时间,将铁骑力士做到四川饲料行业前十位。

铁骑力士目前在全国共建有近 100 家分(子)公司,分布在全国 22 个省、市、自治区,从业人员达到 12 000 余人。其生产经营主要涉及食品、圣迪乐村鸡蛋、饲料、生猪、鸭业以及其他文旅和酒类产业。其中,由铁骑力士实际控股的四川圣迪乐村生态食品股份有限公司目前为新三版上市企业。2018 年铁骑力士主营业务收入(不含"圣迪乐村"),达到 86 亿元,公司资产总额近 60 亿元,全年实现利税总额四亿余元。

铁骑力士建有完善的研发体系和科技管理体系,有强大的科技管理和服务平台。建于 1997 年的"冯光德实验室"研发成果丰硕,是国家认定的企业技术中心和创新平台。铁骑力士还获批设立绵阳市和四川省院士(专家)工作站,这是铁骑力士全产业链发展的基础。截至 2018 年,铁骑力士共获得各项专利 102 项。其中,2018 年获得专利 15 项,另申请专利 16 项。2018 年,全公司共有专业的研发人员 724 人,其中,高级研究人员 100 余人,具有硕、博士学历的人员 300 人。铁骑力士是农业产业化国家重点龙头企业,获得"国家高新技术企业""国家认定企业技术中心""国家科技进步二等奖"等荣誉。

单听铁骑力士这个名字,很难想到这是一家农业公司。而这个名字的来历,就源于雷文勇所崇尚的"兄弟文化"。雷文勇认为,创业就是一群兄弟在一起做事,他最初将公司命名为"铁哥们儿",但这个名字江湖气太浓,无法注册。雷文勇对"铁"字情有独钟,又崇尚

骑士美德，于是公司起初命名为"铁骑士"。后来，为了更好地鼓舞士气，又在名字里加入了"力"字，正式更名为"铁骑力士"。"兄弟同心，其利断金"是雷文勇的初心。

创业初期，雷文勇提出要将铁骑力士变成"一个家庭、一支军队、一所学校"。还提出了一人富不算富，人人富才算富，铁骑力士确保"你富、我富、大家富"的财富观，这也奠定了铁骑力士从事公益事业的思想基础。到2012年的时候，他反思发现，家庭、兄弟这些理念实际上更多关注的是"自我"，而随着企业的发展，需要关注的除了"自我"，更重要的是利他，是共益。

于是他和团队决心重新定义企业文化为：创新、价值、共享。铁骑力士认为企业对社会需要讲责任，对客户、消费者要创造价值，对员工、农户要实现共享，不仅关注企业的经济发展，同时要兼顾社会的需求，注重社会价值的共享。这一文化理念也体现在铁骑力士的愿景当中，即"以商业的成功给员工带来快乐，为顾客创造价值，为投资者创造效益。成为中国高端食品领导者，成为最有价值、最受尊重的公司"，这是铁骑力士公司发展的终极目标。铁骑力士的使命、价值观如图8-3所示。

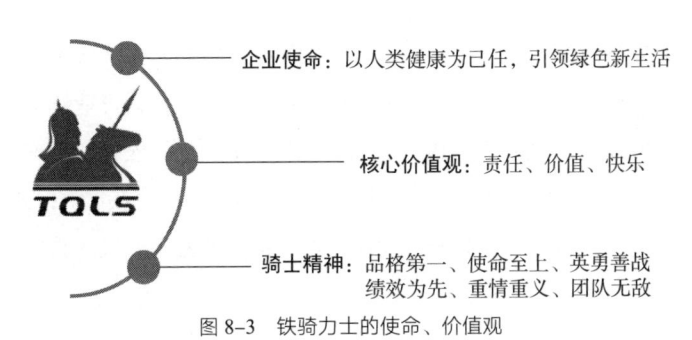

企业使命：以人类健康为己任，引领绿色新生活

核心价值观：责任、价值、快乐

骑士精神：品格第一、使命至上、英勇善战 绩效为先、重情重义、团队无敌

图8-3 铁骑力士的使命、价值观

资料来源：铁骑力士内部资料。

2. 铁骑力士的微笑曲线：为了农户和消费者的微笑

在雷文勇看来，铁骑力士是一家实际意义上的社会企业。他认为真正的社会企业需要有三点，一是社会影响力，二是盈利能力，三是规模。仅有热情是不够的，要遵循经济规律和商业逻辑，找准独特的定位，将企业核心能力与社会问题相结合，才能实现企业经济价值和社会价值的双赢，实现企业可持续发展。这一理念的形成并非一蹴而就，而是经过了27年的摸索和实践。铁骑力士将其社会价值的实践分为四个阶段。

（1）第一个阶段（1992—2001年）：零散的社会责任践行阶段

这一阶段，铁骑力士的社会责任行为是自发的，相对零散。主要是通过技术培训的方式，零星地帮扶小农户。从1996年起，铁骑力士开始参加中国共青团"万企帮万村"的活动。自2000年起，铁骑力士与加拿大国际发展署援助的"中国饲料工业中心项目"合作，探索通过为小农户提供饲料和科学饲养技术，来帮助他们脱贫致富的扶贫模式。在其饲料销售区域加大对饲料经销商和养殖示范户的培训，帮助他们掌握现代饲养技术，提高饲料利用效率，降低养殖成本，实现增收。

（2）第二个阶段（2001—2012年）：规模化的社会责任践行阶段

这一时期，铁骑力士走向集团化和规模化。依托其产业链的发展模式，2001年，铁骑力士以"公司+园区（基地）+农户"的产业发展方式、"七统一"[①]的管理模式大力发展高品质养殖。在这种模式下，公司是主导，确保园区的统一设计，生产标准的制定，投入物资的供

---

① 即由龙头企业"统一设计猪舍、统一提供猪苗、统一提供饲料、统一提供药品及疫苗、统一标准化管理、统一按合同价回收、统一品牌销售"。

应（饲料、种猪、药品等）、技术指导等；而园区是关键，可以通过园区进行有效的统一管理。公司有权对进入园区的人员进行筛选，进入园区的人员必须服从公司管理。农户是生产主体，农户可以全额投资或投入流动资金或承包饲养。农户自己当饲养员，可以自己决定生产规模、内部考核办法、内部分配等。

通过这种统一管理的模式，铁骑力士对整个养殖产业链的监督、实施就变得很容易，从而建立起一条安全的猪肉供应链，以确保食品安全。同时也能提升食品品牌竞争力。这种模式可以说是公司、农户、社会共赢的一种模式。不仅公司、农户可以受益，而且生产出的安全食品可推动社会的进步、经济发展。2007 年，铁骑力士向全社会公开铁骑力士"让国人吃上安全的食品"的愿景与使命。

（3）第三个阶段（2012—2018 年）：**基于商业模式的社会责任践行阶段**

这一时期，铁骑力士集团已经开始发展全产业链，并依托全产业链，将社会责任与集团主营业务相结合，逐渐使社会责任发展成为集团的核心竞争力。2013 年，铁骑力士集团积极响应"精准扶贫"国家发展战略，并结合公司内部摸索出来的"1211 生猪代养模式"，带动当地贫困户及农民自主脱贫和独立发展。2015 年，铁骑力士集团积极探索"政府＋企业＋公益机构伙伴关系"，旨在整合商业和公益资源，帮助贫困地区实现可持续发展。2016 年，铁骑力士成立"企业社会责任研究中心"，与西昌市人民政府成立"大凉山产业扶贫研究院"，试图通过建立商业逻辑和社会责任逻辑之间的连接帮助极度贫困地区发展。

（4）第四个阶段（2018 年至今）：**探讨多方共赢的社会责任践行阶段**

这一时期，铁骑力士集团建立"乡村振兴实验室"，试图建立多方生态共赢的共享发展模式，以带动投资所在乡镇的畜牧业和食品价值链发展以及人居、人文环境改善，实现乡村振兴可持续发展。

3. "跟着铁骑代养走，一年10万就到手"：产业扶贫模式

自2012年起，铁骑力士正式将公益和社会价值结合主营业务，纳入企业核心竞争力。其中不得不提的是其原创的"1211"生猪代养模式和"1+8"模式。

（1）"1211"生猪代养模式

"1211"生猪代养模式（见图8-4），指的是"1个规模猪场+2个劳动力（两口子）+1 000头肥猪＝纯收入10万元"。龙头企业和家庭农场结合，由企业提供优质猪苗、流动资金和技术资源，农户提供劳动力和圈舍+土地资源，双方签订养殖合同，以"七统一"的方式运作。按照合同，养殖户每出栏1头合格商品猪，至少可获得120~150元的利润。

图8-4 铁骑力士"1211"生猪代养模式
资料来源：铁骑力士内部资料。

与传统模式不同，委托养殖公司按照协议价将仔猪提供给饲养户，饲养过程中所需的饲料、药品、疫苗等物资均由公司以记账形式统一

提供，不再收取任何现金费用。生猪育肥后，由公司统一对外销售，并按合同价与养殖户进行结算。

农户将新模式的优势总结为"风险共担、利益共享"，保证了农民的"三无一稳"：无重大疫情的风险；无大的资金投入，不需花大钱去买猪买饲料；无市场风险，无论市场价格是多少，公司都是保价回收；保障了养殖户的稳定利益。

通过"1211"模式，铁骑力士盘活了整个产业链条。首先，铁骑力士从种猪到生猪收购、加工形成了完整的产业链；其次，与农户直接对接，减少了中间环节，降低了养殖成本；最后，能快速地在当地培养起农场主，形成区域龙头品牌，通过"七统一"封闭管控，有效确保产品质量。委托养殖实现了畜牧业的分工分业，培养了新型职业农民，促进了生猪品种由本地猪种向优质肉猪品种的转变，销售方式由场户自产自销向龙头企业批量、批次规模化销售转变，较好实现了生猪产业化良性发展。

特别值得一提的是，在"1211"产业发展模式中，铁骑力士始终推行循环经济[①]实践，将"养殖—排泄物—种植—养殖"的循环利用和发展，作为一项长期的技术和产业要求贯穿始终，在产业和企业发展同时，努力践行"天蓝、地绿、水清、人和"的责任担当。

（2）"1+8"精准扶贫模式

"1+8"精准扶贫模式是指1个能人带领8个贫困户脱贫致富。由8户贫困户将扶贫资金、金融扶贫贷款打捆绑定量化投入到1户养殖

[①] 循环经济也可以称为"资源循环型经济"。是以资源节约和循环利用为特征，与环境和谐共处的经济发展模式。强调把经济活动组织成一个"资源—产品—再生资源"的反馈式流程。其特征是低开采、高利用、低排放。所有的物质和能源能在这个不断进行的经济循环中得到合理和持久的利用，从而把经济活动对自然环境的影响降低到尽可能小的程度。

大户的养殖场形成一定股份，再由养殖大户从公司以记账方式领取猪苗、饲料、药品、疫苗等所有投入品，并按公司标准进行饲养，最后公司将收购价扣除生产资料赊账后把剩余部分返还养殖大户，贫困户按股份分红脱贫增收。通过精准扶贫模式，能人年收入达 10 万元以上，8 个贫困户每年各分红 5 000 元。

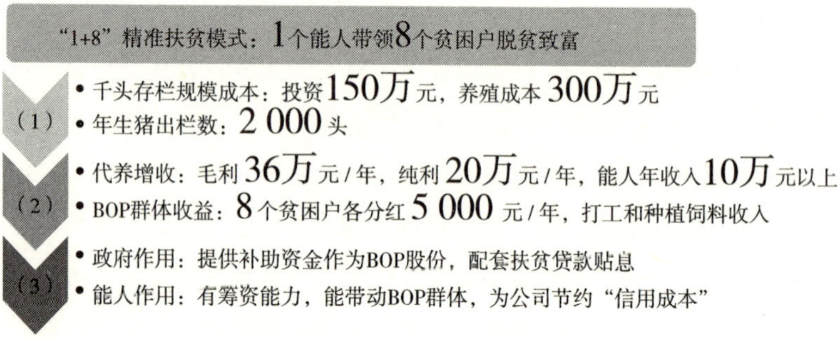

"1+8" 精准扶贫模式：1个能人带领8个贫困户脱贫致富

（1）
- 千头存栏规模成本：投资150万元，养殖成本300万元
- 年生猪出栏数：2 000 头

（2）
- 代养增收：毛利36万元/年，纯利20万元/年，能人年收入10万元以上
- BOP群体收益：8 个贫困户各分红 5 000 元/年，打工和种植饲料收入

（3）
- 政府作用：提供补助资金作为BOP股份，配套扶贫贷款贴息
- 能人作用：有筹资能力，能带动BOP群体，为公司节约"信用成本"

图 8-5　铁骑力士 "1+8" 精准扶贫模式
资料来源：铁骑力士内部资料。

目前，"1211" 生猪代养模式和 "1+8" 生猪产业精准扶贫模式已在四川、贵州、云南、重庆、江西、黑龙江等省、市全面推行，惠及数万农民。铁骑力士的产业扶贫模式将企业的市场优势与农户的生产力优势相结合，充分利用国家的扶贫政策，通过综合政府引导、企业垫付流动资金、企业提供全方位技术支持以及与农户签订固定价格回购承担市场风险的方式，有效地实现了农户的 "三无一稳"，从而激发农户、贫困户内生动力，帮助农民实现独立、有尊严的生活；同时带动养猪产业升级，推动当地经济发展；通过可追溯体系、统一供应投入品、无抗饲料技术保障消费者的食品安全；通过统一标准化管理，少用 15% 的饲料、用低氮低磷饲料、节水、节能，从而减少环境污染；试图实现企业、农户、消费者、环境和社会的共益。

4. 三上大凉山，为了彝族同胞的微笑

四川大凉山扶贫已成为国家扶贫攻坚计划的重中之重。雷文勇谈及大凉山扶贫的初心，说道："十年前，我提出一定要看见农民的微笑，时至今日，我还是想这样提，不过今日，我特别想看到的却是大凉山彝族同胞的微笑……"

2016年初，雷文勇三次前往大凉山调研考察（见图8-6），了解农产品交易情况和当地的农民合作社，挖掘和发现当地的能人。考察三次之后，他有一个深切的体会，用一招一式和一个简单方法来解决凉山扶贫问题基本上不可能，凉山扶贫是一个非常庞大的社会系统，只有通过系统的、产业链的方式才能够解决当地的可持续发展问题。

✓ 最贫困
✓ 最争议
✓ 最困难

一上凉山：看学校，访教育　　成立大凉山产业扶贫研究院

二上凉山：走村社，明养殖　　各专家教授调研凉山项目

三上凉山：访贫困户，看市场　　主业在凉山全面铺开投产

图8-6　雷文勇三上大凉山

资料来源：铁骑力士内部资料。

同年7月，铁骑力士集团召开了凉山投资的战略发展会议。会议上，集团高管表达了对于凉山地区基础设施条件薄弱，劳动力水平低，对彝族文化不了解等顾虑。雷文勇在听完大家的发言后表示："我希望大家的眼光不要仅仅局限在业务上。我们要做的不仅仅是原有的业

务，而是要在凉山地区创造更多的价值，降低社会成本。"

秉承一贯雷厉风行的风格，同年 11 月，铁骑力士与四川省凉山州人民政府签订《220 万头生猪养殖园区项目战略合作协议》。2018 年又先后与凉山州喜德、会东、会理、宁南等贫困县签订了生猪现代循环产业项目合作协议。项目已分别在各县落地实施。涉及 40 多个乡村，年出栏生猪 20 万头。

2018 年 9 月，四川凉山彝族自治州喜德县 2 万头现代化生猪扩繁场开工建设，2019 年建成投产后，在全县修建 200 个代养点，全年将出栏 45 万头育肥猪，项目辐射全县 24 个乡镇、136 个贫困村，产业发展带动近 2 000 户农户脱贫致富。

同时，铁骑力士积极构建产业扶贫公益圈，搭建国内外产业扶贫专家网络，培养产业扶贫人才，提高贫困地区的外生拉动力。2017 年 7 月，铁骑力士与西昌市人民政府共建"凉山州产业扶贫中心"，挂牌西昌市委党校。"凉山州产业扶贫中心"成为多方主体参与凉山产业扶贫的连接平台。其中，铁骑力士提供研究院的启动和运营资金、人力资源、行业协会和其他企业合作伙伴；政府提供主管部门的支持和优惠政策、依法登记注册、扶贫资金、监督基层政府部门配合；同时纳入更多社会资源，如大专院校和科研机构的专家学者、各类捐资赞助、志愿者、新闻媒体等。

2017 年 10 月，雷文勇组织相关专家、学者、研究员召开了大凉山 BOP 战略研讨会，探讨如何实施社会公益和符合商业逻辑的"义利相融"模式，和大凉山事业发展面临的市场风险、价格风险，以及成本控制措施等问题。

2018 年 5 月，雷文勇响应大力实施乡村振兴战略的国家战略，提出建立铁骑力士乡村振兴实验室设想。9 月，铁骑力士组织部分专家就铁骑力士产业发展如何与国家乡村振兴战略融合进行了专题研讨，初步确定建立铁骑力士集团乡村振兴实验室,并对铁骑力士乡村振兴实验室愿景、使命和目标达成进行了研讨。

2019年1月,组建铁骑力士"乡村振兴实验室"专设机构。初步拟定在四川绵阳、凉山、贵州铜仁、黑龙江青冈等地通过产业振兴,助推"1+5+100+N"(建1个核心示范场、5个标准示范场、100个普通示范场,在公司产业辐射的地区带动N个乡村)乡村振兴示范村,探索"政府主导、企业助推(融入)、村民参与"三方共赢的乡村振兴的模式和经验,形成可复制模式。

此外,铁骑力士还成立了集团社会责任研究中心,探索与企业核心业务紧密结合的精准扶贫模式。无论是乡村振兴实验室,还是社会责任研究中心,都力图为产业扶贫模式创新的研究与实践提供理论基础。

5. 原子弹和鸡蛋——"两弹城"的故事

1965年8月,中国工程物理研究院根据党中央、国务院关于加强三线建设和"要准备打仗"的部署,从青海内迁至四川梓潼。当时,享誉国内外的著名科学家王淦昌、朱光亚、邓稼先等,以及万余名科研人员、工程技术人员和工人聚集梓潼,投入"精心研究、精心试验、精心制造,慎之又慎,万无一失"的原子弹和氢弹的研发之中。

"两弹城"至今仍完整保存着大礼堂、办公楼、档案馆、情报中心、邓稼先旧居等167栋20世纪60年代的建筑物及防空洞、国魂碑林等众多纪念实物。2015年9月,中国"两弹城"和"两弹模型馆"在梓潼"两弹城"景区开馆。2018年1月,"绵阳市保密教育基地"授牌仪式在"两弹城"举行。

在"两弹城"的背后,则是雷文勇的拳拳爱国之心。1983年9月,按照国家规划要求,中国工程物理研究院开始逐步向绵阳科学城搬迁,

1992年搬迁结束后，原址废弃多年。2002年8月，雷文勇在深入了解"两弹城"的历史之后，整体收购了中国工程物理研究院梓潼旧址，在完整保存旧址原貌的基础上，兴建了"两弹城"红色旅游风景区，希望年轻一代能够通过"两弹城"了解老一辈科学家为祖国国防事业奉献青春的精神。如今的"两弹城"，被列为第八批全国重点文物保护单位，成为国防科技工业军工文化教育基地，被列入"全国红色旅游经典景区"第二批名录，被四川省委宣传部命名为"省级爱国主义教育基地""全省第四批哲学社会科学普及基地"，同时还被有关部门列为廉政文化教育基地、国防教育基地。在第三次全国文物普查百大新发现评选中被评选为"近现代重要史迹及代表性建筑"，具有珍贵的历史、文化、教育价值。

"两弹城"占地200万平方米，建筑面积20万平方米，风景秀丽，当时有很多人建议雷文勇在那里开发别墅区，做一些商业地产项目，都被他拒绝了。他始终坚持从历史发展的角度看，"两弹城"必须作为一个公益项目，作为艰苦奋斗、拼搏不息精神的栖息地而存在。雷文勇打趣地说："两弹也可以理解为原子弹和鸡蛋，'两弹城'是保护国家安全，铁骑力士是保护人民的生命安全。"

6. "铸"人为乐与科技创新的双核

2018年7月，在公司成立26周年的庆典大会上，雷文勇提出了公司未来五年的发展战略构想"一体双核两翼"（见图8-7）。"一体"是指饲料加工、畜禽繁育与养殖、食品精深加工的"全产业链"一体化发展思路。"双核"是指以人才、技术为核心，通过开放引进全球化新技术、国际化人才，依靠国家级企业技术中心——冯光德实验室的技术储备和"铁骑力士大学"特有的人才培养模式，实现技术领先，为战略目标实现提供技术和人才支撑。"两翼"是指以品牌、资本为两翼，系统建立高端食品品牌运营体系，通过行业内并购、轻资产发展模式实现公司的快速发展。

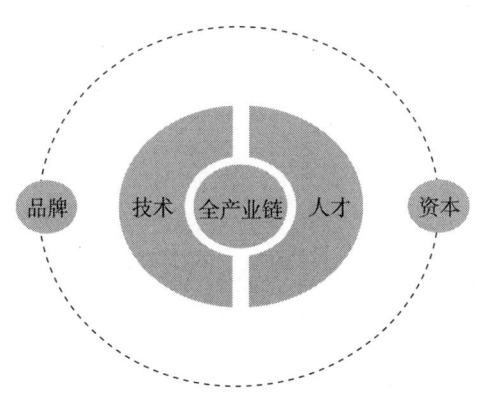

图 8-7　铁骑力士的"一体双核两翼"

资料来源：铁骑力士内部资料。

在"一体双核两翼"发展战略中，人才和技术"双核"为铁骑力士共益理念的践行提供了坚实的保障。"铸"人为乐，是指人才的裂变与聚变。雷文勇说，他最大的兴趣就是"铸"人为乐。以人为核心，"轰击"他，人就会像原子核一样"裂变"，企业也会随之壮大。铁骑力士倡导大写的"人"，即尊重人、关爱人、信任人、发展人、成就人。铁骑力士特别看重人的品质，诚实、积极向上、专业技能都是人才甄选的标准。相中了人才之后，就是对人才潜能的挖掘和开发，引导其能力的发展。雷文勇认为企业应该让员工有依靠，找到内心的归属感和安全感。

1996 年，铁骑力士投资 200 万元，建立了一个自己的实验室。成立大会上，雷文勇突然宣布：实验室将以"冯光德"的名字命名。这是当时国内民企第一个以个人名字命名的实验室，在场的人颇为震惊，事前并不知情的冯光德本人更是惊愕。

冯光德，原来是绵阳市一个县畜牧局的技术员，1993年加入铁骑力士，潜心技术研究，他最大的梦想就是拥有自己的实验室。雷文勇此举正好"击中"了他的内心。但命名之举也同时引发了一些争议，很多人对雷文勇说，这样做存在很大风险，如若冯光德离开铁骑力士，会对实验室的发展造成巨大负面影响。但雷文勇相信这样做没有错。1999年，铁骑力士又投入1000多万元建立了冯光德实验室基地。

冯光德说："没有铁骑力士，就没有我的今天。"2000年，当一家企业用每年80万元的高薪来挖冯光德时，他断然拒绝了。而当时，他的年薪只有几万元。发展多年，冯光德实验室现已拥有研究人员200多名，主持研发了200多个品种饲料，获得多项国家专利，而他本人已成为铁骑力士集团总裁。

铁骑力士集团执行总裁、长江商学院EMBA校友李全，中专毕业后加入铁骑力士，做营销员，工作努力，被称为"拼命三郎"。但雷文勇觉得他"勇猛有余，智谋不足"，让他多看书多思考，为此专门从四川大学请了一位教授，训练其系统思维能力。后来还送他参加EMBA等课程项目的学习。通过长期的系统性训练，李全带领铁骑力士在全国成立多家饲料公司，而他所负责的饲料板块总销售额每年也保持50%以上的高速增长。

除了人才的"裂变"，铁骑力士也很重视人才"聚变"所引发的能量。为了加速人才培养，2003年，铁骑力士建立了"铁骑力士大学"，分为职业经理学院、技术学院和经销商学院三个板块。至今，这所内部培训机构已经培养了100多位总经理。除了培养企业员工，铁骑力士还为员工家属设立了"就业培训基金"，很多员工家属接受培训后，也加入了铁骑力士。学习型组织的构建对于铁骑力士集团的发展至关重要，这也是铁骑力士仅用十年时间，就从四川省饲料行业第2800位跃升到第四位的重要原因之一。2019年铁骑力士集团正式成立"骑

第八章　农牧业：为农民赋能

士学院"，构建行业人才"聚变"和"裂变"的平台。

　　农产品和社会公众的健康安全息息相关。三聚氰胺等食品安全事件，使消费者对农产品的质量日益关注，同时也倒逼企业严把产品质量安全关。就鸡蛋产业而言，中国是世界上最大的蛋品生产大国，占全球产量的45%，但产品集中度非常低。中国蛋产业面临变革，从传统的无品牌、无标准、无规模向现代农业的品牌化、标准化、规模化转变。雷文勇认为，科技创新是农业的自有"芯片"，必须重视。

　　2003年，德国人力资源专家辛德勒来到铁骑力士参观。雷文勇拿着一个鸡蛋问他："这是什么？"辛德勒回答："鸡蛋"。雷文勇说："这不是鸡蛋，这是技术。过去我们拿人民币买你们的奔驰、宝马，将来我要让你们拿欧元买我们的鸡蛋。"

　　"现在的鸡蛋越来越没有以前的味道了，你们能不能找回以前鸡蛋的味道呢？"绵阳市的一位领导的这番话时不时在雷文勇的脑海回响，2001年6月，他带领团队组建了圣迪乐村，开启了寻找鸡蛋本真味道的艰难历程。在传统上，消费者认为只有"土鸡蛋"才是好鸡蛋。圣迪乐村租赁绵阳梓潼的场地之后，开始了与土鸡蛋的博弈，喊出了"来一场鸡蛋的革命"的口号。

　　圣迪乐村按照"七统一"的管理模式将传统分散的养殖模式改变为集中式的园区化生产，打造"产业园区+产业龙头+产业村民"的基地发展模式，把分散养殖变成集中养殖，实现对产业链的全面控制。

　　要让消费者吃上放心、安全、美味的鸡蛋，最重要的是建立"从土地到餐桌"的全产业链质量控制体系。圣迪乐村投资3.2亿，在饲料生产、种苗繁育、蛋鸡养殖、蛋品销售四个环节建立全部可控的产业化运营和养殖基地的可追溯质量控制体系。通过自主研发的饲料配方，以玉米、大豆及五谷杂粮为主要蛋白来源，使鸡蛋回归自然香；选择蛋鸡中的"战斗机"——产粉壳蛋的德国罗曼粉鸡作为鸡种，确

277

保良好基因；对每个鸡蛋喷码，为鸡蛋配置"身份证号"，确保每一个鸡蛋可追溯；联手京东打造"互联网＋鸡蛋"的物流模式。

目前，圣迪乐村已经成为中国高品质蛋品企业。蛋鸡养殖规模700万只，在全国建有17个分（子）公司，产品已成为"中国高品质鸡蛋"代名词。据AC尼尔森数据公司调查显示，圣迪乐村鸡蛋在全国中高端市场销量遥遥领先，份额占比50%以上；全国400家五星级酒店使用圣迪乐村鸡蛋，并且该鸡蛋走进了博鳌论坛、达沃斯论坛、亚信峰会、金砖国家领导人会议等高端峰会，成为国家政要餐桌上的美食。①

在猪产业链端，铁骑力士拥有农业农村部批准的"天府肉猪"和"川藏黑猪"两个品种，并牵头制定"天府肉猪"农业行业标准。雷文勇自豪地说："这是我们国家自主的农业芯片，我们会做成全产业链，使大家能吃上最好的猪肉产品。"

7. 铁骑力士的挑战：走向更广阔、更多元、更持续的发展道路

铁骑力士针对BOP的市场进行商业模式创新，通过"1211"和"1+8"等农业扶贫模式，包容贫困农户的价值链，激发农民内生动力，帮助农民实现独立、有尊严的生活，同时带动养猪产业升级，推动当地经济发展。其独创的"义利结合"模式，已经在四川、云南、贵州等地区取得了良好的效果。

中国农村地区地大物博，地区间经济发展状况、文化习俗、劳动力水平呈现很大差异。未来如何将"1211"和"1+8"等扶贫模式复制到更加广袤多元的农村地区，抑或是发展出因地制宜的创新扶贫模式，持续实现义利并举，需要铁骑力士进一步探索和实践。

---

① 铁骑力士官网。

第八章 农牧业：为农民赋能

铁骑力士组建的"乡村振兴实验室"正在探索"政府主导、企业助推（融入）、村民参与"三方共赢的乡村振兴的模式，试图整合政府、企业、农户、产业链上下游、科学家、消费者等多利益相关方资源实现持续共益。同时使企业核心业务与不断变革的农村发展更加紧密和有机地结合起来，是铁骑力士需要不断思索的重要课题。在这一过程中，铁骑力士如何设计商业模式，让利益相关者都能够积极参与其中，将更多的人纳入其中并发挥他们的专长，也是面临的挑战之一。

铁骑力士如何更好地降低整个社会成本的问题，巩固现有的产业扶贫成果？雷文勇是首批完成长江商学院 DBA 项目论文答辩的毕业生，他的毕业论文题目为"基于社会网络分析的极度贫困治理研究"，研究企业如何运用社会网络有效地实现商业扶贫。他提出社会责任要以"降低整个社会的成本"为目标，未来铁骑力士依旧会继续坚持深耕农业，但未来如何突破农业行业发展的"天花板"，兼顾"降本、增效"两个方面，从而降低整个社会的成本仍是一个需要突破的方向。

▶ 通威集团：为共益，而创变

"你中有我、我中有你，相互支撑，把各自所专、所精、所强领域做大，这才是龙头企业要考虑的事情。每家企业都有自己的长项，企业要扬长避短——成全别人就是成全自己！"这是通威集团董事局主席刘汉元在接受媒体采访时常常谈到的话题。

刘汉元认为通威的商业模式是一种"善"的商业模式，真诚和善意具有独特而强大的商业价值，只要更多地为别人着想，就能形成更好的生存环境，获得更大的利益，如同稻盛和夫所说的，"利己则生，利他则久"。

在刘汉元的带领下，通威集团经过 30 多年的发展，已经成为以农业、新能源为双主业的大型跨国集团公司，拥有遍布全国及海外的 200 余家分公司，员工近四万人。旗下上市公司通威股份年饲料生产能力超过 1 000 万吨，是全球领先的水产饲料生产企业及主要的畜禽饲料生产企业。

在新能源方面，通威拥有从上游晶硅生产、中游太阳能电池片生产，到终端光伏电站的建设与运营的垂直一体化产业链条，致力于打造世界级清洁能源供应商。在产业链终端，通威将光伏发电与现代渔业有机融合，于全球率先创造了"渔光一体"发展模式。2019 年，通威集团连续第四次入围《财富》中国 500 强榜单，品牌价值达 756 亿元。

1. "当好五个家"，实现共赢

通威秉承"为了生活更美好"的企业愿景和"追求卓越，奉献社会"的企业宗旨。在此基础上，刘汉元提出，通威要"当好五个家"：当好原料供应商的家，当好通威自己的家，当好经销商的家，当好养殖户的家，当好消费者的家。20 多年前，刘汉元就提出："如果大家彼此信任，成为真正手牵手、背靠背的好朋友、好伙伴、好兄弟，那通威一定是五分五厘为对方想、四分五厘为自己想，一定不是把每一个铜板都赚进自己的腰包。"为此刘汉元提炼出了"诚信正一"的企业文化理念，这也是企业对待内部、外部所有人事物的行为准则，以此实现与所有相关方的"共赢"。通威主动为上下游合作伙伴算账，合理安排各方的利益，其中通威毛利 10% 左右，养殖户 14%~15%，经销商 5%~6%。

而这其中，保障养殖户的利益是重中之重。通威安排上千名业务员，常年流动为终端的养殖户免费提供服务，包括如何防治鱼病，分析和交流全国各地的养殖市场信息、产品需求变化等,通威还在网站上打造了"通心粉社区",实时提供鱼价销售信息。2013年,海南市场对罗非鱼的收购价钱突然降到3元一斤,跌破养殖成本,养殖户眼看要亏损,出现了销售恐慌。这时,通威海南鱼片厂用4.1元进行收购,虽然通威因此亏损上千万元,但保证了养殖户的利益,从此海南养殖户更加坚定地追随通威。据通威估计,通过产业链,直接、间接带动了中国3 000多万名农民养殖鱼畜禽类增收致富。

除了当好养殖户的家,当好消费者的家也极为重要。通威致力于打造水产品价值链。通威认为,一个农产品企业,必须是在全产业链上对社会高度负责任的企业,种苗、饲料、养殖、储运、加工、销售,任何一个环节出问题,都将影响终端产品质量。通威采用了"公司+合作组织+农户"的模式,在产品链体系中建立"随时可查询、全程可追溯"的食品安全体系,确保水产品安全、健康、绿色。

2. 责任是企业永续经营的社会资本

只有富有爱心的财富才是真正有意义的财富,只有积极承担社会责任的企业才是最有竞争力和生命力的企业。刘汉元认为:"企业社会责任已成为一种深层次、高水平、智慧型的竞争选择。如果把企业利益最大化和社会效益最大化有机统一起来,企业发展会如虎添翼。"通威的两大主业都明显担负着社会责任,通威农产品涉及食品安全和国家粮食供应安全,新能源光伏产业对雾霾治理、环保低碳、可持续发展及国家能源安全具有重要意义。

在支持社会公益事业方面,通威积极参与各类社会公益事业、光彩事业和思源工程。自2007年起,通威独家设立"中华思源工程·阳光计划",每年投入500万元,10年共计捐赠5 000万元,在四川、新疆等地建成多座太阳能光伏电站,为经济欠发达地区送去清洁的生活用电。

3. "渔光一体"创变者

通威在发展光伏产业的过程中，发现整个行业面临着巨大的挑战。光伏行业按照西部太阳辐射能最强、光电转换效率高的思路，在西部建设了很多大规模电站，然而当向东部、用电量大的地区传输时，发现远距离输送电能的损耗很大。而东南沿海地区寸土寸金，可用于建设光伏电站的地面极其有限，很难实现规模经济。

经过仔细思考和调研，通威大胆创新，提出了终端电站的"渔光一体"战略构想，以期在水产和光伏两大产业之间找到一个最佳结合点。于是，通威将遍布于发达地区近郊养殖鱼塘作为建设光伏电站的基地，将水面、水产养殖和光伏产业整合成一个项目平台。水下养鱼，水上发电。利用既有优势，又避开了土地瓶颈，两大产业合二为一。纵观全球，既做水产饲料，又做光伏新能源的企业只有通威，这形成了通威的差异化竞争优势。

经过试验，光伏板的效果很好，只要遮光面积得当，有百利而无一害。如夏天温度升高会使得鱼类厌食，经过遮光后，温度会下降1~2摄氏度；在藻类控制方面，适宜的"渔光一体"遮光可约束有害蓝藻的大量增殖，增大了鱼的存活率。365度立体增氧技术满足高密度养鱼对氧的要求，底排污技术和电化水形成清洁水体，底排污沉淀的排泄物移到鱼塘旁边低处种植蔬菜。在经过规划的"渔光一体"的池塘里，还可以通过"渔光一体"风送投饵机来进行投喂，饲料投喂的位置和撒料面积都能通过"渔光一体"智能化养殖系统进行控制。

进行"渔光一体"改造的养殖户，不仅水产每季增产50%，还可实现每亩水面每年光伏发电5万~10万度（相当于10~20吨石油输出的等效能量），为养殖户带来5万~10万元的新增收入，是过去单养鱼每亩收入的5~10倍。目前，通威已经在江苏如东、江苏扬中、江西南昌、广西钦州、湖北天门、广东台山、内蒙古土左旗、安徽怀宁、安徽和善

第八章　农牧业：为农民赋能

等全国多个省市开发建设了"渔光一体"基地（见图 8-8 和图 8-9）。

图 8-8　通威"渔光一体"产业园
资料来源：通威内部资料。

图 8-9　通威"渔光一体"江苏如东项目（左）和安庆市怀宁县方家湖项目（右）
资料来源：通威内部资料。

"共益、责任、创新"是通威集团 30 多年来实现可持续发展的关键词。"渔光一体"是通威利用企业自身在水产养殖业和光伏新能源行业的优势，与社会问题相结合而进行的创新，这种创新无论是为企业，还是为社会都带来了巨大的商业和社会价值。该模式不仅创新了现代渔业模式，提升了养殖户的经济效益，推动了新农村建设，同时还实现了国土资源的高效复合利用，真正达到了"鱼、电、环保"三

283

丰收的目的。正如刘汉元所言："商机使一部分人生活更美好，责任使全社会生活更美好。"

4. 通威面临的挑战

"渔光一体"的创新无疑实现了多方共益。但这种模式同样也面临着各种挑战。第一，是资金问题，事实上，投资一个"渔光一体"产业园需要上亿元的资金，这些资金从哪里来？如何做到更大的规模？第二，是养殖户的意识问题。养殖户习惯了传统的养殖方法，不容易接受新技术，让他们利用技术科学地养鱼，需要思维上的转变和一定时间的培训。第三，这种模式也面临一定的政策风险和众多的不确定性因素。比如，水涨船高的土地（屋顶）租金、未明确的土地税费、高价的并网工程、高昂且困难的融资、补贴的减少或拖欠，以及各种中间费用等。中国光伏行业协会秘书长王勃华曾在公开场合表示，[①] 光伏企业通过持续的技术革新，已经将产品的技术成本降至很低，但非技术成本的抬升，降低了企业的利润率，也延缓了平价时代的到来。

光伏产业这个被大多数人都看好的新兴产业，在产业发展的同时也遭遇了各种"滑铁卢"。但刘汉元对光伏产业依然充满信心，在他看来，对原有生产方式的控制只能带来污染量的相对减少，无法从源头上解决问题；在替代能源方面，生物质能源、水能、风能、核能等都只能部分替代化石能源，而光伏能源是最有希望、最有条件成为未来主力的高效清洁能源，是替代化石能源的唯一出路。[②] 为此，刘汉元多次在两会上呼吁，光伏产业的发展不仅需要企业的技术创新，更需要政府政策的支持，需要社会上每一个人对于环保、清洁能源意识上的改变。

---

① http://guangfu.bjx.com.cn/news/20180829/924234.shtml。

② http://business.sohu.com/20140310/n396324928.shtml。

第八章 农牧业：为农民赋能

小结

　　回顾本章所探讨的两家中国本土企业，我们发现它们的企业创始人都不约而同地体现了共益的理念。铁骑力士雷文勇一直在强调"为了农民的微笑"，通威刘汉元认为"如果把企业利益最大化和社会效益最大化有机统一起来，企业发展会如虎添翼"。

　　对于农业企业而言，农民的生计、农村的发展与企业自身的命运息息相关。只有将核心业务和农村的社会问题结合起来，在实现经济价值的同时，为农民赋能，推动农村经济、环境和社会发展，企业才可以长期立于不败之地，实现可持续发展。不知道读到此处，你是否关注过"公平贸易"的概念。所谓公平贸易，是一种基于对话、透明及互相尊重基础之上的贸易伙伴关系，它旨在追求国际交易的更大公平性，以提供更公平的交易条件、确保被边缘化的劳动工人及生产者的权益为基础，致力于永续发展。公平贸易最早兴起的行业之一是公平贸易咖啡。如星巴克的"公平贸易咖啡豆"（在第九章中我们会详细介绍到），即咖啡农只要按照公平贸易联盟的要求负责任地种出咖啡豆，就可以不受市场波动的风险，保证合理的收入。这样的机制使得原本弱势的农民有了保障，也会更加关注环境，种出高质量的咖啡豆。而品牌商星巴克，也会因此得到高质量的原材料，以"公平贸易"的概念与品质去吸引支持者用稍高的价格购买，从而创造出真正的共享价值，把整个蛋糕做大，让其中的每一个利益相关方受益。

　　本章提到的这几家企业都是根据国情，在各自领域践行着"公平贸易"。铁骑力士的"1211"生猪代养模式，通过龙头企业和家庭农场结合，培养了新型职业农民，带动养猪产业升级，保证农民收入，推动地区经济发展。通威的"渔光一体"创新模式，水下养鱼，水上发电，将其渔业和光伏业两大产业合二为一，帮助养殖户提升收入。这些案例中涉及的企业都通过创新的模式，将企业核心业务与社会问题结合，始终坚持与农民同行，赋能农民，践行公平贸易，实现"义利并举"。

未来，或许会出现更多的创新模式，让农民拥有更多的主动权。在结束了长江商学院伦敦社会创新之行后，我们每个人都收到了伦敦商学院带来的一个小礼物——一块巧克力（见图8-10）。说到巧克力，我还是比较在行的。但这个牌子我并不知道，于是好奇地仔细研究了一下。果然很有意思，在品牌的背后，有一排清晰的字样——"在DIVINE，那些种植这些最好的咖啡豆的农民也同时拥有这家公司44%的股份"。相信此刻你我心中都有触动。我们有位同行的同学，在之后的分享中还特地提到这块巧克力，说没舍得吃，要带回去讲给孩子听。或许，在他的脑海里，也浮现出那些种咖啡豆的农民……

图8-10　来自伦敦商学院的小礼物

资料来源：作者拍摄于2019年10月。

当然，这不是一块普通的巧克力。我们期待越来越多的农牧业企业能够秉承共益理念，扎根农村，为农民赋能，在新的时代背景下使农业这一具有数千年传统的行业焕发出新的活力。

第九章　餐饮业：以人为本

在今日我们所处的环境中，欲打造一家可以持续发展的伟大公司，其成功的秘诀就是信任。作为管理者和领导者，我们的义务和责任就是不断满足员工的期望，并与他们建立一种相互信任的关系，这样他们才能不断满足并超越顾客的期待。

——霍华德·舒尔茨《一个关于梦想和责任的故事》

"民以食为天"，餐饮业通常是指集加工制作与服务劳动于一体，向消费者提供食品的服务机构，它与人们的生活、生命安全、身体健康息息相关，是人们生活中不可缺少的一个重要组成部分。随着社会经济的快速发展，人们的生活水平显著提高，人们对餐饮业的需求不断增加。餐饮业也是中国的一个重要行业，支撑着国民经济发展。国家统计局公布的行业数据显示，2018年全国餐饮收入突破了4万亿元，实现同比增长9.5%，占GDP（2018年总额90万亿元）的4.4%，占社会零售总额的10%，已经成长为拉动中国消费增长的主力军。餐饮业在促进就业、增加收入、改善民生等方面发挥着巨大的作用。未来，餐饮业仍将是形成强大国内市场、释放内需潜力的重要力量。

一般来讲，餐饮业的蓬勃发展，与国家整体的经济和技术发展，以及人们的消费习惯是分不开的。例如，美国在20世纪60年代出现了很多快餐连锁餐厅，其原因一方面是在供应端，真空包装的发明和保鲜技术的进步，使得餐厅食材供应链的效率和质量都得到保证，为连锁餐厅的出现奠定了基础；另一方面在消费端，这个时期是美国人口增长最快的时期，也就是"婴儿潮"时期，出现了大量的年轻人，愿意尝试新事物，也喜欢打工赚零花钱。与此同时，中产阶级开始迁往郊区，对餐厅的效率需求提升。社会人口数量和结构的变化促进了餐饮业，特别是快餐厅规模的快速扩张。而到了1990年前后，以星巴克为代表的具有文化属性的新一代餐馆出现了，这一时期社会财富的累积使得消费者对饮食的需求进一步提升，更加追求个性化。得益于供应链的规模和效率，食品日益丰富，价格也更加合理，在家下厨就不再是一个必选项。这一时期，外出就餐的开销占美国家庭食品开支的比例逐年上升，截至2017年，已经从1970年的25.9%上升到43.5%，[①] 逐渐赶超其在食品杂货店的开销。

而在中国，改革开放对个体经营的放开以及1985年农产品统购派购制度的取消，刺激了餐饮业的大幅发展，人们的饮食结构发生变化。1990年前后，以肯德基、麦当劳为代表的美国快餐品牌逐渐进入中国，为大众带来了更多元化的餐饮选择，也加速了中国餐饮业向连锁经营模式扩展的步伐。如今，人们支付能力的提高以及现代生活工作节奏的加快，使越来越多的人不愿再将时间花费在自己烹制饭菜上，转而外出就餐。目前，餐饮的主要消费形式从集团转向了个人，呈现出个性化的趋势。如今，无论是在中国还是在美国，新技术的发展使得餐饮服务市场更加多元化，从生鲜食材到成品，从实体餐馆到线上

---

① http://www.sohu.com/a/333793000_160383。

外卖，从味道到文化，"民以食为天"得到了充分的展现，丰富的选择为人们多样化的生活方式提供了支持。

但是，餐饮业的繁荣一方面为大众带了诸多便利，另一方面也带来了很多社会问题。首先是食品安全和饮食健康相关的问题。近年来，各种食品安全事件不断发生，餐具消毒杀菌不彻底、就餐环境脏乱差等问题无不触动大众的心弦。餐饮企业如何加强内部管理，做到从食材的采购到上餐桌，保证产品无毒无害干净卫生，确保食品的安全是企业存续的重中之重。

其次是社会环境问题，如厨余垃圾的处理、饭店油烟排放未考虑对周边居民的影响问题、使用塑料包装，以及外卖行业由于订单配送增加造成的环境污染与电动车肆意摆放问题，等等。餐饮企业如何做到不破坏污染环境、使用环保材料，对实现经济、社会、环境的平衡可持续发展至关重要。

最后是餐饮企业与利益相关方的关系问题。餐饮业涉及的利益相关方包括客户、员工、股东、政府和当地社区。这里需要我们首先了解一下餐饮业的行业特性。与其他行业不同，餐饮业相对传统，仍然保留着自己非常特殊的三个特点：第一个特点是劳动密集型，从后厨到前端服务的每个环节都有人工的参与。劳动的密集带来了餐饮业的第二个特点，即低附加值。目前中国餐饮业面临原材料、房租和人力成本上涨的压力，成本的增加会导致利润下滑。餐饮业的利润来自于每盘菜的价格，相比金融和互联网等行业，附加值相对较低。第三个特点是竞争激烈，没有特定的竞争优势。因为消费者就餐的动机和口味时时在变化，通常不会总是在同一家餐馆就餐，这就决定了餐饮业里没有固定的竞争对手，并且竞争非常激烈。

可以说餐饮业是一个薄利多销的行业，必须精打细算才能维持生意。从行业角度讲，餐饮业的核心竞争要素包括安全性、价格、口味和服务。除定价之外，安全性、口味和服务都与员工的实地操作紧密相关。整体来看，餐饮行业的入行门槛低，其从业人员的平均受教育程度也相应较低，工作强度大且收入不高导致其流动性也大。一些企业出于成本的考虑，就不可避免让一系列与员工、环境、食材等相关的问题出现。不仅是餐饮业，生鲜食材和零售食品行业也存在类似的情况。这些问题的出现与企业的文化和管理紧密相关，更与企业每一位员工如何履行自己的职责息息相关。当员工发自内心地为顾客提供好的产品和服务时，企业才会收获市场的认可，收获更多的客户满意度。因此餐饮业对于员工的关注非常重要。

接下来，我们给大家介绍海底捞、星巴克、Chobani（酸奶品牌）、春播的案例，看看它们是如何解决与餐饮业相关的社会问题的。

▶ 海底捞：双手改变命运

有什么海底捞不能提供的服务吗？"过生日竟然给我表演变脸！""有次下大雨从海底捞门口路过，门口大哥非要撑着伞把我送到小区门口，还送了两块眼镜布给我擦眼镜上的水。""我去小料台拿西瓜，不小心把西瓜掉进熟芝麻碟，于是赶紧把西瓜捞回自己盘子，这时路过的服务员问：'请问剩下这几片也要帮您蘸芝麻吗？'"……这些看似段子的经历是网友们频繁在知乎和微博等社交平台晒出的海底捞服务。海底捞成了餐饮业的一个例外，此前人们谈论一家餐馆，几乎都是给食物的品质和口味打分，像海底捞这么有趣的餐厅并不多见。

海底捞，一家来自四川简阳的火锅公司，其服务不光引起网友们的热议，还曾引来餐饮业巨头百胜公司"参观和学习"。早在2006年，百胜中国就把区域经理的年会聚餐选在了海底捞北京牡丹园店，被海底捞创始人张勇形容为"大象向蚂蚁学习"。

海底捞的企业使命为：通过精心挑选的产品和创新的服务，创造欢乐火锅时光，向世界各国美食爱好者传递健康火锅饮食文化。从满意到意外，到感动的个性化服务，这背后是海底捞自成一派的独特管理文化。每位员工在海底捞入职前都会得到这样的承诺："公司会为每一位员工提供公平公正的发展空间，如果你诚实与勤奋，并且相信'用自己的双手可以改变命运'这个理念，那么海底捞将成就你的未来！"

在这样的激励下，数万名员工在努力改变自己命运的同时也推动了海底捞这家企业欣欣向荣的发展。2017年海底捞实现营业收入106.37亿元，平均每家店每天有1 500人次造访，是中国国内首家营收超百亿的餐饮企业。2018年9月26日，海底捞上市，成为香港联交所史上截至当日入场门槛最高的新股。2018年海底捞营业收入达到169.69亿元，同比增长59.5%，净利润16.49亿元，同比增长38.1%。

图9-1 海底捞员工

资料来源：海底捞官网。

时间回到1994年，海底捞第一家火锅店在四川简阳正式开业，由创始人张勇、舒萍、施永宏和李海燕以个人积蓄出资开设。几个人之前都不是做餐饮出身，在口味上，海底捞的竞争力相对有限，因此只能在服务上做弥补。"那时我连炒料都不会，火锅味道很一般，所以想要生存下去只能态度好点，客人要什么速度快点，有什么不满意多赔笑脸。"张勇认为自己是歪打正着，因为火锅相对于其他餐饮，品质的差别不大，正是自己优质的服务弥补了味道上的不足，成为竞争中的差异化优势[1]。

这种方法收到了效果。1999年，海底捞在简阳有了些名气。这时候，张勇决定让品牌走出简阳，做到外地去，第一站选在了西安。主要的竞争差异点还是服务，如此很快走出了一条别具一格的路。张勇打破了传统的定见，对"餐饮服务"的理解是只要顾客有需求就做。

但想要一直以服务取胜，并不是"多赔笑脸"那么简单，这涉及如何让每个员工也抱着创始人张勇当初的心情来为顾客服务。提供服务的核心是人，而人无疑是所有因素中最不可控的环节。而海底捞的员工流失率为10%左右，低于行业一般水平38.46%，甚至猎头都很难把他们挖走。是什么让员工如此认定海底捞？

1. 生活关怀提升归属感

海底捞从创立之初，就采用一种"家文化"来进行管理，而创始人张勇就是海底捞这个家庭的大家长。每一个来到海底捞的员工，首先感受到的是像在家一样的温暖和关怀。

海底捞目前的员工，大部分是来自农村的"80后"和"90后"

---

[1] 张婷.张勇：愉快管理学[J].中国民营科技与经济，2010（11）.

新生代。与进城务工的父辈不同，他们在成长经历、个人诉求、参照目标、身份认同等方面已经发生根本变化。①他们的受教育程度比父辈高，拥有更高的职业发展期望，渴望融入城市生活，更加关注身份等同、他人尊重与社会认同。但不变的是他们和父辈一样的对美好生活和改变自己命运的追求。在这一点上，双手改变命运的价值观，为海底捞员工提供了行动信仰，同时也把员工和企业的利益紧紧地连接在一起。

海底捞对员工的考核指标只有两个：员工努力程度和顾客满意度。这两者可以归结为一个终极目标，就是让顾客满意。在张勇看来，让顾客满意的前提是让员工满意，只有员工满意了，才能快乐地工作，进而为顾客提供满意的服务。围绕着这样的理念，海底捞首先为所有员工提供衣食住行方面的各种便利，帮助他们快速融入都市的环境，适应快工作节奏。

海底捞为门店员工租住正式小区或公寓，而不是进城务工人员常住的地下室；所有房间配备24小时的热水和空调，以及电视和电脑。此外，海底捞还为每个宿舍安排一名"宿舍长"，大都由40岁以上的女员工来担任，负责照顾这些大都是刚刚离家的年轻员工。宿舍长一方面负责员工宿舍的日常打扫以及员工衣物的清洗工作；另一方面也为这些员工提供家中长辈般的关怀，给这些身处异乡的年轻人以精神上的慰藉，同时也缓解了高强度服务的压力。仅员工住宿一项，海底捞单个门店平均每年花费就超过50万元。

若是员工生病，宿舍长会陪同看病、照顾其饮食起居。海底捞还建立了员工医疗的专项基金，用于支付员工的住院医疗费用。生活上的关怀和便利为海底捞员工的努力工作提供了支持，赋权基层、公平

---

① 杨春华.关于新生代农民工问题的思考[J].农业经济问题，2010（4）.

的晋升和务实的激励等一系列制度设计为海底捞员工搭建了靠双手改变命运的通道。

2. 赋权带来服务创新

排名全球前十的著名奢华连锁酒店——丽思卡尔顿酒店,第一家开设于 1983 年,一直把注重每个客人的个性化需要放在服务的首位。任何一个岗位,无论是侍应生还是公关,该酒店会称呼员工们为"Ladies and Gentlemen"(淑女和绅士),一视同仁,尊重每一个人。所有员工的服务宗旨是"We are Ladies and Gentlemen serving Ladies and Gentlemen"(我们是为淑女和绅士服务的淑女和绅士),积极热诚地为客人服务,满足客人的需要。为了提供优秀的服务,丽思卡尔顿酒店授权员工可以根据当时的情况,决定给客人送瓶酒还是升级房间,只要不违法,不超过 2 000 美元即可,而不需请示上级。这与传统的自上而下、以管控为主的管理思想截然不同,海底捞的老板张勇对下属采用了同样大胆的授权。

在海底捞,各级的授权有着明确的规定:根据业务性质不同,管理层的审批权限有所不同,从 30 万元~200 万元不等。不仅店长有 3 万元的审批权,海底捞的一线员工也同样有着比同行大得多的权力。

从进店到离店始终是服务员在和顾客打交道,顾客对服务满意与否,一线员工最清楚。因此张勇认为信任员工并把解决问题的权力交给一线员工,才能最快最精准地满足顾客需求。

同时,授权也增加了一线员工的活力,很多服务的点子源源不断地出自员工,比如豆花架、万能架、儿童用的隔热碗等。海底捞鼓励员工把这些点子都记录下来并署名发表到内部刊物《海底捞文化月刊》上,虽然有些看起来是鸡毛蒜皮的创新,但这样的内部交流形成了一种积极开放的氛围,给了员工自信,让他们可以大胆追求创新和卓越。现在有不少餐饮店都在效仿海底捞提高服务质量，但我们认为最终区别海底捞和其他品牌的一个核心因素是真正意义上的放权。

3. 公平的晋升和务实的激励

赋权让海底捞的每个员工都比同行拥有更大的自由度来做决定，同时也给了每个员工快速成长、独立担当的机会。为了保证所有员工能正确行使这样的权力，海底捞用独特的干部选拔制度和务实的激励来促成。

海底捞为员工规划好职业发展路径，并向他们清晰地表明发展途径及待遇。除了工程总监和财务总监之外，所有的管理层基本上都是从最基层的一线服务员做起的。很多初中毕业的员工通过这个培养体系，逐步升迁到管理岗位上。相较于外来的空降兵，这些管理者更了解下属的心理需求，也得到了员工的认可。同时，一线服务积攒的丰富经验能帮助这些管理者快速判断免单等权力使用的作弊情况。

海底捞对管理岗位的考核非常严格，除了业务之外，还包括创新、员工激情、顾客满意度、后备干部的培养，每项内容都必须达到规定的标准。即使该店长所管理的店铺盈利很高，但如果在其他问题，比如员工努力程度和顾客满意度上出了漏洞也会被撤掉。

海底捞为成为店长的员工提供了进一步发展的机会：店长可以独立选店。海底捞自有一个独特的薪酬体系，比如店长的薪水是由基本工资加上一定比例的门店利润提成组成的。除了这部分有保障的收入外，海底捞为店长提供了更广阔的发展机会，助力海底捞的发展，即符合标准的店长可以开分店，不仅参与店面选址的决定，并且在人事权、经营权和财务权方面，都拥有极大的权力，其收入会跟分店的业绩挂钩。

在设定了公平的竞争原则后，海底捞采用了"回归传统"的方法来提升员工的积极性——计件工资和师徒制。

```
    计件工资              师徒制              抱团
                                            组长

  解决员工与          解决店长与企业发展      解决总长职能
  门店之间的关系      之间的关系            与区域发展之间的关系
```

图 9-2　海底捞双手改变命运通道

资料来源：海底捞内部资料。

计件工资是我国 20 世纪 50 年代开始采用的工资制度，该制度按照劳动者在规定的工时内完成的合格产品数量来定工资，多见于制造业。海底捞把这种计件工资的方法灵活应用在门店服务岗位上，使得门店的人力资源尽可能最大化使用起来。不同的门店岗位有不同的高峰期，如果按照传统职责泾渭分明的方法，就会出现在某些时段人手分布和工作量不匹配的情况，比如就餐高峰期，传菜员不够，而迎宾员可能闲置。针对这样的情况，海底捞鼓励闲置下来的迎宾员参与传菜，帮助提高服务效率，迎宾员也可以通过传菜获得额外的收入。如何实现呢？每个参与传菜的员工手上都有一只手表，每次在取菜窗口扫一下就自动记录次数，科学的计件技术辅以数据核算防欺诈，让多劳多得的机制能够在门店正常运转起来，让员工和企业的利益充分融合在一起。

同时，每一个新员工加入海底捞时都要拜一位师父，这样的师徒制绑定了店长与其他人之间的利益。每个店长在两年内必须开一家新店，可以任命自己的徒弟去担任新店店长。这样，店长不仅可以从自己经营的门店获得业绩提成，还能在其徒弟和徒孙管理的门店中获得更高比例的业绩提成。在这样的薪酬体系下，店长的个人收入与其徒弟和徒孙经营门店的情况直接相关。因此，店长不仅有充足的动力管理好自己的门店，还会尽全力培养有能力和品行好的徒弟店长，并带领、指导他们开拓新门店。这样纵向晋升到管理层的员工有横向无限延伸的发展，从而也促进海底捞整个企业发生裂变式增长。

我在课上邀请过一位海底捞上海某门店的店长来分享。30岁出头的小伙子，说起海底捞发自内心的自豪，觉得在那里工作很开心，也有价值。班上的同学不禁问道："你挣多少钱？"这位店长腼腆地笑了一下，说："大概税前15万一个月。"大家纷纷表示震惊，然后这位店长谦虚地说道："在同等的店长级别里，我的工资算低。我还要努力！"这或许是对张勇从一开始就提出的"双手改变命运"的最好诠释吧。

4. 没有后顾之忧

海底捞不仅对员工本人极为照顾，还将"家文化"延伸至员工的家庭。海底捞的这些员工从农村到遥远的城市成为"打工一族"，最大的无奈是与家庭分离，距离太远无法很好地照顾父母和孩子。在海底捞工作满一年的大堂经理及以上级别员工或入职满两年的高级岗位员工，公司为其提供探亲假一次，往返车票公司全部报销；员工及其直系亲属在海底捞用餐享受半价优惠；员工的双方父母、配偶、子女、祖父母、外祖父母去世，该员工可以享受丧假及补助；员工的产假及补助高于国家标准；若夫妻在同一地区工作，只要有一方工作满半年，根据所在地区不同，在外租房就可以获得每月520元的补助；店经理子女满三岁，可享受每月1 000元的补助，北上广深地区员工孩子在当地就读的可获得每月5 000元教育补助。为了提倡员工陪伴孩子，店经理额外享受每年12天亲子假期。为了让员工的父母感到荣耀，海底捞还向优秀员工发放父母补贴，费用直接发给其父母。

海底捞的员工，有很多都互为亲属。与许多餐饮企业规定服务员不能和厨师谈恋爱，高级管理人员配偶不能与其在同一个地区、同一个城市工作等做法不同，创始人张勇将其视作对海底捞企业文化认同的表现，"正因为员工在海底捞获得了尊重和认可，同时他也认可了这里的工作环境与和谐的氛围，他才会介绍亲戚朋友来。海底捞鼓励夫妻员工一起工作、一起生活，并且把孩子带在身边，自己照顾和教育孩子"。

海底捞的部分员工来自张勇的老家——四川简阳。为了那些不得不背井离乡与孩子分开的员工，2001年6月，海底捞在四川简阳与四川省一类示范学校简阳中学合办了一所高质量的寄宿制民办学校——简阳通材实验学校，符合条件的员工子女可以免费到这里接受教育。

图9-3 海底捞四川简阳通材实验学校

资料来源：海底捞内部资料。

5. 食品安全：危机下的担当

创始人张勇曾说："海底捞可能有两种死法：一种是管理出问题，如果发生，死亡过程可能持续数月乃至上年；另一种是食品安全出问

第九章　餐饮业：以人为本

题，一旦发生，海底捞可能第二天就得关门，生死攸关。"[1] 这句话道出了餐饮业的命脉所在。

为了更好地完善食品安全管理体系，海底捞设立食品安全管理委员会，并制定《食品安全委员会管理制度》，由食品安全管理委员会直接定期向董事会报告。同时，海底捞每家门店都设有一至两名专门负责食品安全的员工。海底捞还建立了供应商管理体系，定期对供应商进行评估、实地考察等。

2017 年 8 月 25 日，媒体曝光海底捞北京劲松店和太阳宫店两家门店发现老鼠爬窜、餐具清洗不到位等严重隐患。媒体记者在三个月的暗访调查后，详细叙述了两家门店后厨的诸多食品卫生安全隐患细节，一时间各大媒体纷纷传播，社会舆论一片哗然。

当天，海底捞就在微博上回应了媒体报道，并向公众发出了两封信：《关于海底捞火锅北京劲松店、北京太阳宫店事件的致歉信》和《关于海底捞火锅北京劲松店、北京太阳宫店事件处理通报》。在两封信中，海底捞毫不避讳地承认报道属实，并承认了错误，表示愿意承担责任，欢迎社会监督。除了对外正面面对处理食品卫生安全事件，海底捞对内也给了报道门店的员工支持和肯定。信中提到："涉事停业的两家门店的干部和职工无须恐慌，你们只需按照制度要求进行整改并承担相应的责任。该类事件的发生，更多的是公司深层次的管理问题，主要责任由公司董事会承担。"危机是每家企业都会面临的，危机公关的做法也各有不同。这样的表态不仅是给涉事门店的员工一粒定心丸，也凸显了海底捞高管层的担当。

---

[1] 海底捞官网官网食品安全语录，https://www.haidilao.com/zh/hdlms/spaq/spaqjj/index.html。

299

6. 挑战：规模与效率

"双手改变命运"不仅是公司的承诺，也成为员工在海底捞打拼的信仰。海底捞的师徒制为员工实现"双手改变命运"这一希望提供了成长的制度保障。师徒制就好比慢火熬制浓汤，需要作为"师父"的员工付出足够多的时间和精力来关注"徒弟"学习的进展，这样的个性化人才培养方式能给予个人及时的指导和反馈，对个人成长帮助很大，但对规模不断扩大的组织来说效率却很低。海底捞也尝试过其他人才培养方式，但效果都不理想，最后还是回到师徒制上。

截至2019年6月30日，海底捞已在中国118个城市，以及新加坡、韩国、日本、美国、加拿大、英国、越南、马来西亚、澳大利亚等国家和地区经营了593家直营门店，拥有4 380万会员和88 378名员工[1]，是全球最大的中式餐饮企业之一。

上市后的海底捞如何在兼顾规模和效率下仍然实现"双手改变命运"这一共益理念？海底捞在回顾2019年上半年业绩时提到，其优化运营的两个出发点是"顾客满意度"和"员工努力程度"，目标是全面提升顾客的就餐体验，其背后仍然是高薪资及高福利的支撑。海底捞公布的数据显示，员工成本从2017年的31.2亿元上升到2018年的50.16亿元，增长了60.8%，占2018年公司营业收入的29.6%。

2019年4月，海里捞推出了亲子陪伴工程，该项目针对店长和工作满5年的员工家庭，原本在老家上学的孩子可以到父母身边接受教育，并获得相应的教育补贴和住宿补贴。除了亲子陪伴工程，海底捞还同期推出了另外一项福利计划——"荣誉店长"，主要针对海底捞的资深家族长（就是有众多徒弟和徒孙的师父）。海底捞对于家族里所有门店的考核会累计出一个分数，如果分数排名靠前，家族长在退休

---

[1] https://www.haidilao.com/zh/gyhdl/ppgs/index.html。

之后可以拿到一定金额的退休工资。在给为企业做出重要贡献的员工一个长期生活保障的同时，可以督促资深家族长在日常经营中对徒弟和徒孙的店面经营持续监督，从而保证快速扩张下的质量。海底捞坚持在高度统一员工与公司利益的前提下，充分激发"人效"。

海底捞上市后，门店快速扩张。2018年，海底捞新增门店200家，2019年上半年，又新增门店127家，平均每两天就有一家海底捞门店开业。门店的快速扩张带来了一些隐患。过去被海底捞奉为成功秘诀的翻台率开始出现下滑。2019年半年报显示，海底捞中国内地的翻台率相比上年同期由5次下降到4.8次，特别是新开门店的翻台率下降幅度更大，从2017年的4.6次下降到3.9次，说明新开餐厅的盈利能力堪忧。

另外，随着门店数量的高速增长，海底捞同样面临规模发展带来的管理问题。为此，海底捞设计了家族长和抱团组长两个职能。在徒弟和徒孙达到一定规模时，店长就可以成立自己的家族，成为家族长。每个家族的成员数有一定的上限，并以不同类别的家族名来区分师徒中的辈分层级（比如第一代是"肉食动物"，第二代是"草食动物"，第三代是"海洋动物"）。这样就能把一个小团队控制在规模适中的水平。而抱团组长是将一定区域内临近的几家店的负责人组织起来共同面对区域内困难的制度。这样的制度安排有效加强了门店之间的关联，但并不完美，海底捞在进一步探索家族长和抱团组长之间的职责交叉问题。

抱着把火锅店开到全球的愿景，未来的海底捞将面临更多的挑战和机遇。一方面，如何在保持快速规模化的同时确保提供一致的质量和服务；另一方面，随着海底捞进入不同国家和地区，如何更好地开发出因地制宜的本地化产品尤为重要。

▶ 星巴克：人本精神

2018 年，哈佛商学院在一项有关全美社区近五年变化的量化研究中发现：每新开一家星巴克，周围社区的房产价格会同步上升约 0.5%，并且其对房价的影响高于其他咖啡店。[①] 这样的影响被美国租房网站 Zillow 称为"星冰乐效应"。[②] 并不是星巴克本身推动了房价的变化，而是驱动了社区的人口结构变化，从而间接影响了房价。星巴克为什么这么吸引人？要从它的创立故事说起。

20 世纪 70 年代，美国家庭已经广泛接受咖啡这种饮品，但喝的更多是廉价的速溶咖啡，喝咖啡的动机也和放松享受无关，而是出于提神的需要。1971 年春天，在西海岸的西雅图，精品咖啡开始小范围地流行起来。出于对精品咖啡的喜爱，三位文艺青年，英语文学教师杰里·鲍德温、历史学教师泽夫·西格尔和作家戈登·鲍克决定合资开一家自己的咖啡店。为了咖啡店的名字，三人争论不休，最终决定以《白鲸记》中捕鲸船上大副的名字"Starbuck"为店名，出于美学的考虑还在最后加上了一个"s"。当时的咖啡店和我们现在想象中的咖啡馆截然不同，就是顾名思义，贩卖精品咖啡豆的零售店。这三位青年完全没有想到，这家咖啡零售店日后竟然会成长为庞大的咖啡餐饮零售帝国。

1982 年，霍华德·舒尔茨在一家瑞士厨具公司担任副总裁，他注意到西雅图有一家小咖啡零售店，竟然大量订购一款手动滴滤咖啡机。带着疑惑和好奇，舒尔茨飞往西雅图拜访了这家小店——星巴克。舒

[①] https://www.hbs.edu/faculty/Publication%20Files/18-077_a0e9e3c7-eceb-4685-8d72-21e0f518b3f3.pdf。

[②] http://www.startribune.com/the-frAppuccino-effect-a-starbucks-in-the-hood-can-boost-home-values/290588721/?refresh=true。

尔茨在星巴克第一次接触了精品咖啡豆和"现煮咖啡"的概念，他像着了魔一样，被这个行业深深吸引，不久后便决定加入这个小店，担任零售和市场指导。

1983 年，舒尔茨因工作需要飞往意大利。他走入一家意大利咖啡馆，被所看到的景象惊呆了，咖啡店不仅仅是一个贩卖咖啡豆的地方，而是融入了意大利人的生活，成为他们社交、工作、休息的空间。舒尔茨决心将该模式带回美国，为"工作上瘾"的美国人提供一个能够暂时逃避工作的"第三空间"。三位最初的创始人并不喜欢这个主意，但在谨慎尝试在店里销售现做意式咖啡后，他们发现咖啡饮品竟然意外地吸引了大量消费者，客流量较单独销售咖啡豆时大幅提升。这个成功让舒尔茨更加坚定了自己的想法，这仅仅是他"将咖啡馆变成一种生活方式向全世界销售"的雄心勃勃的计划的一小步。1987 年，舒尔茨集资 400 万美元买下星巴克的所有权，成为星巴克的 CEO。星巴克采取扩张策略，很快于 1992 年上市，以 17 美元的价格发行 210 万股，募集资金 2 800 万美元，用于继续扩张。1996 年，星巴克在美国已经开了超过 1 000 家门店。在接下来的二十几年内，星巴克将 30 000 家门店开遍 78 个国家和地区，雇用超过 27.7 万名员工，成为目前全球规模最大的咖啡连锁店，而这样的领先地位根植于其充满社会共益精神的使命，即"激发并孕育人文精神——每人，每杯，每个社区"。

1. 伙伴文化：分享成功

在星巴克，员工被称为"伙伴"。星巴克是美国第一家向员工提供综合医保和以期权为形式股权的公司。其在对待员工方面，经常被作为典范。《财富》杂志每年的最佳雇主评选中，星巴克总是上榜。霍华德·舒尔茨在回忆录中这样写道："我们应该成为一个因高利润、高竞争力而受尊敬的品牌，同时也成为一个因优待员工而受尊敬的企业。归根到底，这两者是并行不悖且相互依存的。"

图9-4 星巴克员工

资料来源：《二十一世纪商业评论》2015年07期，《星巴克的伙伴哲学》。

　　这种"伙伴文化"的种子可能从星巴克创立之初就已经种下。在意大利的咖啡馆中，舒尔茨被咖啡师深深吸引。他觉得咖啡师并不仅仅是服务生，他们为顾客创造了一个舒适稳定的环境，供客人休憩。舒尔茨认为，这种良好的氛围源自员工真诚地为顾客服务并和顾客建立起友好的关系，而要激发员工的这种动机，公司必须自上而下地显现出对于人的关怀和尊重，员工才有可能将这种价值内化，从而将这种尊重平等的关系模式变成和顾客互动时的自发式的关系模式。

　　"伙伴文化"在星巴克并非仅仅是为剥削员工而创造出来的商业流行语。在发展早期，星巴克就有实际的措施为员工提供高于行业标准的待遇。星巴克早在1988年便为每周工作超过20小时的员工提供健康方面的相关福利，在1991年，成为第一家为兼职员工提供股票期权的私营企业——这在当时可以说是一个令人匪夷所思的决策。星巴克显然从这个决策中获益，一些报告指出员工的离职率在政策实施当年显著下降，低于同行业的平均水平。低离职率帮助星巴克节约了员工培训的成本，并且因为在企业的时间较长，员工能够更好地内化企业文化——看似支出巨大的员工关怀，隐藏着巨大的经济价值。

舒尔茨认为对员工的关怀是建立在尊重和沟通上的，不同地方的员工需求不同，因此不能采用统一的福利政策。星巴克经常在内部对员工定期进行问卷调查，统计员工对于门店满意度及员工的需求。在一次调查中，星巴克总部发现70%~80%的中国员工最希望得到的福利是能够照顾到自己的父母，表示出对父母医疗保障的担忧。这个需求在舒尔茨和中国门店的员工进行访谈时也得到了证实。他询问员工最大的梦想是什么，经常听到的回答是"能够有能力照顾自己的父母"。2017年6月1日起，星巴克在中国推出"父母关爱计划"，为符合条件的全职员工的父母提供医疗保险。

在全球，星巴克尊重当地的文化和价值观，制定了不同的福利政策。加拿大的星巴克提供了一项令人意外的员工福利——为患有不育症并且选择体外人工受孕的员工提供20 000美元的资助。在加拿大，不育症的比例相当高，平均每六对伴侣中就有一对受到不育症的困扰。而美国的星巴克发现很多在门店打工的员工是高中生，这些高中生想要上大学，但担心将来无法还清高额的学生贷款。于是美国的星巴克在一些州和大学合作，为每周打工超过20个小时的高中生提供助学金，帮助他们追求学业。

除了经济上的福利，星巴克在文化上强调"赋权，平等交流和合作"。星巴克在员工招聘界面上也强调公司核心的文化是"伙伴文化"——无论职位高低，每个星巴克的员工都是星巴克公司的伙伴。星巴克将自己总部的名字叫作"星巴克支持中心"，总部起到信息处理和辅助者的角色，而不是一个专制的中央决策者。通过相对的去中心化，星巴克将很多决策权下放到区域层面，甚至是门店。门店员工因为和消费者最频繁地接触，更加理解顾客的需求和该区域的特点，从而能够帮助星巴克更好地适应当地的市场。比如星巴克非常流行的星冰乐，就是员工通过频繁接触顾客而发现顾客偏好并发明的。

在星巴克，不仅仅员工是伙伴，顾客也被视为伙伴。星巴克公开称自己的产品实际上不是咖啡，而是一种咖啡馆的体验。从舒尔茨接手后开始，他就明确了星巴克的目标，并不是为了销售饮料，而是创造一个能够让忙碌的人稍微休憩一下的"第三空间"。此外，星巴克还在店内设置了很多小圆桌，取代传统餐饮店的长条桌，为了让单独光顾的顾客不会因为空置的位置而觉得孤单，让他们感到宾至如归。负责饮料的副总裁米歇尔·盖斯在一次采访中说："在星巴克店中的所有东西，不过是促成体验的道具。"

和顾客产生连接是星巴克核心战略的一部分，而这其中最重要的一个环节就是咖啡师和顾客之间的关系。星巴克的咖啡师需要接受24小时的关于咖啡知识、顾客服务等方面的训练，在消费者询问咖啡相关的内容时，咖啡师需要有能力为消费者讲解咖啡的知识。星巴克的运营部门也会定期向咖啡师询问消费者提出的意外的需求和意见，并及时进行反馈。比如有咖啡师发现越来越多的消费者在点含有乳制品的牛奶时会询问是否有替代品，星巴克发现这一趋势后决定推出豆奶和椰奶作为替代，为顾客提供更多选择。

还有一个很有意思的环节就是星巴克门店会引导顾客横向排队，这与肯德基、麦当劳的纵向排队方式不同。这种引导顾客动线的方式，也是星巴克注重顾客体验服务的表现之一，它不仅为顾客营造了慢节奏的消费环境，还增加了顾客在柜台的停留时间，有效地提升了顾客的购买率。

2. 道德采购

2001年,星巴克在美国当时2 000多家门店推出"公平贸易咖啡豆",并在每季选定一周推出当周的"本日咖啡","本日咖啡"完全使用公平交易咖啡豆制作;2004年,中国台湾的星巴克将每月20日定为公平交易日,这一天所有的"本日咖啡"都要使用公平交易咖啡豆调制。

公平贸易的运动起源于1960年的欧洲,而首次将咖啡作为标签应用于公平贸易的实践是荷兰马克斯·哈维拉尔基金会于1988年发起的。公平贸易的认证目的不仅是保障咖啡的公平价格,而且是确保咖啡的生产符合伦理消费的原则,比如禁止使用童工或奴工。全球将近70%的咖啡豆由规模较小的农园栽种,其订单只掌握在几个大型公司手上,它们拥有压倒性的价格决定权;咖啡豆的产季多是一年一至二收,并且果实必须由人工手摘,因此市场上价格波动较大。买方为了避免行情变动过大,多半向农园压低收购价,使得农园不得不以低薪资聘雇劳工,甚至以借贷为生,咖啡农陷入贫困恶性循环,由此咖啡较早被列入公平贸易商品名单。

星巴克加入咖啡的公平贸易认证最初是迫于舆论的压力和消费者的行动,但其逐渐意识到长远的成功与成千上万种植咖啡的种植者息息相关。2001年,星巴克与非营利性环保组织——保护国际(Conservation International, CI)[①],共同拟定咖啡采购的指导原则,又称为PSP(优先供货商计划)。2004年,星巴克与CI以及科学认证系统(SCS,第三方的评估和认证公司)进一步开发出现在被称作"咖啡和种植者公平规范"(C.A.F.E. Practices)的指导原则。该条例是咖啡行业第一套全面可持续发展标准,促使种植者公平规范地通过产品

---

① https://www.starbucks.com.cn/about/responsibility/。

质量、经济责任、社会责任和环境保护四个核心领域的标准来保证高品质咖啡的可持续供应。该规范不是针对某一个农场或某一个咖啡农进行认证，而是针对整个供应链去评估。比如，某个农场使用了童工，那么对应这个农场的整条供应链就不能通过认证，这样的"连坐"制度可以让供应链的相关利益方互相来监督遵守规范。星巴克通过在咖啡豆原产地设立 FSC（Farmer Support Center，种植者支持中心）为当地的咖啡农提供免费的咖啡豆种植、加工等知识培训和技术支持，以此来推动"咖啡和种植者公平规范"的培训和认证。

2004 年，全球首个 FSC 在哥斯达黎加成立并投入运营。2012 年末，星巴克在亚太区的首个 FSC 在中国云南落地。根据 CI 最新的影响力评估，星巴克采购的咖啡豆有 99% 通过了 C.A.F.E. 规范的认证，受益的咖啡农超过了 100 万人[①]。

图 9-5　星巴克云南 FSC

资料来源：星巴克官网。

---

① https://www.conservation.org/partners/starbucks。

3. 减塑行动

2015年，一段科学家团队在哥斯达黎加救助海龟的视频在网络上热传，该视频记录了科学家花了近十分钟从一只海龟鼻中拔出长达12厘米的塑料吸管的全过程。这段视频让人们了解到塑料吸管如今已经成为很多海滩上的常见垃圾，并威胁到海洋动物的生存，限塑环保活动逐渐在全球掀起热潮。同年，联合国发布了全球可持续发展目标，提出负责任的消费和生产的目标，越来越多的政府和企业响应加入到减塑行动中。

2018年7月，星巴克宣布两年内取消旗下近三万家店的塑料吸管，每年减少十亿支塑料吸管。2019年4月，星巴克在中国上海和深圳同时推出了"纸吸管"和"无须吸管的直饮杯盖"，并计划在2019年年底前在中国全国门店推广可替代吸管的直饮杯盖，对特别需要吸管的饮品同步供应纸制吸管，提前完成在全球范围内停止塑料吸管的减塑承诺。

据估计，每年有900万吨的微塑料垃圾会进入海洋并渗入海洋生物的胃和肉中，其中塑料吸管为2 000吨，占塑料污染问题的0.02%。虽然解决塑料吸管问题对解决整个塑料污染问题微不足道，但努力解决塑料吸管问题确实为人们关注和解决更大的塑料污染问题奠定了基础。身为行业龙头，星巴克提出的减塑目标，会聚集和带动更多行业和企业一起跟进。2019年，星巴克联合快餐巨头麦当劳发起"下一代杯子"的设计挑战活动，旨在寻求创新型环保杯子（包括杯身、盖子和吸管）解决方案。

4. 星巴克的挑战与未来

经过多年的发展，星巴克已经在全世界精品咖啡市场占据了霸主地位，在中国市场也占据了50%以上的市场份额，但是霸主星巴克依然面临许多困难与挑战。

首先，星巴克员工和消费者之间的关系已经逐渐被淡化。由于顾客数量增多，星巴克需要以最快的速度为顾客服务，员工和顾客之间的交流不会超过 30 秒，更谈不上建立友好的关系。舒尔茨提出要在全球开 1 000 家甄选门店，实施星巴克甄选门店（Reserve store）计划，目前北京已开十几家此类门店，甄选门店或许可以重新塑造员工与消费者之间的"伙伴关系"。

其次，面对更多的客户需求，星巴克不断优化着每杯咖啡制作的时间，目前采用的自动化咖啡机让咖啡基本不需要任何技术，只需按下按钮就能快速制作咖啡。但这也使咖啡师容易长期重复流水线工作。我们不禁要问，如果星巴克失去了引以为豪的"伙伴文化"，消费者还会对它那么忠诚吗？

最后，中国作为星巴克最重要的海外市场之一，从 2018 年第三季度开始遭遇销售下滑。随着中国市场互联网模式的不断深化，新模式、新店面接踵而来，外卖业务的盛行更使得市场竞争尤为激烈。2018 年 9 月星巴克携手饿了么上线外卖服务，与支付宝打通会员，进一步实现线上线下的打通，但这一步晚于其他竞争对手。面对中国市场上喜茶等饮品店的茶类竞品，星巴克现任 CEO 凯文·约翰逊能否传承星巴克的精神，继续"激发和孕育人文精神"，进而使其保持领先地位呢？这些有待进一步观察。

▶ Chobani：不仅仅是酸奶

> 我不想要更多，我只想做更多。
>
> ——Chobani 创始人哈姆迪·乌卢卡亚

如今在美国四大社交平台——脸书、推特、拼趣（Pinterest）、照片墙（Instagram）最受追捧的希腊酸奶 Chobani 被称为酸奶界的"苹果"。在拼趣上，Chobani 拥有 20 个栏目和 12.4 万名粉丝，粉丝量是其本土竞争对手 Yoplait（酸奶品牌）的八倍[1]。

Chobani，在土耳其语中的意思是"牧羊人"。其创始人哈姆迪·乌卢卡亚来自土耳其的库德族村庄，从小帮家里牧羊、挤奶、做奶酪，后来到美国求学。2005 年，哈姆迪·乌卢卡亚接下了一家乳品老工厂，并决定将家乡的味道——小时候家里常做的希腊酸奶作为第一个产品，命名为"Chobani"，寓意为牧羊人的礼物。2007 年 10 月第一杯 Chobani 酸奶诞生。五年后，Chobani 酸奶占到了美国希腊酸奶市场份额的 47.3%，[2] 年营业额超过 10 亿美元，成长速度非常快。2017 年，Chobani 销售收入超过 65 亿美元，在希腊酸奶市场的销售份额达到 54%，与食品巨头达能和通用磨坊（哈根达斯母公司）共同占领美国 75% 的酸奶市场份额。[3]

从创业之初的小众酸奶变成美国的流行风潮，Chobani 的与众不同之处在于独特的消费体验：欧式风格的小杯子，比美式的杯身更短更宽；配色大胆和图案鲜明的杯身装饰；高于传统美国酸奶、低于虚高的欧洲酸奶的中端定价。奶制品货架上的 Chobani 酸奶很容易抓住消费者的目光。注重体验的背后，是 Chobani 坚持其一贯的价值观：生产高质量和易获取的食品，并致力于为人们和社区服务。Chobani 认为每个食品制造商都有责任为人们提供更好的食物。

---

[1] 2019 年 6 月 6 日 Pinterest 数据。
[2] https://adage.com/article/cmo-strategy/winning-greek-yogurt-revolution/235206。
[3] https://www.prnewswire.com/news-releases/united-states-yogurt-market-and-yogurt-innovation-report-2018---market-to-reach-9-8-billion-by-2022--300665611.html。

图 9-6　Chobani 酸奶

资料来源：Chobani 公司官网。

1. Just add good

　　Chobani 一开始的定位就是健康、优质的食品。Chobani 酸奶搭配上一些天然新鲜的食材摆拍，旁边是一句广告语 "Just add good"（只添加好料）。Chobani 的平面广告直白地传达"乐活"（LOHAS）的理念，令人印象深刻。

　　Chobani 的主打产品是希腊酸奶。这类酸奶源自地中海地区，以新鲜羊奶制作，相较传统的酸奶多了一道过滤程序，口感更浓厚，其中的蛋白质含量是传统酸奶的两倍。它原本只是当地家庭中常见的点心，直到一家希腊食品公司 Fage 大量制造销售，才开始被称作"希腊酸奶"。Chobani 在制作酸奶的过程中不使用转基因原料、不使用食用生长素的奶牛产出的牛奶，只使用牛奶（乳糖）、水果（果糖）、蜂蜜和浓缩甘蔗糖等天然糖分来增加甜味，不含人工甜味剂，不含增稠剂、明胶、添加剂或蛋白粉。Chobani 认为人们的健康和所摄入的食物质量紧密相关，所以坚持使用最高的标准来制造酸奶，并在包装上简单明了地告诉消费者酸奶的成分，让人们确切地知道自己在吃什么。Chobani 为了提高食品标签透明度而做出的努力，是建立消费透明度和良好可持续发展的基础。

2. 关注员工，帮助难民就业

在 2019 年的一次公开演讲上，Chobani 创始人哈姆迪·乌卢卡亚倡议用新的"反 CEO 商业脚本"（anti-CEO book）取代过去利润第一、股东至上的行商原则，他认为企业对人的关注应该优先于利润，这才是盈利和真正的财富之间的区别。[①]

Chobani 在纽约州的工厂共雇用了超过 2 000 名全职员工，其中绝大多数是在工厂附近社区长大的。Chobani 为这些员工提供高于行业平均水平的工资，并且在优化工厂环境方面做了大量的投入，营造出温暖和热情的氛围，让员工不会感觉自己置身于冷冰冰且枯燥的工厂工作。

2016 年 4 月，哈姆迪·乌卢卡亚来到工厂，宣布将 Chobani 10% 的股权分给所有员工，每个人获益预估超过 100 万美元。其中一位初创员工特里·爱德蒙兹，在 Chobani 工作十年，从来没想到有一天会成为这家酸奶公司的合伙人。"这不是礼物，而是一起为共享目标和责任努力的共同承诺，一起继续创造可持续的价值。"哈姆迪·乌卢卡亚在接受采访时说道。2017 年，Chobani 又实施了新的带薪家长休假制度，为所有有孩子的全职员工提供六周的 100% 带薪长假。

此外，哈姆迪·乌卢卡亚早年的艰辛移民经历让他更富有人情味，Chobani 也由此坚持建立一个开放包容的工作环境。Chobani 所有员工中，30% 来自于 15 个国家和地区，难民超过 400 人。2017 年 Chobani 因雇用难民做出的努力，被《快公司》（*Fast Company*）评为食品与社会善行类的"最具创新力企业奖"第一名。[②]

[①] TED2019 Hamdi Ulukaya, " The anti-CEO book", https://www.ted.com/talks/hamdi_ulukaya_the_anti_ceo_playbook。

[②] Chobani named one of the most innovative companies in the world, https://www.bizjournals.com/albany/news/2017/02/13/chobani-named-one-of-the-most-innovative-companies.html。

3. 不断优化的使命和挑战

伴随商业上的蓬勃发展，Chobani 也在不断重新评估、定义自己可以对社会做出的最重要的影响，从一开始倡导健康食品和关注员工，到后来提出"Chobani Way"（Chobani 方式）作为公司的核心文化。Chobani 的愿景是更快地实现全民健康，在全心全意改造粮食系统、改善地球、帮助人民和社区方面发挥积极作用。

在这样一个概念下，Chobani 把与自身产品相关的所有因素与社会影响联系起来，关注可持续发展的五个方面——运营、供应链、人、社区和责任，并据此提出了九项努力的目标，称之为"北极星"。这些目标体现在：生产和运营方面，使用 100% 可再生能源，减少水资源消耗和废物排放，使用可持续包装以及运输时采用可再生燃料，减少对环境的影响；提高整体社会福利方面，采用可靠的原料来源保护消费者，提高乳制品行业就业人员的福利，倡导包容和多样化的公司文化以及促进乡村社区的发展。这些目标有些有赖于 Chobani 自身去实现，另一些则需要 Chobani 和合作伙伴共同努力创新来优化传统食品行业的一些生产经营方式。

Chobani 还建立了低成本、低风险、没有股权要求的食品孵化器，为食品初创公司提供广泛的外部支持，助力其他企业（例如已经在全食超市正式上架的食品品牌 Kettle & Fire）为广大消费者提供更好的食品。

作为一个以子品类杀入垄断市场的新品牌，Chobani 表现亮眼。但是，挑战并没有结束，未来仍然充满着很多不确定因素。随着越来越多的食品巨头加入到希腊酸奶市场，如卡夫食品等，市场竞争越发激烈。此外，健康定位的产品品类也在不断丰富，如健康食品和健康饮料等，替代产品的出现让消费者的选择空间越来越大。未来，Chobani 如何在市场竞争中胜出，如何更好地满足消费者的多样化需求，还需要持续不断的创新。

▶ 春播：打造家庭安全餐桌

"不能保证自己一定能买到放心食品，身边还有很多妈妈和我一样，不了解、找不到或者不知道如何信任所购买的食品。"[1] 在创立春播之前，王昕作为一个孩子的母亲，对家庭餐桌充满了焦虑。以此为驱动，王昕于2014年3月成立了北京春播科技有限公司，通过自有农庄、品控实验室，与注重环保和食品安全的农户联合为中国家庭提供安心健康食品的互联网购买平台。

1. 设立安心度标准

带着为中国家庭餐桌提供安心健康的食材和食品的使命，创始人王昕和团队在探索和发掘安心健康美食的过程中发现：不是上游供应链端没有好的生产者和商品，也不是消费端没有消费能力。导致人们长期餐桌焦虑的是，生产端和消费端的信息不对称，以及由此导致的信任缺失。为了构建信任来优化消费关系，春播的第一步是建立一套双方共同认可、信赖的"安心度标准"。春播基于国家的《有机产品标准》制定"春播 BEST"（春播最优）食品安心度标准，并且基于国家绿色标准制定了"春播品控"标准，针对十类生鲜和食品品类制定了详细的相关检测项和抽检频次机制。

有了标准，"食品安心"还需要经过专业仪器检测认证。春播分别于2014年8月和2015年6月在华北大仓和华东大仓建立了高标准的品控实验室，购入了专业的日本岛津精密检测仪器，并成立了食品安全专业检测团队。春播对每款生鲜商品的每个批次进行抽检，并实时将检测结果报告同步到商品购买页。消费者选购时，可以先查阅安

---

[1] 摘自春播创始人王昕做客一刻的演讲内容，https://www.chunbo.com/now/article/id/213.html。

心度检测报告，再做消费决策。

图 9-7　春播标准

资料来源：春播官网。

2. 培育优质特产基地

为了提供更优质的产品，春播还将自己建立的安心度标准输出到上游，拓展可持续发展的优质供应链系统。春播通过自有有机蔬菜生产示范基地的实践和总结，以春播标准为依据，成立了良心守护大地生产者联盟。该联盟的成员认可并严格遵循春播标准来生产。目前已有 76 家农业生产者加入联盟，按照统一标准和有机生产方式为用户提供商品。

春播进一步将其优质商品通过春播与消费者及时对接，辅助打造自有农业品牌，提供相关物流、质检、运营、售后等服务支持，促进销售，并且在社群中和会员体验活动中（如农庄体验、城市市集等）让生产者和消费者直接面对面，建立信任。春播还拥有一个资深的买手团队，负责在全球范围内寻找商品；在多地建立联盟农庄，按有机标准种植、春播自有种植基地已通过欧盟和美国有机标准认证。

3. 环保物流 ——"春播提篮"

随着电子商务的发展，每天会产生越来越多的包裹，随之带来的是包裹垃圾，对人类生活的环境产生的影响也越来越大。据有关机构测算，2017年全国快递业消耗包装箱192亿个、胶带300亿米。这些包装箱可以摆放近40万个足球场，胶带总长可绕地球赤道800圈。[①]

2017年，春播在北京上线可回收循环使用的快递包裹：提篮项目。该项目经过两年的研发，推出四种类型的快递包装：一体成型冷冻箱、可折叠铝箔发泡保温箱、可折叠常温箱和可降解环保购物袋。这些包装能覆盖到春播全品类需要冷冻、冷藏和常温的产品，既解决了过度包装问题，又可确保食品在送达时的新鲜度。

为了实现循环利用这些包装，春播自主研发了可回收保温箱的流转系统，让每个包裹出库后与保温箱形成一一对应的绑定关系，并设置了多个节点和时效对保温箱进行跟踪，保证快速流转。截至2018年底，整体的周转时间可有效控制在2.8天内。通过近两年的使用，这些"春播提篮"已经减少大约150万个纸箱的使用，相当于保护了8 000棵树不被砍伐。

4. 春播的挑战

春播发展到今天依然是一个小众生鲜电商平台。在今天的中国，做生鲜电商竞争异常激烈，春播在坚守质量的同时也面临诸多挑战。比如有越来越多的电商平台提供相似的服务，如何保持顾客的黏性，并且发展更多的会员，是一个挑战。春播平台上的货品量有限，新鲜

[①] http://news.ifeng.com/a/20170529/51180508_0.shtml。

的蔬菜有时很快会缺货，不能真正做到一站式的购物平台。再比如在上海由于物流是第三方在做，运输质量比北京要低，更重要的是不能使用循环可回收的包装。虽然这些是挑战，但也可以转化为机遇！

小结

在本章中，我们为大家介绍的四个案例，都是为消费者提供食品并提供相关服务的企业，它们与人们的日常生活息息相关，是最接近消费者的企业。这些企业有一个共同点，就是它们看重人，无论是员工还是顾客，懂得"以人为本""重视人与人之间的情感"，认为关注"人"才是公司存在的根本，并围绕着"人"这个核心元素来布局企业的组织架构。一些企业将员工视作合作伙伴或顾客或家人，形成自己与众不同的企业文化，比如海底捞和星巴克；另一些企业一开始就带着解决与食物相关的社会问题的使命，这和社会企业的出发点有些相似，但它们采用的是不牺牲利益的完全商业模式，比如 Chobani 和春播。

从这些企业的案例中我们可以看到企业对雇员和顾客的重视，同样我们也看到了这些重要利益相关方的参与对企业的发展起到了非常关键的作用，让企业无论是在经济价值还是社会价值上都大有收获。

此外，我们还看到一些餐饮企业在企业自身业务之外，也在从事着有利于社会发展的非常有意思的工作。如麦当劳的"麦当劳叔叔之家"慈善公益项目。该项目 1974 年成立于美国费城，旨在为患病住院的儿童及其家人提供一个"家以外的家"。当孩子在医院接受治疗时，可以入住这个舒适的家园，家长既可以享用家居设施和休息，同时又可以与其他病童家人互勉互助，彼此支持。

"湖南麦当劳叔叔之家"是中国第一家"麦当劳叔叔之家"。由中国麦基金资助与湖南省儿童医院合作设立，并且是在湖南省民政厅注册的社会服务机构，截至2018年上半年已经累计接待450个患儿家庭，提供超过17 000个安睡的夜晚，成为在异地就医的中国患儿及其家庭能享受免费住宿与关爱支持的"家以外的家"。目前，"麦当劳叔叔之家"在全球超过63个国家和地区都有设立，每年为超过700万儿童及家庭服务。麦当劳秉承"用心服务、诚信经营"的理念，致力于与更多的商会、协会联手，带动本行业企业投身到回馈社会、扎根社区的行列中，从而更好地承担起企业的社会责任。

诸如此类，越来越多的餐饮企业开始转变过去单纯"追求利润最大化"的经营理念，转而走向"共益理念"的道路，但是餐饮企业的可持续发展之路仍然是任重道远。目前，餐饮业在关注食品安全、利益相关方等方面做了很多努力，但对于绿色食材、绿色餐厅的概念还是比较模糊。[①] 有的企业认为符合环保标准或者有绿色采购环节就是绿色餐厅，有的企业认为获得了一些社会组织的认证就属于绿色餐厅。行业内对于"绿色"认证尚缺乏权威认证，绿色食材、绿色餐饮标准的制定与普及还需要社会各界的共同努力。

---

① 《2019年餐饮业年度报告》。

第十章　社会企业：新兴的共益实践

> 社会创新的本质是，以一种创造性的方式建立更多的可持续性活动，让需要帮助的人参与其中，这是解决问题最快的方式。
>
> ——迈克尔·诺顿《365 种改变世界的方法》

在前面的章节中，我们讲述了商业企业如何在实现经济价值的同时实现社会价值最大化，从中可以看到不同行业的企业在这条道路上有着不同的实践与挑战。大家都试图通过共益的方式探索出企业可持续发展的最佳路径。传统的商业组织在共益实践中遇到的最大的难点就是如何确保经济利益与社会效益的平衡，如何将环境、社会利益融入企业的愿景、使命、价值观中，找到与业务相关的社会痛点，并将其落地执行。

而商业组织在实现社会价值方面面临的挑战，恰恰是慈善公益组织的优势。慈善公益组织的最终目标是帮助弱势群体，解决社会问题。它们的社会目标很明确，但由于公益组织在管理上的缺陷以及管理人才的缺乏，其实施社会公益项目的效率不高，同时受制于资助资金来

第十章 社会企业：新兴的共益实践

源的限制，常常在项目目标或组织目标的实现与坚持上不尽如人意。那么在传统的商业组织和公益组织之间有没有其他可能？社会企业是其中一个解，社会企业可以说是一种新兴的共益实践。

最早的社会企业发源地为英国的罗奇代尔。[1]1844年，原本羊毛纺织业繁荣的罗奇代尔因为工业革命成了"饥饿之城"。困苦之中，28名不甘坐以待毙的工人联合起来，每人出资一英镑，成立了"罗奇代尔公平先锋合作社"，将原来的羊毛仓库改造成了小商店，并且来这家小商店购物的每一位顾客都是合作社的会员，日后可以获得商店利润分红。该合作社自创立就设定了明确目标，并写入合作社章程，其中第一条就是开设一家店，专门为社员提供质量有保证又价格公道的食品。"罗奇代尔公平先锋合作社"的主体精神保留至今，被奉为社会企业的鼻祖。[2]

关于"社会企业"这一概念，目前，全球使用最广泛的定义是英国贸易与工业部在2004年提出的："社会企业是具有某些社会目标的企业，盈利主要按照它们的社会目标投放于其业务本身或所在社区，而非为企业股东和所有人赚取最大利润。"该定义指明社会企业的显著特征即运用商业的手法实现社会目的。区别于普通的商业组织，社会企业从诞生之初，就具有明确的社会使命，即它们获取利润是以解决社会问题和改善环境为目的的。社会企业的形态、规模和种类各不相同。广义的社会企业并不是一种法律形态，而是描述一系列介于商业和公益慈善之间的混合组织形态，是人们追求商业与公益相结合的一种尝试。

---

[1] 社会企业的演进：关键事件年表，https://socialent.org/documents/EVOLUTIONOFTHESOCIAL ENTERPRISEINDUSTRY——ACHRONOLOGYOFKEYEVENTS.pdf。

[2] 英国社会企业发展简史，http://www.philanthropists.cn/2015/0427/4942.html。

这种商业与慈善的结合使社会企业成为英国乃至全世界最鼓舞人心且发展最迅速的团体之一。如今，社会企业的合法地位和独特经营方式逐渐获得更多国家的承认。目前，全球已有22个国家和地区具备较完整的社会企业认证体系。[1] 2015年，SEFORIS（社会企业助力社会共融与创新项目）对德国、英国、法国、中国等九个国家和地区的社会企业进行调查对比，[2] 社会企业创业导向衡量中，中国社会企业在创新度、积极性和竞争激进度的得分都高于其他国家和地区，显示了中国的社会企业正在蓬勃发展的势头。

与其他国家和地区一样，中国的社会企业在解决社会痛点上积极开展本土创新实践，发挥着星星之火的力量。2019年最新统计数据显示，中国社会企业保守数量为1 684家。[3] 它们有的帮助视障人群与社会大多数健视人群在一个平等的基础上互相认识，有的借助科技的力量将多部门的资源高效地结合起来解决生死问题，有的为各类身障人士提供和普通人一样的就业机会。

同样是解决社会问题，社会企业与公益组织最大的不同就是，公益组织项目的受助者在社会企业中转变成了顾客、雇员，甚至是合作伙伴和管理者，这些"弱势群体"实实在在地参与到平等的商业活动中，因此社会企业如何设计适合这类人群参与的可持续的商业模式尤为重要。接下来，我们以第一反应®、"黑暗中对话"、胜利基金会为例，看看它们是如何在实现社会价值目标的前提下创新商业模式，又

---

[1] 中国慈展会。

[2] 迄今为止最大规模的社会企业国别调研，CROSS-COUNTRY REPORT https://static1.squarespace.com/static/56d2eebbb654f9329ddbd20e/t/58078c90414fb506d0e5ff33/1476889747238/Cross-country+report_6.pdf。

[3] 中国社会企业与社会投资行业扫描调研报告2019，http://www.cseiif.cn/category/116，此数据为低方案统计，即根据各种社企名录，统计出自己认同的社企且被行内认可的社企。

是如何通过商业模式创新实现多方共益的。

▶ 第一反应®：打造社会化急救平台 [①]

数据显示，中国每年心脏猝死的总人数居全球之最，高达54万人，[②] 平均每分钟就有一人因心脏猝死而离世，其中至少60%都发生在医院之外。而我国每10万人中急救知识的普及率仅为0.2%，远低于美国的25%、日本的45%和英国的50%；AED（自动体外除颤器）急救设备每10万人仅6台，远低于日本的242台。但社会急救本身并不是简单的医疗问题，它涉及专业急救技能培训、急救设施布置、社会公共法律保障等诸多领域的复杂社会难题。

创立于2012年的第一反应®正是一家以社会化急救为目标的社会企业，其愿景是"让互助互救成为中国社会新常态"。我与创始人陆乐第一次见面，就被他的笑声所感染。他乐观、积极，在救命这件事上极其专业和认真。几次和他一起出行，最大的感受就是安全。他随身会带一个万能包，无论大事小事，只要他在，通常没事！最初陆乐创建第一反应®，是因为身边的一位朋友在参加极限运动过程中，由于保障机制不完善，心脏骤停而失去生命。于是，他提出"不让意外夺走生命"的口号。但由于这次创业涉及人命，从一开始，陆乐就用最高的标准打造第一反应®。第一反应®是国内第一家B Corp认证企业，也是国内首家同时获得ISO20121（大型活动可持续管理体系）

---

① 本部分内容根据长江商学院朱睿教授的发表文章修改，原文链接：http://finance.sina.com.cn/zl/china/2018-10-12/zl-ifxeuwws3411119.shtml。

② Hua W, Zhang LF, Wu YF, et al. Incidence of sudden cardiac death in China:analysis of 4 regional populations[J]. J Am Coll Cardiol, 2009, 54（12）:1110-1118。

和 ISO9001（质量管理体系）认证的企业。第一反应®从马拉松赛事急救入手，目标是建立中国社会共享型急救和应急平台。第一反应®的创立师从"全球最安全马拉松赛事"的东京国际马拉松，而仅仅四年时间就赶上东京国际马拉松，并在 2018 年正式将自主开发的赛事医疗保障应急指挥系统出口日本并服务 2019 国际马拉松。通过多年的经验积累与数据迭代，第一反应®的急救服务覆盖国内外 50 个城市，超过 400 场大型活动，并成功挽救 19 例心脏骤停的生命，救活率达到 95%，全球领先。

1. 用行动改变偏见

创办之初，即使面对专业医护人员，第一反应®的员工依然能够感受到偏见："如果医院都做不到（在赛道救人）的事情，你们凭什么能做到？"

救命的事情当然需要专业知识和训练。赛道救人，是在救命的维度上又增加了一个难度系数：时间。在马拉松赛事中，心脏骤停后留给急救的时间仅有四分钟（被称为"黄金四分钟"），若不能在四分钟内进行心肺复苏和自动除颤，每过一分钟救活率下降 7%~10%。四分钟后脑细胞不可逆的损伤会导致生存概率大幅下降，这对整个赛场急救体系提出了严峻的挑战。

在 2012 年之前国内场赛程耐力赛事的急救保障处于一种"听天由命"的状态，虽然在赛事中会安排大量的急救医护人员和救护车等医疗设备，但依然缺乏专业的急救保障人员和管理体系。一方面赛事组织者对参赛者的安全非常关注，这一点从参与组织赛事的各级政府部门，特别是参与的医疗部门的配置中不难看出；另一方面组织者又缺乏有效的手段保障参赛者的安全。

第一反应®首个成功案例是在 2013 年的一场铁人三项赛上。一

第十章 社会企业：新兴的共益实践

位观众在比赛结束后突发心脏骤停，手足无措的丈夫面对跌倒后头破血流的妻子愣在原地。第一反应®队员在现场及时赶到，在几分钟内完成了评估，启动应急响应系统，提供高质量的心肺复苏等一系列标准化流程的现场急救操作。当救护车以及医护人员抵达转交后，伤者顺利脱离了生命危险。

2016年上海马拉松，曾经被救助的选手"老倪"重新回到赛道，这次不是作为运动员，而是作为第一反应®的赛道急救志愿者。第一反应®的出现无疑打破了传统对于医疗救助分工的理解，第一次将社会企业拉进了社会急救参与者的第一梯队。

直到2015年无锡国际马拉松，第一反应®创造了国内首个赛道上由第一目击人实施心脏骤停的心肺复苏以及除颤成功的案例，AED记录的心电图数据确切证实了患者确实发生心脏骤停，又确实成功复苏。在详尽的心电图等各项数据面前，医疗界与社会大众对赛事急救的认知态度发生了翻天覆地的变化，专业赛事急救得以进入各大马拉松赛事中。第一反应®也正是在2015年从上海逐步走向全国。2015年获得腾讯投资之后，创始人陆乐做的第一件事就是组建IT团队，将积累的数据、经验全部IT化。2016年初，赛事保障从纯公益转向收费模式。2017年，赛事保障收入占比达到20%~25%，同时积极推动社会急救，上线"救命地图"帮助定位周边AED设备，开始了赛事之外的社会急救拓展。到2019年基本实现收支平衡。陆乐和他的团队坚持认为，只有将经验与数据IT化，通过不断迭代验证风险模型的有效性，才能提升急救管理系统可复制、可持续的能力，最终实现社会化急救的目标。

2. 打造以大数据为基础，科技驱动的急救模式

马拉松的举办需要多部门参与，如最核心的"三驾马车"——体

育局、公安局和卫计委，以及各相关支持部门。按照中国田径协会的规定，国内各地马拉松赛事采取的急救保障措施包括：每2~5公里设置医疗站、救护车，设置移动急救点和随跑急救队员等。但现实中保障效果却并不尽如人意。数据显示，自2014年起，国内马拉松赛事中因心脏骤停造成的猝死事故高达17起。刚进入2018年，在素有"亚洲第一魔鬼赛道"的渣打香港马拉松上又出现一例猝死事故。有媒体报道事发时当事人倒地后最近的医疗人员曾轻拍他的背部试图唤醒他，第二位急救人员到达时已经过去了快10分钟，等救护车赶到时，距离伤员倒下已经过去了26分钟。

相比较于"公益"和"急救"等诸多标签，第一反应®一直以IT公司自居。陆乐和他的团队一直面临一个问题：如何更好地掌控赛场以便最优化救援预案和提高救援效率。"黄金四分钟"内每一秒的改进都是对救援的巨大帮助，对第一反应®来说，如何在确保救援成功率的前提下兼顾运营效率，同时实现志愿者模式在全国范围的复制是一个挑战。在陆乐看来，摒弃"人海"战术转向大数据与模式创新成为必然的选择。

数据是第一反应®在风险评估与救援实施中最频繁提及的关键词，长赛程耐力赛事涉及因素众多，如赛事性质、赛道条件、天气、运动员身体状态、观众分布等，仅依赖人工经验已经不能满足比赛的风险评估要求。第一反应®成立了独立的研究团队，专门将赛场上的"要素"剥离，形成若干参照系，借助自身开发的"评分模型"对参照系中的要素逐一评估。此外，还将整体赛道分解成一段一段进行单独评估，通过赛事积累的经验与数据在参照系与要素间建立联系，得到了大量相对"反常识"的研究成果。例如，与大多数选手自身感知的上坡段赛道更耗体能、更易超负荷并发生事故的常识相反，颇受选手青睐的下坡赛段才是事故的高发地，尤其是坡度在0.8~1.2并且长度超过一公里的下坡恰恰是"事故多发"的危险赛段。

马拉松赛场急救需要跨部门协作，负责急救的医疗部门与赛事的综合管理部门在现有多层级和多头管理模式下的协同效率远未能满足"黄金四分钟"的要求。从未有一个统筹全局的机构从赛事保障管理的角度设计赛事中每个部门该如何服务。事件上报大概要两级才能到达总指挥部，由总指挥部负责调配医疗救援人员和救护车，在四分钟内完成上述活动也仅存在于理论上。对"如何争分夺秒挽救生命"这一问题，第一反应®并非完全打破现有的急救模式另立炉灶，而是凭借大数据、系统创新和IT技术来升级急救模式。

第一反应®马拉松赛事保障的准备周期至少要两个月，包括赛事风险评价、制订保障预案、招募志愿者等多项工作。现场保障中除了在固定医疗站、救护车、沿赛道配置急救人员（"第一反应®人"，间隔150米值守）外，还专门配置了与选手同步跑动的急救人员（"急救兔"）。此外，以扁平、去中心的应急管理体系打破逐级上报的层级模式，最大化压缩急救响应时间。当急救人员发现参赛者倒下后，若判断为意外摔倒或其他问题则按对应预案采取措施；若判断心脏骤停则马上发出紧急代号"呼救呼救"（类似航空管制的呼救信号"MayDay"）激活应急反应系统。指挥中心收到"呼救呼救"后不会询问任何信息，由系统派出最近的救护车，与此同时，周边队员也会同步收到系统呼救信息赶赴现场支援。数据显示，随身携带AED设备的急救人员一般能在确认参赛者倒地后两分钟内到达并开始施救。

第一反应®用程式化、标准化的流程将急救环节不确定的人为因素降到最低，但这套系统能有效运转还存在多个关键的隐性条件，包括志愿者管理水平、大数据应用及急救管理系统等。首先，急救员有足够能力判断事件性质，是体力不支摔倒、心脏骤停还是其他状况。"呼救呼救"的自动激活机制是对现场管理权的下放，前提是要避免"噪声"导致的误判对整个急救系统的准确性产生冲击。第一反应®的做法是，所有参与的志愿者都被要求至少完成两项认证，分别是美国心脏协会（AHA）的认证和第一反应®的赛道生命支持认证，而每位赛道总指挥和分赛道指挥都需要在此基础上额外通过指挥官训练营的培训以保证现场情况处置的准确度。其次，急救队员要有足够的专业技术实施救援，如正确使用AED设备。在经历超过400场赛事中的各类突发状况后，第一反应®完成了马拉松耐力赛事的数据库，为后续急救模型和管理系统改进提供了坚实的数据基础。

图 10-1 第一反应®救援指挥中心

资料来源：第一反应®内部资料。

凭借开发的应急管理系统与后台大数据支持，第一反应®所有志愿者采用一键呼救形式与事件处置中的对应人员联系，用网络技术将急救分工与参与的志愿者自动绑定，每个人只需按照系统分工完成自己的救援工作，从而避免在赛事中临时组成的救援团队需要记录电话、询问各部门联系人的尴尬场景。基于大数据的救援体系为急救提供了标准化的管理系统，每个志愿者只要完成技能培训并熟悉急救系统，就可以在不同时点参与到不同的赛事保障中。这也使得第一反应®能够摆脱传统招募固定急救人员的"重资产"模式，转而在赛事当地招募志愿者组织急救保障团队，并确保不同团队"复制"相同的急救效力。

从马拉松赛事中脱颖而出的第一反应®，其核心的竞争优势可以归结为以下几点。第一，完善的风险评估和风险管理能力。通过赛事数据积累，第一反应®在赛道风险评估中实现了近乎100%的准确率，使急救团队及赛事组织方能够在风险点管控、急救资源投入、赛道资源优化等方面进行全局布置和系统化考量。第二，先进的信息化技术。借助"3C指挥管制通信系统"（command control and communication system），第一反应®的IT系统涵盖了马拉松赛事所涉及的各个维度，并在急救过程中打通各个环节，根据预设的程序形成标准的事件处理机制。东京国际马拉松也在2018年正式引入这一系统。第三，急救管理和执行体系。与IT指挥系统相配合的管理与执行协议，当事件发生时自动启动去中心化的指挥体制，最大化"黄金四分钟"内的时间利用效果。值得一提的是，作为一家年轻的社会企业，在收入规模还不大的背景下，第一反应®保持在研发上投入收入的10%以上，近年来又在物联网、区块链和人工智能领域探索创新。截至2019年11月，第一反应®拥有73个专利。

3. 志愿者管理模式创新

第一反应®的创办理念是"社会化急救"，这从根本上确立了志愿者在所有活动中的核心地位：志愿者不是补充而是所有活动的主体。第一反应®能够实现赛事急救服务在全国的复制，根本就在于对志愿者团体的深耕：用标准化、系统化的培训机制让急救能力固化在制度与管理体系中，确保不会因志愿者个体的差别而导致急救效力的差异。与其他组织对志愿者得过且过的态度截然不同，第一反应®的急救属性要求每位志愿者都必须具备过硬的专业技能,极强的纪律性和强压下稳定的心理素质。

目前,第一反应®的在册赛道志愿者总人数超过 14 000 人(通过 AHA 认证和赛道生命支持双认证),志愿者核心团队是经过严格选拔和训练考核通过的指挥官团队 150 人,而专职的志愿者管理服务人员只有两人!通过几年的尝试,第一反应®逐步形成了"1 个全职人员+100 个核心志愿者指挥官+10 000 个普通持证志愿者"模式。借志愿者管理志愿者是第一反应®运作庞大志愿者团队的根本模式,也可谓是互联网时代的服务模式升级。值得注意的是,AHA 和赛道生命支持培训均是自费的,也就是说志愿者自掏腰包参加培训,学成毕业后还需要一系列的申请考核才能成为合格的编内志愿者。对编内的活跃志愿者还要进行 360 度互评、持续能力测试、量化积分考察、晋升和降级机制等近乎苛刻的全方位考核,对违规志愿者的负激励机制异常严格,最轻的是队内警告,严重的则直接除名。

每次完成马拉松赛事的保障服务后,所有的志愿者,无论是医疗点的支持、巡逻岗、"急救兔"、分赛段指挥或总指挥,都会认真对周围协作的志愿者评价打分。评分结果直接影响了其在志愿者体系中的晋升与评级。分赛段的指挥只有得到队员的积极评价才有可能晋升为总指挥,若总指挥无法得到队员肯定也必然面临"下课"。

人的记忆、能力很容易遗忘、退化,因此除了赛事前的复训,日常每隔三个月志愿者要进行能力测试,确保身体对急救技能的记忆被激活。借助人工智能技术,测试志愿者在重压下能否正确处置现场情况,对未能通过测试的人员自动开始再培训。对于"很忙""没时间"参与的志愿者,系统会自动将其归入"灰名单"。此外,第一反应®设计了一整套量化体系,所有志愿活动都可以量化成为积分奖励给志愿者。积分可以用于兑换专属的急救设备,也可用于自己和家人的急救课程进修等。

也就是说，第一反应®的志愿者比别的志愿者更辛苦、付出更多，而且面临远超其他志愿者的严苛要求。如此"苛刻"的志愿者生态能持续运转并还在扩大的根本在于：首先，第一反应®选择"对的人"，通过志愿者管理机制的设置，逐层筛选，最终留下的都是真的有志于参与社会急救的人；其次，激发志愿者内心对急救服务的认可与热情，让志愿者通过自我认知而非灌输式的奉献教育来认可急救服务，将外部驱动转为自我使命感、价值实现的内部驱动；最后，用志愿者管理志愿者，摆脱传统志愿者管理的层级化模式和官僚主义作风。

4. 商业模式与社会价值创造

既然第一反应®是企业，最终还是要回到其商业模式与竞争优势上来做分析。第一反应®的主要业务包括公益服务、赛事保障、培训业务（公众培训和机构培训）和企业服务。从收入占比来说，赛事保障收入占总收入的20%~25%，培训业务占总收入的30%，企业安全解决方案服务和设备销售占总收入的45%~50%。如果单从市场竞争角度分析，单纯的培训服务进入门槛低，各地各种类的培训组织极多，第一反应®硬是在这片红海中短短几年就取得了第一的成绩。陆乐将其归功于赛事保障的口碑，接地气的培训课程，大数据支持与先进的志愿者管理模式。

第一反应®在课程的设置上以"接地气"为第一要务。社会化急救的核心在于全社会公众急救意识的觉醒、急救技能的普及和公众参与的方法论，这三者缺一不可。而传统课程大多仅涉及技能，缺乏最关键的对急救意识的唤醒和对如何参与急救的培训。

公众不是专业急救人员。在险情发生的时候，他们面临的首要问题不是"怎么救"而是"该不该救"。当社会还在为"老人跌倒该不该扶""碰瓷"等新闻而苦恼时,空言社会化急救显然是于事无补的。举例来说,若需要进行人工呼吸,通常的教育中,没有人提及如果施救人并非专业医生,能否接受与陌生人口对口的急救操作,换句话说,大家并不清楚施救人该如何保护自身安全。

一味从道德层面呼吁全民急救运动是行不通的,"不接地气"的培训能够传授急救技巧,但却对提升社会公共福利帮助甚微。第一反应®培训中有一个与技术无关系的细节,却在根本上打消了"该不该救"的顾虑。

第一反应®明确要求,学员在急救场合要做的第一件事是打开手机摄像头,高喊"我已打开视频取证"。这个看似尴尬的动作是美国AHA课程中绝对没有的,但却最受国内学员欢迎,因为这个动作的效果是明显的:围观公众的帮助意愿明显提升,主动合作帮助救治伤者。此外,第一反应®除了重新组织和开发课程,如运动急救、青少年急救等,还重新设计了培训教师的授课方式。一切都以受众能够接受和学到可操作的急救知识与技能作为前提。同时借助急救一线搜集的真实数据与最新的模型算法成果,培训课程也变得更加生动易懂。

整体来说,第一反应®的直接商业价值体现在赛事保障、急救培训、企业服务等业务的营收,而其潜在的社会价值却不仅仅是保障了赛事运动员的安全和扩大了掌握急救技能的社会人群基数,显然还包括目前仍处于高速增长的志愿者队伍。按第一反应®的考核标准,每一个活跃志愿者不仅是通过了一次培训,而且还具备了提供持续急救服务的资格。再结合"救命地图"等急救App与小程序,第一反应®正在逐步为未来的社会化急救大系统提供最基础的社会急救人员和数据平台基础。凭借在马拉松体育赛事中的影响力,第一反应®正在将赛事经验引入社会救援体系,这涉及全国各地的志愿者、专业医疗人员分布、急救设备管理、法律法规保障等各个方面。

图 10-2　第一反应®急救培训

资料来源：第一反应®内部资料。

5. 第一反应®2.0：创新与挑战

截至 2019 年 5 月，第一反应®的足迹已经遍及中国 124 个城市，拥有两万多名具备专业急救能力的志愿者，分布在全国各地。虽然有稳定的志愿者系统，陆乐仍然在向设想的社会化急救努力，即"每个人身边的'黄金四分钟'急救系统，就像小时候邻里之间帮忙一样"。除了和政府合作建立在地急救服务中心，第一反应®还尝试和其他具有互联属性的企业合作，搭建一个多元入口的社会化急救网络。2018 年，第一反应®与小米 AI 智能音箱合作，将呼救系统接入音箱。遇到紧急情况，求救者可通过小爱同学呼叫周围居民的帮助，并获取社区附近的 AED 和其他急救装备，实现最快捷有效的救助。第一反应®还联合中华社会救助基金会及丰巢科技，计划在三年内完成六万台 AED 进小区和 3 000 万名普通市民接受急救培训，可以覆盖到两亿社区居民的急救需求。①

2018 年 7 月，"五个保命技巧"的视频在微博等社交平台上火了，获得上千万点击量。这让第一反应®看到一个新的需求，不仅仅是在

---

① 魏诗孟. 第一反应®：不仅仅提供赛事急救[J]. 中国慈善家，2017（9）.

赛道、办公楼宇,而是在更广阔的场景,每个人都想知道怎么保护自己的家人。第一反应®2.0由此诞生,分别在覆盖区域、技术和传播三个方面进行了升级。

第一反应®计划联合其他机构,共建一个全国性的安全力学院网络,让每个人都成为解决方案的一部分,目前已有20位合作伙伴加入。第一反应®在北京、上海和深圳成立了三个分中心,辐射管理安全力合作伙伴。

一方面是在覆盖人口数量上呈指数级增长,另一方面第一反应®在技术上也在进行升级,以支持更丰富的应用场景。最初的马拉松赛事指挥系统将升级为"黄金四分钟"急救智慧云端解决方案,即SaaS(软件即服务)系统,其包含了三个服务系统:基于原马拉松系统升级的规模集会应急指挥ICS5.0版本,不仅服务于马拉松,而且可以服务包括运动会、演唱会等更多规模化的集会;基于企业服务系统升级的城市常态应急服务1.0版本,为大型城市提供不同级别的常态化应急服务;基于小城市急救地图升级的应急物资实时管理2.0版本,和一些机构合作开发产品,解决更多的实际问题,如防盗、实时寻找设备等。

另外,光有培训和技术还不够,要让更多的人知道救人这件事有正确的做法。为此,第一反应®升级了影响力传播的方案,从公共媒体如中央电视台报道扩展到抖音这样的社交平台,再加上安全力合作伙伴网络、线下急救中心以及SaaS系统的运营,形成多维度的传播渠道,去影响更多的人。在传播的急救内容上,第一反应®把救人分成了几个级别的技能,来改变人们的传统认知,让救人变成不那么害怕的事,每个人都有可能操作。

第一反应®2.0展现了陆乐团队建立社会化急救平台和人人互助信任机制的宏大图景。当拥有越来越广阔的业务版图时,第一反应®2.0要求的更多合作、技术升级和传播都意味着更强大的资金、人力和制度支持。目前国内还没有具有典型示范效应的社会企业成功案例，社会企业如何在社会价值与商业价值间取得平衡，如何能够做到可持续发展，仍然处于探索阶段。目前第一反应®有55名全职员工，2019年基本实现收支平衡。但面对未来越来越多的资金、人才需求，如何在推动社会化救援这一大系统发展的同时兼顾自身的可持续发展，如何在规模化的过程中保证救援质量，这些都考验着第一反应®这家年轻但又充满使命感的社会企业。

▶ "黑暗中对话"：视障者的反转力量

2018年8月的一天，在成都市中心最繁华的商业街春熙路上，出现了一个神秘的"黑盒子"。出于好奇走进黑盒子的人们，都体验了一次纯粹的黑暗穿越之旅。虽然只是短短十分钟的黑暗体验，但也足以让参与的人们切身感受到视障人群生活的常态和不易。这个黑盒子是由"黑暗中对话"（中国）联合企业和当地残联发起的一次公益体验活动，它的与众不同之处在于，打破以往的做法，不是训练视障者去适应世界，而是改变社会对视障者的理解，而这对视障人群以及健视人群，都显得极为重要。

1. 起源于德国

"黑暗中对话"的灵感源于安德烈亚斯·海内克博士与一位记者的合作经历。海内克博士完成哲学研究后，开始在他的老家德国巴登巴登镇的一家广播电台工作。1985年的一天，他接到一个工作任务——为一位在车祸中失明的年轻记者设计一个工作培训。当时，德国社会上已经逐渐兴起残障人士的权利运动，但大部分的关注点集中在为残障人士提供便利的硬件设施上，残障人群在接受教育和就业方面仍然无法享有与普通人相同的权利。

与大多数人一样，海内克对视障人群不太了解，甚至想象不出看不见的日子有什么意义。而那位视障同事却乐观幽默，自如地应付周遭的各种状况。不同于社会上惯常的认知，海内克发现视障人士有着超乎意料的潜能。这促发了海内克进一步在视障领域尝试的想法，他想设计这样一个活动——为什么不关掉灯，让房间完全黑暗下来，邀请视障者和健视者在颠覆日常环境的情况下来一次见面呢？接着，1989年海内克便开始尝试在黑暗中利用绳子和声音来做一次体验活动，也是"黑暗中对话"在德国的首展。这为海内克后来创立对话社会企业（Dialogue Social Enterprise，以下简称 DSE）[1] 奠定了商业模型的基础。利用创新的概念结合有趣的活动来改变人们的成见并打破交流的障碍，成为 DSE 的核心理念。

2. 落地中国

与海内克和视障人士的偶遇不同，蔡史印是带着问题走进"黑暗中对话"体验馆的。2008年，一直在跨国企业工作的蔡史印在奥地利与西藏盲童学校的创始人萨布里耶·滕伯克[2] 相识，并到西藏盲校参观。当时，她被盲校孩子们包围着，发现他们虽然眼睛不好，每天的

---

[1] 2008年，作为国际知名的社会企业家，海内克与四位伙伴联合为所有对话的概念项目建立了一个有限责任公司，即对话社会企业，总部设立在德国汉堡。http://www.dialogue-in-the-dark.com/。

[2] 萨布里耶·滕伯克，12岁完全失明，编写了一套藏语盲文程序，创立了西藏盲人学校，为西藏盲人的教育和康复事业做出了贡献。https://baike.baidu.com/item/%E8%90%A8%E5%B8%83%E7%91%9E%E8%80%B6%9A%C2%B7%E7%94%B0%E8%B4%9D%E8%82%AF

生活费用不到七毛钱，但却比我们大部分人都开心。她突然意识到，原来我们之所以抱怨只是因为我们拥有太多。而她自己也因此找到了寻求已久的答案："我们的价值不是通过赚很多钱或者提高社会地位来达成的，而是要通过我们的努力，用可以影响多少人的生命来计算。"于是，2009年蔡史印决定全职投身于西藏盲童学校的义工工作，负责学校对外关系和政府关系以及筹款等事务。

西藏盲童学校在建校初期教育质量很高，不少孩子甚至可以流利地讲藏语、汉语和英语三种语言。但后期萨布里耶搬到了印度，学校需要不停地筹款来维持，学生毕业后能找到的工作并没有什么变化，几乎只有按摩。

盲童学校遭遇了多数非营利机构遭遇的现实问题，把大部分时间和精力耗费在了筹集资金上，而社会对盲人的偏见和歧视没有改变，视障人群就业的问题依然没能得到解决。

得知蔡史印在西藏盲童学校的经历，一位朋友邀请她去美国亚特兰大的"黑暗中对话"体验馆。第一次踏入"黑暗中对话"体验馆，一片漆黑的全新世界让蔡史印耳目一新，更令她惊讶的是出馆后得知所有的指导员都是视障者。黑暗中，视障者的轻松自如与健视者的彷徨失措，颠覆了常态世界里的强弱对比。这样的"对话"模式突破了以往的传统。一方面给人们一种全新的角度去看待视障者，而这里的视障者也表现出不同于他人的自信；另一方面收取门票的盈利模式也保证了体验馆基本的运营，解决了视障者的就业问题，让蔡史印觉得"这就是我一直寻找的答案"。

2010年，蔡史印获得德国DSE的特许授权，正式注册成立"黑暗中对话"（中国）。2011年3月，"黑暗中对话"（中国）在NPI恩派公益[①]的支持下在其上海的孵化器落地了第一个办公室，并于 2012 年获得民营非企业执照。2013 年 9 月，首家大型"黑暗中对话"体验馆在成都开放；深圳体验馆和上海体验馆相继在 2016 年 1 月和 2017 年 6 月开放。

根据 2006 年第二次全国残疾人抽样调查数据，残疾人占全国总人口的比例为 6.34%，其中视力残疾 1 233 万人，占残疾人总人数的 14.86%。[②] 社会对视障群体的定义根深蒂固，盲杖就是群体特征，"盲人按摩"成为习惯用语，盲人就业似乎只有这一条出路。特殊教育学院普遍为盲人开设中医方面的课程，包括本科阶段和硕士阶段；盲文出版机构的图书也集中在医学、音乐等少数几个领域。连视障学生自己也大多认同了按摩这个就业方向。只有少数人会选择通过高考进入普通高校的其他专业，或是通过大学四六级考试获得参与普通高校研究生考试的机会[③]。在国外，视障学生在普通高校的专业选择更多。视障人群有待走出被社会定义的职业方向，实现就业多元化。要理解并建立一个包容和多元的社会环境，所有人包括视障人群自身都需要一个认知转变的契机。

3. 不做眼泪的生意

"比如今天我们在卖一幅自闭症儿童的画，如果你不知道这是自闭症儿童的画，你会不会买？"创始人蔡史印在一次分享中问道。"不会。"台下的听众答道。"大部分人说不会，除非这幅画真的非常漂亮，

[①] NPI 恩派成立于 2006 年，是中国领先的支持性公益组织，致力于公益孵化、能力建设、社区服务、政ီ评估、社会企业投资、社创空间运营等领域。http://www.npi.org.cn/。

[②] 2006 年第二次全国残疾人抽样调查主要数据公报（第一号），http://www.cdpf.org.cn/sjzx/cjrgk/200804/t20080407_387580.shtml。

[③] 李晶. 全国 7 位盲人考生参加高考 盲文试卷长什么样？[N]. 北京科技报，2017（10）.

有它本身的价值。"蔡史印补充道。从一开始,蔡史印就认为,"黑暗中对话"作为一个商业模式,就应该尊重商业规则,呈现出一个企业应有的样子,人们愿意付钱是因为产品有竞争力而不是同情,如此才能长久存活并发展下去。

"黑暗中对话"刚进入中国时,这样的体验式培训是当时独一无二的。基于转化学习理论,"黑暗中对话"体验馆的活动设计为人们提供了一次转变思维范式的真实体验。参与者(通常是健视者)在全黑的环境中真实地体验视障人士的日常生活感受,并在这样的情境中和活动后与作为引导员的视障人士互动交流。这样的真实体验深深地触动了健视者,使得他们重新认识这一个特别的人群;而视障工作人员也通过与访客的互动,建立了新的自我认知。

每一个走进"黑暗中对话"体验馆的人都会经历两重反转的体验:先是对于自我的,人获取的外界信息中有 83% 都是通过视觉完成的,[1]当人们在黑暗中关闭了视觉后,来自听觉、触觉、嗅觉甚至味觉的感受都变得清晰起来,世界以另一种前所未有的方式展现出来;然后是对于他人的,视障者们在黑暗中展现的能力和乐观态度颠覆了社会大众以往对他们的理解。

在商业运营上,"黑暗中对话"(中国)延续了德国总部的基础产品模块,以公众体验活动和培训工作坊为主营业务。黑暗体验馆面向公众,每场活动由一位"导览员"带领不超过八人的团队,持续 75 分钟,[2]

---

[1] P20,Kekang He, A theory of Creative Thinking: Construction and Verification of the Dual Circulation Model https://books.google.com.hk/books?id=2TgoDwAAQBAJ&pg=PA20&dq=visual+sense+83%25&hl=en&sa=X&ved=0ahUKEwiC5Iuk37DiAhUSAogKHfPdCw8Q6AEIKjAA#v=onepage&q=visual%20sense%2083%25&f=false.

[2] 根据"黑暗中对话"(中国)官网信息,黑暗旅程在上海、成都和深圳馆的体验时间分别是 65 分钟、75 分钟和 75 分钟。

按单人计费。黑暗体验馆针对政府、企业和组织的工作团体和学校的教育团体的团建需求，有最低人数限制，适合大规模活动，并以场次收费。因为黑暗体验馆的一场活动至少需要七个工作人员，每场的人力成本很高，所以"黑暗中对话"的盈利主要来源于面向团体组织的体验式培训。

此外，"黑暗中对话"（中国）还基于本土文化设计开发了针对20人左右的私人聚会和小规模短时团建活动，如暗中探险、暗中音乐会、暗中约会、暗中生日会、暗中同学会、多人行的光明"重现"和黑暗"快闪"。

截至2019年5月，"黑暗中对话"（中国）在内地有50名员工，其中视障者和听障者占70%。[1]相较健视员工，培养出一个视障员工的成本要高出许多，因为整个视障群体的教育基础偏薄弱，大部分视障人士进入特殊教育学校后都是学习按摩和针灸，基本没有别的选择。对他们来说，比起看不见，没有机会可能是更大的障碍。

为了让培训业务更具吸引力，"黑暗中对话"（中国）通过和企业合作积攒的经验，对培训的内容进行了一个深度的创新。2013年，"黑暗中对话"（中国）在星展银行（中国）有限公司"社会企业公益计划"[2]的支持下，设立"黑暗中对话"公益学院，为视障人士提供职业培训，关于如何做到穿着得体，怎么面试，怎么写简历等，进而拓展

---

[1] "黑暗中对话"（中国）的无声中对话项目主要由听障员工参与。
[2] 2012年10月24日，星展银行（中国）有限公司宣布推出"社会企业公益计划"，在中国扶持社会企业发展，帮助社会困难群体改善就业和生活前景，助力公益可持续性发展。作为计划的第一阶段，星展中国将支持四家社会企业的培训项目，包括：①北京富平职业技能培训学校，"农民工妇女育婴员培训上岗计划"；②上海小笼包聋人协力事务，"听障平面设计师培训计划"；③上海艺途无障碍工作室，"未来画家——艺术潜力开发课程"；④"黑暗中对话"（中国），"黑暗中对话"——视障人士职业生活培训课程"。

视障人群的工作机会。到 2018 年底,公益学院共开展了三期的培训,共有超过 100 名视障人士参与。不少视障学员通过培训加入了"黑暗中对话",甚至踏上了其他企业的工作岗位,比如成为苹果实体店的销售员和 IBM 的数据处理员。相比于"黑暗中对话"(中国)提供有限的就业机会,这样的拓展会有更广的前景。

4. 追求更大的社会影响力

蔡史印一方面在商业上不止步于总部模式积极进行本土创新,另一方面也希望"黑暗中对话"(中国)对社会的影响力能再多一点。"公众体验活动"是"黑暗中对话"(中国)的一个非营利模块,能到固定的场所来体验的人数毕竟有限,如果让"黑暗中对话"(中国)走出去呢? 2016 年 11 月,"黑暗中对话"(中国)启动了公益项目"黑盒子",在人流量大的城市核心商圈让人们短时体验黑暗场景。出现在成都春熙路上的"黑盒子"就是这样诞生的。

通过公益体验活动来增加大众对视障人士的了解很重要,但与此同时,"黑暗中对话"(中国)也在寻找能够给予视障人群更多支持的途径。2016 年,"黑暗中对话"(中国)还启动了一个全国性的残障公益陪跑项目"黑暗跑团",旨在鼓励并帮助残障人群走出家门,通过举办残障陪跑、徒步、骑车和游泳等例行活动,为这些残障跑者寻找合适的陪跑员,参与全国范围乃至国际级别的马拉松等赛事。这一行动一方面可以强身健体,另一方面也可以让他们平等地参与到主流活动当中,并通过建立陪跑者与残障跑者沟通的渠道,改变社会对残障群体的偏见与歧视,即"以跑道无障碍,促人心无障碍"。

"黑暗跑团"起源于 2016 年 3 月,一名"黑暗中对话"(中国)视障员工受邀参与双遗马拉松,第一次正式参与这样的大型赛事,让他收获了快乐和尊重。这次大型赛事对于员工发展的深远影响引起了蔡史印的关注，在之后的访谈中，蔡史印说道："自从有了视障人士的加入，跑步就变得更加有意义了，不但可以帮助到很多视障伙伴，更重要的是可以让社会更加平等地认识这个群体。在视障跑者和陪跑员的互动中，帮助是互相的，学习也是互相的。""黑暗中对话"（中国）要推动的就是"平等，共融"的理念，蔡史印希望利用"黑暗中对话"（中国）的平台和影响力，整合资源推动"黑暗跑团"。

图 10-3 "黑暗跑团"

资料来源："黑暗中对话"内部资料。

"黑暗跑团"成立至今，已经在 30 多个城市组织了共 500 多场活动，有 3 000 多位残障伙伴参加，总参与人数达 10 000 多人，组织参与了 46 场大型马拉松赛事，包括支持和带领中国第一位全盲跑者完成波士顿马拉松、柏林马拉松。2018 年 3 月成都双遗马拉松组织了史上最大的视障跑团，超过 200 人参加。2018 年 5 月"黑暗跑团"获得德意志银行"运动为善"社会创新大赛第一名。此外，"黑暗跑团"还组织了一场 TED（技术、娱乐、设计大会）活动、一场运动会、两场"黑暗暴走"活动、两场音乐会，还参与了戈壁挑战赛、百日百马等活动。

第十章 社会企业：新兴的共益实践

由于其创新的运作模式和公益价值，黑暗跑团成立三年来，得到了包括迪卡侬基金会、阿迪达斯、阿里巴巴、宝马、星展银行等在内的20多个合作伙伴的支持；受到了包括中央电视台《焦点访谈》、浙江电视台、央视财经频道、腾讯视频等国内逾百家媒体，以及美国、德国等国际媒体的争相报道。目前，"黑暗跑团"的社会影响力还在持续发酵中。下面是来自"黑暗跑团"粉丝们的心声：

- 视障跑者（2017.9.17成都马拉松）：这次带伤跑完全程，真正地体会到了什么叫腿疼，因为受伤的膝盖外侧副韧带根本没办法用力，不过痛并快乐着，特别感谢陪跑员中途一直帮忙治疗按摩，放弃自己的成绩，陪我到终点。感恩！
- 视障跑者（2018.3.19成都双遗马拉松）：没有光明，依然奔跑。你是我的眼，让我看到光明……
- 陪跑员（2018.3.19成都双遗马拉松）：跑团让我生活在大家的生活当中！带给我们满满的正能量！
- 志愿者（2018.3.25重庆马拉松）：有一种公益，可以从我们身边做起；有一种慈善，可以将爱心传递；点点水珠能够汇成浩瀚的大海；以跑道无障碍，促人心无障碍；将照亮追梦者的未来………
- 视障跑者（2018.9.16北京马拉松）：北马这天是这几年天气最好的一天，我的状态也很好，跑得非常放松，因为有了跑团的支持，希望能一直参加。
- 视障跑者（2018.9.16柏林马拉松）：柏林马拉松是我人生中第24个全程马拉松，感谢黑暗跑团的安排，感谢陪跑员的支持，让这一切成为可能。

2019年,"黑暗中对话"(中国)正在酝酿一个新的业务模块——成立一所"对话大学",为视障群体提供更系统更专业的职业教育,和更多的企业合作打造一个就业平台,为视障者提供更多的就业可能性。

5. 挑战与创新并行

经过多年的发展,"黑暗中对话"德国总部已经发展出一个全球性网络,如今覆盖41个国家和地区。"黑暗中对话"项目在全球蓬勃发展的同时,在中国的落地和推进却举步维艰。

社会企业在中国还是个新兴的概念,普通人难以理解这样一种自负盈亏、自我造血的公益模式,很多人,包括一些政府部门人员,都认为既然是公益就应该免费,或者收了钱就应该捐赠出去。为此,"黑暗中对话"在总体组织架构的设计上曾经做过多次调整,在国内目前采用"民办非营利组织为主、商业为辅"的混合经营模式,这限制了"黑暗中对话"(中国)在商业模式上的发展。

除了社会各界对社会企业运营模式的不理解,"黑暗中对话"(中国)还面临着来自商业上的种种挑战。不同于一般商业组织,"黑暗中对话"(中国)因为员工的特殊性,需要承受很大的沟通成本和花费更多的培训时间,管理上也没有成熟的经验可循。这导致"黑暗中对话"(中国)在初创时期出现了团队不稳定的问题:在成都体验馆的运营过程中,曾发生一次集体辞职,导致闭馆两个月;同期,深圳的团队成员出走,模仿"黑暗中对话"(中国),自立门户成为竞争对手。经过了团队重创,"黑暗中对话"(中国)累积经验,在寻找合适的人才上着力。

此外,"黑暗中对话"(中国)面临的最大的瓶颈之一,可能就是如何做大规模。蔡史印一直在尝试走加盟路线扩张店面,或者通过增加体验内容的方式,比如对企业的领导力培训等增加影响力,但现实的情况还是不太顺利。在商业模式上,独特的黑暗场景让初次体验的人印象深刻，再去可能不再新鲜，如何能够让人能重复购买黑暗体验服务，需要"黑暗中对话"（中国）不断地进行本土化创新，而黑暗场景的多元化应用也会受到社会安全管理的一些限制，比如创始人蔡史印曾提到黑暗音乐会的策划就不得不由于层层的安全制度审批作罢。

虽然多有波折，但面对每一次挑战，"黑暗中对话"（中国）都尝试以一次一次创新来应对。2017年，"黑暗中对话"（中国）第一次实现了成都、深圳和上海三个体验馆的收支平衡。2018年7月，在离深圳不远的香港，"黑暗中对话"（中国）两馆之一的美孚馆宣布结业。一方面租约到期未能再寻觅到合适的场地，另一方面该馆运营九年仍然没有实现收支平衡，市场上体验类活动太多，充满了竞争。

"黑暗中对话"（中国）致力于"不做眼泪的生意"，然而现实的情况是用商业运作的方式实现社会公益的目标实在是太难了。如何在商业与公益之间实现平衡，实现可持续发展是"黑暗中对话"（中国）目前面临的最大挑战。

▶ 胜利基金会：扶他一把好工作

与"黑暗中对话"通过黑暗场景体验转变社会公众对视障人士的认知不同，台湾的胜利基金会着重于通过创办和经营营利企业为不同类型的身体心理障碍人士（简称身障者）提供与普通人工作环境无异的就业机会，让人们切切实实地看见他们的工作能力。

1. 悠久的历史

1963年，一对挪威医师夫妇目睹身患小儿麻痹症的孩子被父母遗弃在外，在灰土中爬行，就在屏东开设了台湾第一个"儿童之家"，专门收容手术后需要长期复健的病童,从此孩子们终于有了温暖的房屋、亲近的朋友以及慈爱的长辈。"儿童之家"随后发展成为屏东基督教胜利之家,胜利基金会创始人张英树曾在这里服务。

张英树本身是个小儿麻痹症患者,从小一路念着普通学校顺利升学。从台湾辅仁大学数学系毕业后,张英树曾在证券公司短暂工作过一段时间,后于2000年基于屏东基督教胜利之家成立"财团法人台北市私立胜利身心障碍潜能发展中心",明确了组织的职能和发展方向。2016年,发展中心变更组织形态,更名为台北市胜利社会福利事业基金会(以下简称胜利基金会),并且扩大服务对象范围,不仅为身障者还为其他弱势群体提供就业辅导与就业机会。

胜利基金会的愿景是"激发身心障碍者发挥生命潜力,创造价值"。在这种愿景下,胜利基金会提出三个使命:第一,为身障者提供职业训练与居家学习环境;第二,创办及经营庇护工场,为身障者提供工作机会,并兼具获利能力;第三,搭建身障者以及营利企业之间的就业平台,创造公益和企业的双赢。在胜利基金会创办人张英树看来:"工作是一种生而为人的基本权利,身障者也不例外。"

2. 打破职业限制的创新能量

据2016年身障劳动状况报告,台湾身障人口约有116万人,失业率(9.17%)是一般人的三倍;身障者劳动参与率[①]为20.41%,并且一个身障者等待工作的时间约为七年。有感于这样的现象,既是创业者又是身障者的张英树认为:要对任何人都抱有信心,用对方法,让每个人都能发挥天赋,创造价值。

---

① 劳动参与率,是经济活动人口(包括就业者和失业者)占劳动年龄人口的比率,是用来衡量人们参与经济活动状况的指标。

谈到身心障碍者就业，有些人会问"身障者能做什么事情"，而胜利基金会思考的是："身障朋友，他们想做什么"。胜利基金会找到启发身障者潜力的开关，善用不同障别人士的优势，通过不同的障别组合和重新设计工作流程，创造多元的就业机会。例如，建立文字信息资料建档中心，提供种类繁多的专业平面设计的V-design视觉设计中心，胜利加油站，创意手工工艺品设计的胜利琉璃，位于交通枢纽的Skypig咖啡坊等。应时代及就业市场需求的改变，胜利基金会的业务也与台湾产业趋势紧密结合，并在发展过程一直保持创新。

(1) 做别人没做过的事

胜利基金会相信一旦抓住市场机会，只要能提供足够好的服务，就不用担心没有客户。2002年V-design视觉设计中心成立，在这里工作的员工多为重度身心障碍者。不同于其他营利性组织，这家设计中心采用居家就业（SOHO）的工作模式，透过案件承接、分案、派案、结案等工作流程，建立完整及系统化的居家就业服务架构。同时，为了给这些长期足不出户的重度障碍者提供学习的机会，胜利设计中心基于线上学习平台搭建了完善的远程教学课程体系，从课程录制、制作、播放，到进度管控、学习督促，再到交作业系统以及讨论区、留言板等。让员工在家就可以学习，并且时间上更具弹性，培养美工及网页多媒体的专业能力。

V-design视觉设计中心与同行一样，提供种类繁多的专业服务项目，既包含书籍刊物美编设计、名片制作、海报展架设计及制作等平面设计，也包括网页及动画设计、图像处理、专业摄影等网页多媒体设计。其优良的设计质量及设计时程的掌握，获得了包括德国贝恩等知名企业的好评，也打破了社会大众对于身障者就业的刻板印象。

（2）在现有职业中重新设计流程系统

电子数据的高度运用，虽然带来了极大的便利，但也往往因为资料安全管理不够完善、客户的个人资料外泄而造成极大的损失。而胜利资料建档中心在资料建档领域已经累积近20年的专业经验，不论在人员训练、流程掌握，还是在数据安全方面，都有严格的控管。特别是在精准方面，中心不断精进作业流程以及设计适合身障者的防呆系统。不仅如此，胜利基金会还将改善SOP（标准作业程序）系统的技术应用到餐饮事业中，包括自行设计的POS（销售终端）系统、前后台和报表管理。整体流程的设计符合身障人士友善的精神，降低出错率，使其成为台湾第一个在餐饮业置入大量IT技术服务的组织。

（3）拥有用尽全力找出解决问题方法的热情

对胜利基金会而言，用尽全力找出解决问题方法的热情就是创新的源头，这股热情融入每天的日常工作中。2003年，台北市开放一高架桥下加油站交由民间社会福利单位经营，首创将特许行业开放给身障者管理营运，提供各项加油服务。2009年1月，胜利基金会开始经营该加油站并更名为"胜利加油站"。

让身障者站在第一线，有时无法阻挡客人对他们能力的怀疑。曾有一位货车司机开进胜利加油站后指明要加无铅汽油，身障工作人员虽多次提醒货车应该使用柴油，对方仍十分坚持。想不到那名驾驶者离开后又折回来指责加油站胡乱加油，令工作人员百口莫辩。

有了这次经验，胜利基金会负责人张英树开始思考"加油站避免加错油的方式"。通过拆解工作流程和增强每个服务环节，张英树琢磨出一套双重保险的加油流程：当客人指出加油种类后，加油站工作人员除了复述一遍，还要拿出一张写着加油种类的大纸放在挡风玻璃前，让驾驶员确认正确无误，同时也保护工作人员不受莫须有的指控；

第十章 社会企业：新兴的共益实践

后来进一步改进，加油站员工只要在平板电脑上将车号输入会员系统（系统中的数据为车主个人输入），员工就能查询汽车加什么油，同时会再跟车主进行确认；为防止输入车牌过程中发生错误，2018年3月起使用车牌辨识系统，搭配未来增加的物联网功能连接至会员系统，会员系统辨识汽车加的油品后，工作人员只有使用正确的油枪才能被启动加油程序。如果油枪拿错，设备不会出油。

在这些充满创新的项目中，可以看到胜利基金会一直坚持：唯有提供高质量的服务，才能永续经营。这样的坚持给了其合作者信心，一样的业务委托给胜利的机构，更能善尽企业社会责任。2019年4月，我带着长江商学院的EMBA同学到台湾学习，专门拜访了胜利基金会。创始人张英树，也被亲切地称呼为"大树"，和我们做了一个多小时的交流，言谈话语中流露出一个数学背景的创业者的理性思考，以及他持续创新克服困难的意志。分享中他没有过多强调挑战，而是多次提到创新、专业、用尽力气、找到解决问题方法的热情。他一再强调顾客买他们的产品不应该是因为员工是身障人士，而是因为他们的产品是最好的。这一点在之后我们参观那家加油站时体会尤其深刻。到了加油站，首先映入眼帘的是一片草坪做成的墙面，上面写着"加油 在森林休息五分钟"。周围隐约能听到鸟叫的声音（其实是从附近森林里录的声音，在加油站的角落里播放），能闻到花香（其实是加油站内有熏香）。最重要的是我注意到来这里加油、洗车的车辆中有不少是豪车。这无疑是对品质认可最好的证明。这里的工作人员能看得出都有些障碍，但他们很自如有序地进行着各种工作。大家纷纷感慨，对"大树"、对胜利基金会的敬佩之情也油然而生。

图 10-4　胜利加油站

资料来源：胜利基金会参访拍照（拍摄于 2019 年 4 月）。

3. 深耕社会影响力

除了以上这些由胜利基金会独立运营的商业项目，基金会还和全家及赛百味这两家零售连锁实体店合作。2011 年，台湾第一间由身障者提供服务的便利店，出现在台湾大学商圈内。这家店作为全家便利店的连锁之一，开创了企业、公益组织和地方政府三方跨界合作的便利商店就业模式。该便利店以混合障别工作团队为主体，根据其特点对各项工作的操作标准及程序进行了重制转化。比如原先煮茶叶蛋的说明只有三行字：放几个鸡蛋、放多少茶叶以及放多少水。但这对身障者来说理解起来颇有难度。胜利基金会将简单的说明详细地拆成了 10 个步骤，并且在每个步骤都附上图片和标识箭头，如把"蛋头尖端向上"都清清楚楚地表示出来。同样对咖啡机的使用等也做出了详细

第十章　社会企业：新兴的共益实践

的操作标准的改变。

适用的 SOP 加上辅导员兼店长专业协助，已经发展成为身障者社区就业的新模式。目前，这样由身障店员提供服务的全家便利店在台湾台北市和新北市已经开了六家，共任用 59 位身障者。2017 年，胜利基金会又与美式快餐连锁店赛百味合作，开立了台湾第一家由身障团队加盟运营的赛百味快餐店。

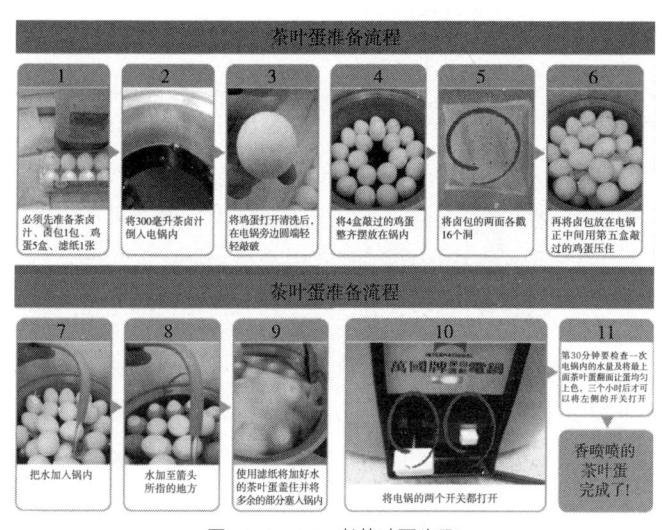

图 10-5　SOP 煮茶叶蛋步骤

资料来源：胜利基金会内部资料。

与全家和赛百味的合作仅仅是个开始，在胜利基金会看来，台湾企业回馈社会的方式多半局限在慈善捐款，却忽略了企业本身可以以更深入的方式履行社会责任，特别是如何关心弱势群族。胜利基金会在辅导身障者就业方面做了各种商业经营的尝试，在此丰富经验的基础上，与大中型企业在企业社会责任方面开展合作，为其提供不用捐款就可持续做公益的选择。通过团队雇用的方式，身障者进入一般的工作环境,而非依赖庇护性就业,从工作中持续强化专业技能,得到合理报酬,也给家庭带来了信心。而企业借此将企业社会责任内化入企业文化和商业经营中,兼顾企业经济可持续发展和实现社会价值的双重目标。

4. 胜利基金会的挑战:创新一刻也不能停

在胜利身心障碍潜能发展中心成立的第二年,该组织就开始有盈余,而后改为胜利基金会,从 2017 年开始几乎所有的项目都不再亏损(除了胜利厨房尚未收支平衡)。创始人张英树一直很重视用商业经营思维来管理组织。在创立的前十年,由于对市场不熟悉,胜利基金会也经历了一些选错产品和用人的失败。身障人士的职业培训耗费的时间和训练的难度要远多于、远大于普通人,然而科技的发展一日千里,带动的市场发展也变化万千,之前累积的能力可能很快就过时了。这就需要张英树带领胜利基金会保持对市场高度的敏感性以及不断创新的积极态度。为了保证有持续的收入,胜利基金会开展了更多元的业务项目来互相平衡风险,为不同障别人士重新设计流程,取长补短、分工合作。"一切以市场为导向"决定了胜利基金会不能停止创新的车轮,而且要比一般商业组织转得更快。到 2016 年 1 月,胜利基金会已经发展出 12 个不同的业务项目,年营业额超过 4 亿元。2018 年总收入为 5.77 亿元,每年提供 270 多个就业机会,从 2000 年至今大约为 5 000 人次提供了就业机会。在张英树看来,未来所有的伙伴都能脱离庇护职场,回到社区生活、成长,这才代表他们拥有了跟普通人一样的日子。

小结

本章中，我们聚焦于社会企业的三个案例，描述了社会企业在共益理念中的种种实践。我们可以看到，无论是以技术主导搭建救援平台的第一反应®，提供独特黑暗体验的"黑暗中对话"，还是推动身障人士就业的胜利基金会，它们都在努力通过技术、商业模式的创新，提供有竞争力的产品或服务，从而实现既定的社会目标。其商业逻辑和普通的商业企业一样，是提供有市场竞争力的产品或服务才能达到真正的可持续性，其所遭遇的困境和挑战也是相通的。

国内大部分社会企业规模偏小，相关的政策支持还未出台，以实现社会价值的目的进行商业盈利难度颇大：首先，身份认定的制度还不够完善，碰壁的经验不少；其次，在实现社会价值和商业价值双重目标时，商业价值不可避免对社会价值的让步会影响社会企业生存和发展；最后，当商业模式被竞争对手模仿，相关法律法规和行业标准的缺失会造成难以避免的恶性竞争。

然而，在重重考验中，我们看到的是一批充满着创新精神的社会问题解决者，它们在行动中尊重商业规则，尊重伙伴和员工，注重公平和效率，相信社群的力量，并且在经营策略上充满了灵活性，也由此在社会创新方面显示出了比传统企业更大的活力。

第十一章　从好企业到好社会

> 美好社会的本质是，每一个成员不论性别、种族或族裔来源，都能过一种有价值的生活。为此，美好社会必须致力于公共利益的建设，实现全体社会的自由民主。
>
> ——约翰·肯尼思·加尔布雷思《美好社会》

我们发现人们对于好企业的定义是随着时代的变迁而变化的，从目前以及可以预测的未来来看，可持续发展的好企业一定是义利兼顾的，也就是能够兼顾企业的经济利益和社会价值的企业。那么如何才能做到这一点，让两者有机结合，对社会以及企业本身产生更大的效益呢？本书给大家详细地介绍了"共益理念"，并在"共益理念"的基础上提出了"企业共益实践三部曲"的理论框架，这一理论源于我们长期对企业、公益组织以及致力于解决社会问题的各种组织的研究与观察。

我们深知"企业共益实践三部曲"不是万能的，也不是唯一的解决方案，但是对于现阶段的中国企业，"企业共益实践三部曲"更具有现实意义。中国的企业大多能够审时度势，在"势"的层面往往有不错的表现，但在"道"和"术"的层面还有许多基本功需要磨炼。对于这两点，企业的当务之急就是：首先要有共益的理念，从"道"的层面解决价值观缺位或扭曲的问题；其次要从"术"的层面，在力所能及的范围，将自身的业务与社会痛点相结合，创新商业模式；最后要通过一系列制度保障，确保方案的有效实施。

为了给企业提供可借鉴的信息，从第三章到第九章，我们分别研究了互联网、制造业、建筑业、信息与通信技术行业、金融业、农牧业以及餐饮业这七个行业的行业特性以及行业与社会痛点的结合，并通过具体的企业案例，分析探讨了这些不同行业的企业是如何打造兼顾商业利益与社会效益的好企业的。这些企业各有千秋，它们并不是完美的，甚至自身还存在各种各样的问题，它们在通往共益道路上的实践并不是一帆风顺的，其中的经验和教训值得每一家企业和每一个企业家去认真思考、认真学习，并反思自己。

对于共益理念及其实践，虽然在现实中，很多理想的东西无法实现，甚至还会产生各种矛盾，但是这并不代表这一理念没有价值。就好比画中美丽的风景和人物并不一定真实存在，但我们不能说这幅画的创作者很糟糕，所以我们不能因为一家企业不能在现实中管理的像书中描述的那样美好就否定这些目标实现的可能性。企业的共益理念及实践是未来企业发展的一个目标，一个伟大的理想，也是企业要尽可能花费大量精力去努力奋斗和实现的。不仅如此，共益理念也是整个社会都正在努力实践的方向。

第十章中，我们研究了社会企业的探索，作为一种创新的、有效率的公共服务供给途径，社会企业致力于以商业的方式解决社会问题的共益实践。社会企业追求社会创新，天然地具有实现社会价值的属性，但在企业家精神、商业模式创新以及可持续发展方面还有待提高。

本书的出发点和关注点都聚焦在企业这个主体上，通过研究企业（商业企业和社会企业）如何用商业的手段解决社会问题，探讨如何成为未来好企业（或共益企业）。但敏锐的读者会意识到在我们诸多案例的探讨中，一个挥之不去的问题是如何做到规模化。德龙钢铁可以改进一个钢铁厂的环境，但在中国，在世界其他地方，还有无数污染严重的钢铁厂；乌镇的成功并没有阻止全国范围内诸多乡村旅游振兴项目的失败；海底捞虽然被无数人追捧，但还有许许多多外地打工者无法在一二线城市有尊严地生活、工作；铁骑力士在大凉山的扶贫能否成功，能否系统性地被复制到其他极度贫困地区，还都有待时间的检验；虽然有像春播这样负责任的生鲜平台，但老百姓还是经常受到食品安全的困扰；"黑暗中对话"在中国探索近十年，仅开出三家体验馆，近两年才做到收支平衡。如何能改变剩下的千千万万视障人士的生活质量和就业状态？如何能让整个社会更好地接纳这些人群？还有更多类似的问题，都让我们深深地意识到仅仅把一家企业做好，或许只是万里长征第一步。

那如何规模化地解决社会问题？多方合作，形成集合影响力，是我们目前比较认可的一个方向。《斯坦福社会创新评论》在2011年的时候发表了一篇题为"集合影响力"的文章。作者将集合影响力定义为"由来自不同领域的关键人物所组成的群体，为了解决某一特定的社会问题，设定共同活动纲领的参与方式"。其实多部门合作，共同解决一个社会问题，并非很新颖的想法，但真正做到并不容易。这需要企业、公益组织、政府部门，以及媒体的多方协同合作。

政府，借助其政策引导，无疑对于社会问题的规模化解决起着不可忽视的作用。在这里，我们简单梳理一下世界上各国政府如何通过政策的出台，鼓励社会创新，鼓励多部门合作。目前，包括意大利、法国与英国在内的很多欧洲国家和美国、加拿大，以及亚洲的韩国、新加坡等政府都积极出台相应措施乃至制定法律对社会创新组织进行鼓励，支持、促进社会企业或类似组织在"追求社会价值与商业价值双重目标"（共益理念）方面的探索。接下来，我们以英国、美国、韩国和新加坡为例看看政府是如何支援社会企业的。

英国社会企业发展历史悠久，是这一领域发展最蓬勃的国家。目前，全球使用最广泛的"社会企业"定义是英国贸易与工业部在2004年提出的，"社会企业是具有某些社会目标的企业，盈利主要按照它们的社会目标在投放于其业务本身或所在社区，而非为企业股东和所有人赚取最大利润"。该定义指明社会企业的显著特征是兼具社会目的和商业手段。2004年英国议会通过《公司（审计、调查和社区企业）法案》首提社区利益公司（Community Interest Company，以下简称CIC），之后通过《2005年社区利益公司条例》，正式确立了"社区利益公司"这一社会企业法律形式。社区利益公司可以是新注册的公司，也可以是从原有公司转变而来、登记为CIC的公司，名称都是以"Community Interest Company"或"CIC"结尾。"社区利益公司"是有限公司的一种类型，它本质上是非营利公司。该类型公司提供的服务更多是满足当地社区的需要，起到对政府公共服务的补充作用。CIC也可以通过接受资助、捐赠、贷款和发行股份等方式筹集资金。截至2019年7月，英国已注册登记了超过15 000家CIC。[①] 2013年英国还成立了全球首家服务于社会企业的社会证券交易所。据英国社会企业联盟公布数据，在英国有七万家社会企业，为经济贡献了240亿英镑，雇用了近100万名员工。[②]

在美国，社会企业主要以商业企业的形式而存在。为了适应社会企业发展的需求，2008年以来美国许多州在本州商业公司法律框架

---

① CIC监管部门2019年报告，https://assets.publishing.service.gov.uk/government/uploads/system/uploads/attachment_data/file/816345/CIC_Annual_Report_2019.pdf。
② 英国社会企业联盟SEUK 2017年《商业的未来：社会企业现状调研》报告，http://www.chinadevelopmentbrief.org.cn/news-20550.html?tdsourcetag=s_pcqq_aiomsg。

中设立了低利润有限责任公司[①]（Low-profit limited Liability Company，简称 L3C）、共益公司、弹性目标公司（Flexible Purpose Company，简称 FPC）[②]、社会目的公司（Social Purpose Company，简称 SPC）[③]等社会企业法律形式。与英国不同的是，美国的这些社会企业形式不属于非营利组织，而是营利性公司，股东有权得到公司的利润分配和价值增加。所以，美国社会企业类型公司不享受任何优惠政策或政府补贴，但这些公司却可基于其内涵的道德价值和社会目标而获得市场和消费者更高程度的认可。目前美国很多州通过了共益公司立法，自 2010 年 4 月马里兰州成为美国第一个通过共益公司立法的州以来，截至 2016 年 3 月，美国已有 30 个州以及华盛顿哥伦比亚特区通过了共益公司立法。[④]

再看亚洲地区，以韩国和新加坡为例。韩国是亚洲唯一颁布专门的社会企业立法的国家。韩国于 2006 年 12 月通过了《社会企业促进法》（Social Enterprise Promotion Act，简称 SEPA），致力于"扶持社会企业发展，丰富社会服务内容，创造就业机会，提升社会融合与国民生活质量"。社会企业被划分为四种类型：工作创造型、提供社会服务型、混合型（工作整合与提供社会服务的混合）和其他型。通过认证的社会企业可以获得经营支援、教育训练支援、公共服务优先购买、收税豁免等一系列政府支持。该法律得到了韩国各界的积极响应，在

[①] 低利润有限责任公司兼具非营利性机构的慈善目标和营利性机构的治理结构，其区别于普通营利性公司的特点在于同时追求经济目标和社会目标，低利润有限责任公司必须是为了实现某种慈善目的而建立，而且这一目标要高于它的利润目标。
[②] 弹性目标公司必须追求特定的社会目标，追求范围可以相对宽泛，也可比较具体，但一旦为自己设定了社会目标，公司必须在特定的时间内实现这些社会目标。
[③] 社会目的公司与其他三种社会企业形式不同的是，法律并没有对其追求的社会目的进行任何限定，因此社会目的公司的创始人和股东有权自由决定公司追求的社会目的。
[④] 姚瑶.公司型社会企业额的中国化：法律定位与监管逻辑［J］.河北大学，2019（7）.

制定法律后的十年里,韩国社会企业增长了近40倍,截至2017年5月,韩国社会企业数量增至1 975家,[①]其中约70%的社会企业以提供就业岗位为主要目标。

与韩国的立法形式不同,新加坡政府没有将社会企业纳入立法体系,而是通过宏观政策引导社会企业迅速发展。20世纪90年代,新加坡政府推出了多方援手战略,该战略鼓励政府和社区组织共同帮助弱势和贫困群体,2003年新加坡社会青年体育部(2013年更名为社会家庭发展部)发起设立"社会企业基金"为社会企业提供种子资金,后更名为"关怀企业基金",致力于支持通过教育和培训帮扶弱势和贫困的新加坡居民的社会企业。2006年社会青年体育部设立了社会企业委员会,由来自商业部门、政府部门、社会服务部门和社会企业实践者组成,目的是从国家战略层面促进社会企业部门发展。

新加坡政府将自身定位为启动循环的引擎,借力公共政策寻求公众和私人部门的支持,建立一套孵化社会企业的生态系统,进而促进社会企业家精神和社会企业部门的发展。具体措施主要体现为,在多渠道筹措资金、加强人力资源储备、建立文化认同、促进能力建设这四方面提供不同的措施支持社会企业发展。在政府政策的有力助推下,新加坡社会企业部门成长迅速,关怀企业基金所资助的66家初创型社会企业中有46家依然活跃。其中23家为超过200个受益者提供雇用服务,9家提供认证的技能培训服务,受益对象包括心智障碍者、刑满释放人员、残疾人、老人等,特别是来自于低收入家庭的女性。

在中国,目前对于社会企业还没有统一的国家立法或政策,只有一些地方性的政策引导。此前,仅深圳和顺德出台了民间的社会企业认证办法,为国内的社会企业发放"民间牌照"。2014年,广东顺德

[①] 金仁仙.中韩日社会企业发展路径比较研究[J].社会治理,2018(4).

社会创新中心发起了全国首个地方性的社会企业认证。截至2017年底,顺德通过两次认定共认证社会企业14家,观察和意向社会企业10多家,服务领域涵盖助残、环保、公共安全、文化教育、社区营造、国际交流等。社会企业认证在中国变成全国性的认证,始于深圳。2015年,中国慈展会首届社会企业认证开始,经公开招募共收到67家机构申报,经专家评审,最终七家机构脱颖而出,成为第一批通过认证的机构。2018年9月底结束的第四届认证中,申报机构数及通过认证数达到新高,分别为620家及109家。四届累计有1 351家机构申报认证,234家机构通过认证,社会企业的数量在中国有了长足发展。

作为政府行为,2018年6月,成都市发布了《成都市人民政府办公厅关于培育社会企业促进社区发展治理的意见》,工商局出台《成都市社会企业评审认定管理工作试行办法》,截至2018年10月,成都首批23家社会企业通过认证;[①] 2018年8月,北京市人民政府发布了《北京市社会企业认证办法(试行)》,开始启动社会企业认证。2019年5月,北京46家社会企业通过认证,[②] 这是北京市第一次开展社会企业认证工作。

此外,我们还看到很多政府部门整合当地社区资源、公益组织、企业资源,探索商业价值与社会价值的双重目标,为了实现更美好的共益社会而努力。如成都武侯区政府的社区共益实践。

成都武侯区位于成都市中心城区西南部,是国务院命名的"高科技文化区"。武侯区有世界500强企业106家,高新技术企业224家,电子信息、生物医药等高新技术产业已成为经济发展的重要支柱。武侯区也是集聚四川大学华西医院等四所以上三级甲等医院和大批高端

---

① http://www.cicn.com.cn/zggsb/2018-10/09/cms111380article.shtml。

② http://bj.people.com.cn/n2/2019/0517/c82840-32951733.html?tdsourcetag=s_pcqq_aiomsg。

医疗体的医疗资源集中区。该区辖13个街道、87个社区，2018年末，全区登记实有人口138.53万人，常住人口108.7万人，户籍人口65.48万人，户数26.26万户。下边我们将介绍成都武侯区政府社区共益实践案例。

案例一，为了解决企业办事难、办事效率低等问题，武侯区政府与顶呱呱集团采取政企合作的方式，于2017年12月成立"武侯区顶呱呱政企服务中心"，打造了国内第一家"一站式企业服务+社会化政务服务"相结合的政企服务平台。北京顶呱呱企业管理有限公司诞生于1996年，总部位于北京。以"让老板经营企业更简单"为使命，专注于为广大民营中小企业提供多元化服务，帮助民营中小企业发展，是中国规模最大的专业服务型企业之一。武侯区政府为了改革行政审批制度，将工商核名、注册交件、制证发证、人事社保等行政审批直接下放到政企服务中心。

新成立的"武侯区顶呱呱政企服务中心"利用顶呱呱集团的平台资源和优势，嫁接市场准入相关的政府、银行服务资源，提供创新创业、科技服务、金融服务、资质职称、专业咨询五大板块16个业态600多项专业服务，满足企业不同发展阶段、不同需求层级发展需求。目前，政企服务中心已经建立起拥有超5 000人的自营团队，自2017年12月开业以来到2018年底，已经为成都引入14 049家企业，其中服务新经济企业占比30.68%。中心共接待全国各级政府参观学习团队76批次，全国各级中小企业服务平台、行业协会209批次，累计接待3 200余人次。①

案例二，武侯区簧门社区为了推进市场运作，增强自我"造血"功能，由簧门街社区、武侯资本、四川都市阳光农业集团、云峰资本

---

① 顶呱呱集团官网，https://www.dgg.net/aboutus.html。

和社区居民入股共同发起成立了成都首家服务居民的社区公司——四川簧门宜邻居民服务有限公司,让社区的居民成为公司的股东,共同治理社区问题。这标志着居民从被动享受服务的参与者,变成主导服务项目的参与者和提供者,这是一个自下而上的新局面,也是改变以往政府购买服务的新模式,是成都社区治理新模式的一次尝试和探索。[1] 公司以"宜居和美,邻里为善"为价值取向,把养老、托小、居家生活等一揽子事纳入社区公司服务范畴,推动了社区生活服务便利化、品质化。[2]

四川簧门宜邻居民服务有限公司正式成立后,首期项目拟以大健康、医疗康养产业为主要业务。以首期项目"奶奶厨房"为例。簧门街社区聚集着多个老旧院落,社区大部分是高龄老人,其中还多是空巢老人。社区公司以原来社区的网红餐饮"奶奶厨房"为切入口,将其由原来十平方米的供餐点位升级为1 600余平方米的社区智能中央厨房,为华西医院附近就医、上班的人群提供健康美味的用餐服务,还为辖区高龄老人提供订餐和送餐上门服务。[3]

另外,四川簧门宜邻居民服务有限公司还整合社区资源,带动驻区单位缓解"就医难""停车难"问题。簧门社区每年与驻区单位签订《区域化党建责任书》和《共驻共建项目协议书》,常态开展共驻共建活动;社区党委与华西医院党组织签订共建协议,开展专家义诊和"畅行停"共享停车服务项目,每月开展义诊服务十余次,提供共

---

[1] 《探索社区治理新模式,打造智慧社区新样板》,http://baijiahao.baidu.com/s?id=1603859972972550345&wfr=spider&for=pc。

[2] 《成都首家服务居民的社区公司》,http://www.sohu.com/a/226815472_201739。

[3] 《探索社区治理新模式,打造智慧社区新样板》,http://baijiahao.baidu.com/s?id=1603859972972550345&wfr=spider&for=pc。

享车位530多个。①

前面我们谈到如何借助政府、企业等多方组织的协同力量，力争规模化地解决社会问题。但在这个探讨中还有一个被忽略的问题，就是生活在这个社会中的每个人的价值观和思维模式。日本庆应大学的井上英之教授在他的《由日本社会创新实践引发的思考：自我认知与集合影响力》一文中提到：世界是由人的有意和无意的行为累积形成的，反映着大多数人的认知和价值观。如果我们不能意识到自身的固定思维模式或偏见，并努力摆脱其束缚，就很难真正理解他人的感受，那么我们只是在帮助"他人"解决问题，而非系统地解决社会问题。

试想，环境问题、教育问题、食品安全问题、障碍人群的就业问题等，在多大程度上和我们每个人的认知和点滴行为有关？你和我，如何能从自身的角度思考这些话题，从而由点到面，产生集合影响力？这就需要社会中的每一个人能够有自省、反思的精神和勇气，听到自己内心的声音，从而更好、更真切地理解他人的声音，然后通过共同的事业来改变社会。构建一个更加美好、平等、包容的社会，其出发点就在我们每个人的心底。

---

① 成都市武侯区政府资料。

后记

亲爱的读者，如果你看到了这一页，谢谢你！希望你心底有所触动，如果你有任何的想法、建议，更重要的是，如果你有好的案例，无论是一家企业、一家机构，还是一个集合影响力的展示，请你在我们的网站上留言，也可以发邮件联系我们。我们期待和你的交流！

网站地址：http://www.ckgsb.edu.cn/social_innovation

邮箱：mjli@ckgsb.edu.cn

睿善公众号：ckgsbsibg

睿善公众号二维码

长江商学院社会创新与商业向善研究中心